CENTROS Y PROGRAMAS DE ESCRITURA EN AMÉRICA LATINA: OPCIONES TEÓRICAS Y PEDAGÓGICAS PARA LA ENSEÑANZA DE LA ESCRITURA DISCIPLINAR

INTERNATIONAL EXCHANGES ON THE STUDY OF WRITING: LATIN AMERICAN SECTION

Series Editors: Federico Navarro, Violeta Molina-Natera, and Vera Cristovão

Series Associate Editor: Ana Cortés Lagos

The Latin American Section of the International Exchanges on the Study of Writing book series publishes peer-reviewed books about writing, writers, teaching with writing, and scholarly writing practices from Latin American perspectives. It also offers re-editions of recognized peer-reviewed books originally published in the region. This goal of this section of the International Exchanges series is to provide open access to the thriving scholarly production of Latin America and to build bridges for equal exchanges between this scholarship and other traditions worldwide.

The WAC Clearinghouse and University Press of Colorado are collaborating so that these books will be widely available through free digital distribution and low-cost print editions. The publishers and the series editors are committed to the principle that knowledge should freely circulate and have embraced the use of technology to support open access to scholarly work.

Recent Books in the Series

Natalia Ávila Reyes (Ed.), *Multilingual Contributions to Writing Research: Toward an Equal Academic Exchange* (2022)

Giovanni Parodi (Ed.), *Alfabetización Académica y Profesional en el Siglo XXI: Leer y Escribir desde las Disciplinas* (2022)

Paula Carlino (Ed.), *Leer y Escribir en la Universidad* (2022)

Adriana Bolívar and Rebecca Beke (Eds.), *Lectura y Escritura para la Investigación* (2022)

Judith Kalman and Brian V. Street (Eds.), *Lectura, Escritura y Matemáticas como Prácticas Sociales* (2022)

Angela B. Kleiman (Ed.), *Os Significados do Letramento: Uma Nova Perspectiva Sobre a Prática Social da Escrita* (2022)

Elvira Narvaja de Arnoux (Ed.), *Escritura y Produccion de Conocimiento en las Carreras de Posgrado* (2021)

Oscar Iván Londoño Zapata, *Los Estudios del Discurso. Miradas Latinoamericanas I* (2021)

Federico Navarro and Andrea Revel Chion, *Escribir para Aprender: Disciplinas y Escritura en la Escuela Secundaria* (2021)

CENTROS Y PROGRAMAS DE ESCRITURA EN AMÉRICA LATINA: OPCIONES TEÓRICAS Y PEDAGÓGICAS PARA LA ENSEÑANZA DE LA ESCRITURA DISCIPLINAR

Edited by Estela Inés Moyano and Margarita Vidal Lizama

The WAC Clearinghouse
wac.colostate.edu
Fort Collins, Colorado

University Press of Colorado
upcolorado.com
Denver, Colorado

The WAC Clearinghouse, Fort Collins, Colorado 80523

University Press of Colorado, Denver, Colorado 80202

© 2023 by Estela Inés Moyano and Margarita Vidal Lizama. This work is released under a Creative Commons Attribution-NonCommercial-NoDerivatives 4.0 International License.

ISBN 978-1-64215-174-9 (PDF) | 978-1-64215-175-6 (ePub) | 978-1-64642-395-8 (pbk.)

DOI 10.37514/INT-B.2023.1749

Library of Congress Cataloging-in-Publication Data

Names: Moyano, Estela Inés, editor. | Vidal Lizama, Margarita, 1984– editor.
Title: Centros y programas de escritura en América Latina : opciones teóricas y pedagógicas para la enseñanza de la escritura disciplinar / edited by Estela Inés Moyano and Margarita Vidal Lizama.
Description: Fort Collins, Colorado : The WAC Clearinghouse; University Press of Colorado, 2023. | Series: International exchanges on the study of writing. Latin American section | Includes bibliographical references.
Identifiers: LCCN 2023012296 (print) | LCCN 2023012297 (ebook) | ISBN 9781646423958 (paperback) | ISBN 9781642151749 (adobe pdf) | ISBN 9781642151756 (epub)
Subjects: LCSH: Spanish language—Composition and exercises—Study and teaching—Latin America. | Composition (Language arts)—Study and teaching—Latin America. | Language arts—Correlation with content subjects—Latin America. | Writing centers—Latin America.
Classification: LCC PC4065 .C47 2023 (print) | LCC PC4065 (ebook) | DDC 808/.046107108—dc23/eng/20230420
LC record available at https://lccn.loc.gov/2023012296
LC ebook record available at https://lccn.loc.gov/2023012297

Copyeditor: Martín Álvarez
Design and Production: Mike Palmquist
Translation of Prologue to Spanish: María Gabriela Di Gesú
Cover Photo: "Congress of the Argentine Nation." Used under a CC0 1.0 License.
Series Editors: Federico Navarro, Violeta Molina-Natera, and Vera Cristovão
Series Associate Editor: Ana Cortés Lagos

The WAC Clearinghouse supports teachers of writing across the disciplines. Hosted by Colorado State University, it brings together scholarly journals and book series as well as resources for teachers who use writing in their courses. This book is available in digital formats for free download at wac.colostate.edu.

Founded in 1965, the University Press of Colorado is a nonprofit cooperative publishing enterprise supported, in part, by Adams State University, Colorado State University, Fort Lewis College, Metropolitan State University of Denver, University of Alaska Fairbanks, University of Colorado, University of Denver, University of Northern Colorado, University of Wyoming, Utah State University, and Western Colorado University. For more information, visit upcolorado.com.

Land Acknowledgment. The Colorado State University Land Acknowledgment can be found at https://landacknowledgment.colostate.edu.

§ Contents

Prologue. The Multidimensional Variables of Writing Program
  Development and Sustainability vii
   Chris M. Anson

Prólogo. Variables Multidimensionales en el Desarrollo y la
  Sustentabilidad de los Programas de Escritura xxi
   Chris M. Anson

Introducción. El Campo de la Enseñanza de la Escritura Disciplinar
  en América Latina: Trayectorias y Futuras Direcciones. 3
   Estela Inés Moyano y Margarita Vidal Lizama

1. ¿Cómo Sabemos si lo Estamos Haciendo Bien? La Evaluación de
  los Centros y Programas de Escritura 23
   Violeta Molina-Natera

2. Creando Valor en la Negociación: La Gestión Estratégica de los
  Centros y Programas de Escritura y su Influencia en la Generación
  de Nuevos Modos de Enseñar a Leer, Escribir y Hablar desde las
  Disciplinas. 45
   Pablo Lovera Falcón y Fernanda Uribe Gajardo

3. Opciones Teóricas y Didácticas en el Programa PLEA para la
  Enseñanza de la Alfabetización Disciplinar Inicial 73
   Karen Urrejola Corales y Margarita Vidal Lizama

4. Transformando el Conocimiento a Partir de Tareas de Lectura y
  Escritura en los Tres Primeros Años Universitarios. 101
   *Adriana Bono, Yanina Boatto, Mariana Fenoglio,
   y María Soledad Aguilera*

5. El Posicionamiento Actitudinal y las Metáforas Gramaticales: La
  Inscripción de los Significados Interpersonales en las Respuestas a un
  Parcial Universitario de Psicología Evolutiva. 133
   Martín Miguel Acebal

6. Talleres de Formación Docente, Una Alternativa para la
  Alfabetización Académica. 161
   Alejandra Sánchez-Aguilar y Eurídice Minerva Ochoa-Villanueva

Contents

7. Escritura Académica en la Formación de Estudiantes de Arte:
   Continuidades y Cambios a lo Largo de la Carrera............... 189
   Margarita Vidal Lizama y Soledad Montes

8. Integración de Fuentes Digitales en Textos Académicos:
   Estrategias de Acompañamiento de Tutores de Escritura.......... 219
   Karen S. López-Gil

Bio-Data Autores 243

Prologue. The Multidimensional Variables of Writing Program Development and Sustainability

Chris M. Anson
NORTH CAROLINA STATE UNIVERSITY

Programs for writing are more than isolated or ad hoc activities, more than individual teachers' integration of writing into their courses, and more than curricular strategies that ebb and flow with inconsistencies of commitment. They are characterized by curricular coherence and a sense of stability within changing environments, and by the collective efforts of individuals who work both within the program and outside it. Although goals for student writing can differ internationally based on a range of sociopolitical, educational, and economic factors, all writing programs share general needs for funding, personnel, and curricular oversight, and operate within larger systems of influence, control, expertise, and collaboration.

Figure 1 shows some of the administrative, curricular, and instructional variables that together characterize a program for writing in an academic setting. They are not exhaustive, but no program can exist without them, and no program can become successful without attending to them. Each is intricately tied to the others in patterns of mutual influence and dependency.

Variables of employment refer to the labor of instruction: who is providing it, how they are hired and on what basis or credentials, how much they are paid, how they are viewed within the institution and the units they serve, and what their general working conditions are (such as office space, supplies, technological support, staff support, workload, and evaluation processes). Such variables also include the disciplinary specializations of those supporting writing—whether, for example, they are applied linguists, second-language experts, specialists in writing studies or rhetoric and composition, educational psychologists, or students providing tutorial help to peers. In some cases, support for student writing resides in discipline-based faculty who enjoy stable positions within particular academic departments.

DOI: https://doi.org/10.37514/INT-B.2023.1749.1.1

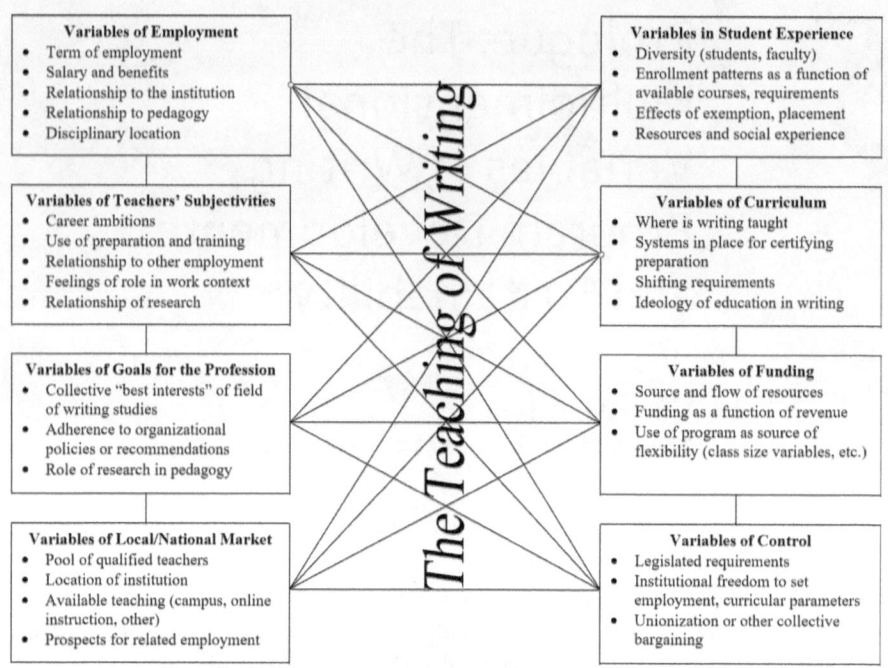

Figure 1. Intersecting Variables in the Work of Program-Based Writing Instruction.

In other cases, support for writing may come from writing specialists who do not hold full faculty status but may be staff members in a writing center, adjuncts hired to teach standalone writing courses, or graduate students who hold positions as teaching assistants. Employment variables can be objectively measured or described, and include diversity-related patterns of hiring, such as age, gender, race, country of origin, and language background.

Variables of teachers' subjectivities include the motivating forces, many of them affective and personal, behind teachers' work, such as their career ambitions, how much training and development they have sought, and the extent to which they embrace or ignore research on writing and writing instruction. In some contexts, for example, instructors may be hired to teach writing when their own specializations or training do not sufficiently inform them, or they may constantly aspire to teach something else, such as literature, that a dearth of positions denies them. Or, in the context of programs for integrating writing across the curriculum, instructors may embrace or resist opportunities to support students' writing for many reasons, including their view of the role writing plays in their discipline or in students' learning. Teachers' subjectivities include their identities within the program and feelings of belonging or alienation, and thus their commitment to their work. Unlike variables of employment, these variables can be difficult to determine because they are personal, experiential, and sometimes tacit.

Variables of goals for the profession refer to broader organizational and disciplinary strategies or approaches based on shared governance within particular scholarly associations. Such goals variously influence or guide specific programs or sometimes are entirely ignored. In some regions, they may be relative nascent, while other regions may have histories of policy making or attempted influence over other entities that affect how academic institutions operate or, within academic institutions, what a program should or should not do. For example, organizations in the US such as the Conference on College Composition and Communication (CCCC) and the Council of Writing Program Administrators (CWPA) issue reports with recommendations on a range of practices in order to influence national educational policy for writing programs (such as standards of class size in composition courses; see https://cccc.ncte.org/cccc/resources/positions/postsecondarywriting). Others, such as the European Association for the Teaching of Academic Writing (EATAW), serve as contexts for the exchange of knowledge within the writing-studies community and as repositories of information, in part because it may be challenging to establish European-facing policies for writing instruction to apply to different countries each with its own sociopolitical, economic, and educational needs. In Latin America, the Red Latinoamericana de Centros y Programas de Escritura (RLCPE) and the Latin American Association of Writing Studies in Higher Education and Professional Contexts (ALES) have helped to professionalize and gain visibility to the field of tertiary writing instruction and research as different from parent disciplines such as linguistics or education, which in turn validates specific pedagogical approaches, methodological tools, and theoretical presuppositions for writing initiatives. However, professional goals also refer to the somewhat inchoate aspirations of the discipline, as represented in the collective voices of its members. As shown in publication research (Ávila Reyes, Narváez-Cardona & Navarro, in press), the field of writing studies in Latin America is growing rapidly around a core set of methodologies and scholars, but continues to draw from different disciplinary traditions. Although older in its development, writing studies in the US was not seen as worthy of disciplinary status until fairly recently, thanks to the efforts of those who identify with and define its scholarship and instructional literature (see Phelps, 1988). If there are no identifiable national or regional disciplinary goals, then the creation of goals resides within the academic institution and is based on its own context.

Variables of local or national markets refer to who is willing and available to teach at specific institutions. Faculty who support writing in their own disciplines such as history or engineering may represent different pools of candidates for positions than do writing specialists charged with teaching standalone writing courses or working in writing centers. The variables are based on such factors as institutional location and competition with other opportunities. A university located in a major population center may have access to a large pool of qualified instructors, and thus the more competitive opportunities for employment may affect standards of pay and working conditions. A university in a remote and less populated area with fewer social and recreational opportunities, or one with lower reputational status and financial support, may have to rely on a smaller pool with less qualified individuals (who may have lower rates of retention), or the university needs to increase its employment standards in order to attract instructors. Market variables include institutional reputation and existing or aspirational hiring trends; an institution with high numbers of faculty from underrepresented groups may be more attractive to others in those groups than an institution with a known climate of aversion to diversity.

Variables of student experience are many, ultimately linked to the quality of education they receive, to the status of the institution's teaching mission, and to opportunities for engagement in co-curricular and extra-curricular activities. From the perspective of course administration, design, and delivery, students' experiences may vary. Testing and placement processes (when these exist), requirements vs. electives, and choice when courses are not structured in similar ways to reach the same learning outcomes can affect students' experiences and success. In addition, if processes of placing students into specific levels or kinds of courses exist, these can affect the diversity of students in particular classes. When such processes are too determinative, L2 learners or basic writers may be separated from mainstream populations, which can limit students' experience of ethnic, racial, and linguistic diversity (see Matsuda, 2006). In highly stratified and uniform programs, "basic writers" (those deemed not ready for a mainstream course) can experience a course with less rich and engaging learning activities, which simply reinforces prior negative experiences and leads to slower progress. Opportunities for writing support, such as writing centers, writing fellows embedded in courses, or co-curricular workshops for students, all affect the potential for students to develop as writers.

Variables of curriculum often depend on the architects who design the courses students take, including choice of reading material, writing activities and assignments, grading processes, and media (written or spoken text or multimodal productions). Goals or outcomes for courses are often tied to broader missions of the institution, as well as to the nature of the student population and the extent to which the leader(s) of the program are credentialed or have backgrounds in writing studies. Curricular planning and the assessment of students' abilities can result in a wide range of experiences; in some countries, no common requirement for a foundational writing course exists, so students write in discipline-based courses or courses in their chosen major or concentration, or they are simply expected to write coherently when they take exams. In such cases, the program may be a campus-wide writing center that provides student support for those who seek or need it. At some institutions, students may not be asked to write extensively as undergraduates, but the emphasis falls more strongly on graduate education where students must write theses or dissertations, sometimes requiring article publication. Curricular variables also include overarching ideologies of writing, or what Ivanič (2004) describes as "constellations of beliefs about writing, beliefs about learning to write, ways of talking about writing, and the sorts of approaches to teaching and assessment which are likely to be associated with these beliefs" (p. 224). An institution with dominant assumptions that writing is not highly developmental and that students can write effectively with a simple "inoculation" (or that they should have been adequately prepared in high school) are less likely to create multiple opportunities for growth. An institution that sees writing as a highly scaffolded, developmental process and understands that students cannot easily "transfer" foundational skills to successfully write in unfamiliar genres in new disciplinary contexts will create programs that help instructors to support student writing wherever they happen to be learning (see Anson & Moore, 2016). Differences in instructional ideology between program leaders and higher administrators can sometimes lead to conflicts and (in another set of variables) questions of control.

Variables of funding arise from the source of financial support for a program, including whether revenue accrues to it to offset expenses. In some countries, higher education is free, so the costs of personnel, infrastructure, and the like come from national-level sources that can fluctuate with the economy. In other countries, a mix of public and private universities offers some choice of tuition costs. Some institutions, especially in the context of L2 learners who need help writing in the language of instruction, may create "institutes" that levy additional fees on students for tutoring or course work, while at other institutions the costs are drawn from a general fund and instruction is free for all students. Vagaries in funding can lead to significant changes—sometimes temporary, sometimes permanent—in a program's operations, such as class size or enrollment caps in writing-related courses, cuts (or increases) in personnel support, availability of tutorial help, or changes in exemption or placement thresholds. Funding is also related to institutional commitments for student writing development; if it is not seen as a priority related strongly to the quality of students' subject-matter learning, program leaders may need to constantly lobby higher administrators for needed support. In some cases, all spending and budgetary decisions are made by program leaders, while in other cases those decisions are made for them by other administrators who may know less about principled ways to support student writing.

Variables of control determine how much freedom a program has to design and teach its curriculum or provide writing support to students. Again, when curricular control is not in the hands of program leaders, beliefs about "how students best learn to write" (or should be taught) can influence a program from without, and levels of authority in a hierarchy can force program leaders to enact methods of instruction not aligned with what they know from research. Control can also come from beyond the institution, as in national, regional, or accreditation-related educational policies (a good example being the principles enacted through the Bologna Process in Europe—see Amaral et al., 2009). In addition, national or state-level attempts to regulate curriculum (for example, to standardize learning outcomes or make it easier for students to move from institution to institution) can exert influences on local decision-making in curricular and course design. In some cases, administrative control can determine the need for a program, its aims or mission, and its resources, but with a recognition that the teachers and language specialists need to make pedagogical and administrative decisions. This might be called a "meso-level" kind of control, exemplified in some Latin American universities by academic vice-chancellors. Control also exists at the level of individual teachers, who have varying degrees of freedom to design and teach their own courses or tutor students in particular ways. In some writing programs, the desire to provide students with similar learning experiences in different sections of the same course that reach the same outcomes can influence what teachers can teach and how they teach it. With appropriate training and development, this may be preferable to a program made up of wildly disparate courses taught idiosyncratically based on instructor interest or specialization. Institutions or programs that are organized with "flattened hierarchies" (Gunner, 2002) or with strong principles of collaboration and collective decision-making can often reduce the tensions that arise from external controls.

As shown in Figure 1 and apparent in the brief preceding descriptions, the variables *interact* with each other in ways that can reveal the successes and shortcomings of particular programs that support student writing development, or in a heuristic way, set a course for analysis and improvement. For example, the variables of *curriculum* clearly intersect and interact with those of *employment* and *teacher subjectivities*. Who is supporting students' development as writers? What is their disciplinary preparation? What is their institutional status relative to the crucial responsibilities they shoulder in their support of writing? Are there inequities in their employment? Is their workload reasonable to fully meet the needs of student writers? How do they feel about their work? Together, these are also influenced by variables of control: who makes decisions about courses or student experiences withing a program? What is the relationship between instructional freedom and constraint? If there is some degree of curricular control in a carefully designed curriculum, the variables of teachers' subjectivities come into play: are teachers inspired to embrace training and preparation programs to teach the courses, and do they subsequently integrate this preparation into their own longer-term career goals and sense of professional development? In turn, the variables of funding determine how extensively the program can provide that professional development (based on program personnel and workload), and whether teachers are compensated adequately for engaging in such activities.

In the US, writing scholars have for decades expressed concerns about the labor and material conditions associated with those who are responsible for the development of students' literate abilities (for a recent synthesis, see Kahn et al., 2017). In part, these concerns have developed because of the almost ubiquitous presence of a required first-year composition course at most colleges and universities, which has necessitated a massive number of writing instructors nationwide. Complex aspects of budgets, supply, demand, and the overproduction of PhDs in English (especially in literary study) who cannot find tenured positions have led to a situation where many instructors are "contingent," hired on full-time but non-permanent contracts that can be terminated at will, or hired semester by semester on a part-time basis, paid by the course with no accompanying health insurance or other benefits. Usually cut off from the research missions of their institutions, these contingent workers teach large numbers of students for low wages that sometimes require them to teach at multiple institutions simultaneously, giving them the disparaging title of "freeway flyers" (rushing on highways from institution to institution). The heavy workload and lack of identity with and commitment to the institution consequently affects students' experience, which may lack the kind of mentoring and thoughtful commentary on their writing that leads to improvement. Although US-facing organizations such as the CWPA and the CCCC have advocated relentlessly for improvements to these employment practices, loss of state and federal funding to universities over the years has only exacerbated the situation. The variables of employment, therefore, are intricately tied to those of funding. Furthermore, if available candidates do not see themselves as long-term teachers of writing, their own alternate career ambitions may (but, of course, do not always) affect the quality of their instruction and their relationship to students.

Parallel problems with labor and the material conditions of literacy instructors exist in Latin America but for somewhat different reasons. In particular, the expansion of enrollments has yielded an economic diversification of students who have experienced different pathways to schooling and bring different literacy needs with them (see Chiroleu & Marquina, 2017; Navarro et al., 2021). Like the shift to open admissions at a number of US universities in the 1960s, this increasing socioeconomic diversity, which on the one hand provides broader opportunity and further democratizes education, also creates a need for the expansion and enhancement of literacy programs and academic staff to manage and teach in them (see Shaughnessy, 1976).

Labor may also be considered in its intersection with students' educational experience. In part, the lack of focus on students' written literacy in disciplinary courses has emerged from a longstanding association of language study with literature and *belle lettres* or, in some countries, applied linguistics—with those experts who study texts rather than with those experts who study engineering, psychology, or biology and who use writing to communicate that expertise to others. Pedagogical knowledge of writing is separated from professional knowledge, with the disciplinary experts often claiming that they lack sufficient pedagogical training to support their students' writing development. The increasing development of writing studies as a field of empirical inquiry has only furthered such assumptions. In this respect, cross-curricular support for writing requires a kind of lateralization of labor that involves the shared responsibility of instructors of all disciplines. Some programs in Argentina demonstrate shared responsibility between language specialists and specialists in the disciplines (see Moyano, 2010, 2017, 2018, as well as Moyano & Natale, 2012). In general, programs for writing across the curriculum have done much to distribute attention to writing into all courses and to provide faculty development and departmental consulting to eliminate barriers of resistance to the effort (see Thaiss et al., 2012).

The eight variables depicted in Figure 1 characterize organized programs of support for student writers in higher education. The questions generated from each set of variables can be considered from the historical, sociocultural, political, economic, and educational perspectives of particular countries or geographical regions, but they become more dynamic and generative when we think of them cross-culturally and cross-nationally. In the context of the present collection, they offer ways to read and interpret the results of the initiatives and research described here.

~~~

When viewed through the lens of the variables in Figure 1, the contributions to this collection demonstrate the importance of program development as multidimensional work. The variables touched upon are selective, but the contributions have clear implications for those that are not discussed. For example, from the perspective of the variables in Figure 1, Violeta Molina-Natera cites inadequate hiring and preparation of personnel "with specialized training to design program evaluation" as one reason for the lapse in program evaluation in many Latin American writing centers or programs. From the perspective of teachers' subjectivities, some feel that program evaluation is "outside their area of expertise, so it should be done 'by someone else.'" For others, assessment initiatives become an "implied insult" because they perceive mistrust of their work by administrators. Dimensions of budget intersect with these sources of resistance because program leaders are too burdened to think they can add assessment to their workload. Budget cuts associated with the dimensions of funding make matters worse. Yet from the perspective of students' experience, program evaluation provides vital information to gauge the success with which the program is meeting its educational goals. As Molina-Natera points out, this requires collaboration, communication, and an interest in collecting and analyzing data (i.e., conducting localized research) in a continuous cycle of self-assessment and improvement.

Several variables in Figure 1, especially curricular control, enter into the cooperative relationships vital to the implementation of writing into all academic courses and disciplines at the University of Chile, as described by Pablo Lovera Falcon and Fernanda Uribe Gajardo. Here we see the positive effects of institutional relations that subvert hierarchies that can lead to loss of control, the imposition of unprincipled beliefs about writing, or tensions that affect the personal goals and aspirations of teachers and administrators. A system of "coordinated decentralization" provides support for the management of the Program of Academic Reading, Writing, and Orality. In addition to the "material and economic" variables are "symbolic imaginaries" that regulate relationships among institutional stakeholders. In turn, the cooperative relationships characterizing organizational culture that facilitate the health and sustenance of a writing program are determined in part by the culture of the broader institution, which is enacting the "principles and republican values of the nation." In this sense, we can see the relationships among variables of curriculum, control, funding, and goals for the profession. The success of the program comes from the symbiotic relationships between situated training and preparation, curricular design, systematization of teaching practices (but in a context of buy-in rather than top-down control), and continuous localized research in the form of surveys and other data-gathering tools.

Intersections between variables of curriculum, teacher subjectivities, and students' experience characterize Karen Urrejola Corales and Margaria Vidal

Lizama's contribution. In particular, the authors focus on the institutional factors and theoretical frameworks that led to the development of the Academic Reading and Writing Program (PLEA) at the Universidad Católica de Chile—factors that included "institutional recognition of the relevance of teaching academic communication skills in an organized and systematic manner." In this case, transformations in institutionalized ideologies of writing allowed for broad understandings of the importance of establishing a writing center, while at the same time helping faculty to see the need for direct instruction and experience in writing alongside standalone courses and tutoring. More importantly, the PLEA program was founded—and continues to develop—on an integration of principles and theories derived from linguistic and literacy research, especially sociocognitive and sociosemiotic perspectives. Thus, we can see the power of intersections between variables of goals for the profession, curricular design on a university-wide basis, and the effect of training on teachers' subjectivities. The intersection of scholarship and curricular design and outreach provided the basis for a theoretical framework for teaching writing that integrates the socio-cognitive, didactic model known as "Didactext," with a theoretically-founded understanding of how language works, informed by Systemic functional linguistics.

Intersections of curricular design and attention to students' learning processes are at play in Adriana Bono, Yanina Boatto, Mariana Fenoglio, and María Soledad Aguilera's focus on a pedagogical intervention with the potential for teacher transformation. Drawing on research in cognitive psychology and learning processes, a *monographic writing* assignment emphasizes both cognitive and metacognitive processes. Through a sequence of writing plans, writing and reviewing, and evaluation that precipitates revision, students engage in processes of task contextualization, strategic use of knowledge, conceptual restructuring, and evaluation of textual productions. The positive results of the intervention suggest a path toward teacher development that has the potential to influence teacher subjectivities and further reform (and inform) students' experiences, although—also pointing to the dimensions in Figure 1—this will require appropriate funding, care in hiring and teacher support, and sensitivity to control of the curriculum.

Intersections between curricular variables and student experience are showcased in Martín Miguel Acebal's contribution. With an emphasis on genre, students are guided through a teaching-learning cycle of deconstructing the genre at hand, jointly writing a new version of the genre, and jointly editing the resulting texts. The focus of teaching is set on interpersonal resources for evaluating meanings in texts. The result demonstrates the need for instructors to adapt their pedagogy to the intervention and to how meanings of APPRAISAL

(Martin & Rose, 2007), including teacher expectations, "are considered and interpreted in the context of the disciplinary field and the same expectations of the teacher of [a] specific subject." Sensitivity to students' development in the context of what has already been incorporated in other aspects of the Program show the need for scaffolding of experience and the explicit preparation of instructors to carry out that scaffolding. In addition, the process demonstrates the importance of the relationship between variables of writing instruction and the effects of engaging in contextually appropriate research.

A demonstration of the intersections of teacher subjectivities, variables of curriculum, and (indirectly) students' experiences is seen in Alejandra Sánchez Aguilar and Eurídice Minerva Ochoa Villanueva's instructional training initiative. As teachers completed their compulsory workshop, they subsequently confronted students with different language skills and recognized challenges in the transfer of general competence to other subjects or contexts, and a need for further student-facing support developed, followed by the recognition of a need for a teacher training program. The workshop series generated from these experiences show the relationship of variables of curriculum, employment and training, teachers' views of their instruction, programmatic control, and student experience. Of special note is the way that broader institutional goals and orientations influence these variables: the philosophical, spiritual, social, and educational precepts of a Jesuit institution that emphasizes reflection and action. These goals and orientations explain the desire, from the perspective of teacher subjectivities, for additional teacher training workshops and the embrace of tools to support students' communication experiences and abilities.

In Margarita Vidal Lizama and Soledad Montes' chapter, we can recognize the intersection of variables of curriculum, professional goals for research, and student experience across different courses in their triangulation of data from focus groups with teachers, linguistic analysis of genres in the art curriculum, and teacher workshops. In this case, a qualitative study of how students' writing in art develops over time shows the importance of embedding writing into social practices. Of special note is how the results of the genre analysis and focus groups fueled workshops with teachers, whose recorded transcriptions generated a consensual description of the role and functions of writing in the art curriculum. It also provides a methodology for similar studies of genre scaffolding in other disciplines, especially those where inquiry has been less robust.

Karen S. López-Gil's study demonstrates the intersection of tutors' own knowledge and goals alongside variables in students' experience, but the implications focus on variables of the curriculum, with an interest in an "articulation with the different components of the institution's writing program," emphasizing the creation of joint criteria across units and disciplines for students' use of digital sources. Interestingly, tutors sometimes relied on their own knowledge and expertise rather than direct training when working with student writers, raising interesting questions about expertise and administrative authority relative to innate knowledge and agency. In this context, López-Gil suggests the importance of creating learning communities, fostering collaboration, and providing orientation and training to tutors to most effectively meet the demands of students.

~~~

Throughout this volume, we see the complexities of writing program development and administration in the form of variables that intersect, intertwine, and influence one another. The chapters emphasize some but not all of these intersections, so that from a heuristic perspective, what's not discussed becomes as interesting as what is. Readers can learn about the diligent work of those who are supporting students' writing abilities across Latin American institutions, but can also imagine other elements that deserve discussion and inquiry. Although this volume represents work on writing and writing programs in Latin America, it is of additional interest to those working beyond the region to consider the broader implications of the contributions across and within such spaces. From this collection, we can take away many new ideas, perspectives, and strategies to inform the continued development of writing programs in Latin America and around the world.

References

Amaral, A., Neave, G., Maassen, P. & Musselin, C. (Eds.) (2009). *European integration and the governance of higher education and research.* Springer. https://doi.org/10.1007/978-1-4020-9505-4.

Anson, C. M. & Moore, J. L. (2016). *Critical transitions: Writing and the question of transfer.* The WAC Clearinghouse; University Press of Colorado. https://doi.org/10.37514/PER-B.2016.0797.

Ávila Reyes, N., Narváez-Cardona, E. & Navarro, F. (2023). Twenty years of research on reading and writing in Latin American higher education: Lessons learned from the ILEES initiative. In P. Rogers, D. Russell, P. Carlino & J. M. Marine (Eds.), *Writing as a human activity: Implications and applications of the work of Charles Bazerman* (pp. 327–348). The WAC Clearinghouse; University Press of Colorado. https://doi.org/10.37514/PER-B.2023.1800.2.13

Chiroleu, A. & Marquina, M. (2017). Democratisation or credentialism? Public policies of expansion of higher education in Latin America. *Policy Reviews in Higher Education, 1*(2), 139–160. https://doi.org/10.1080/23322969.2017.1303787.

Gunner, J. (2002). Collaborative administration. In T. Enos & S. Brown (Eds.), *The writing program administrator's resource: A guide to reflective institutional practice* (pp. 253–262). Erlbaum.

Ivanič, R. (2004). Discourses of writing and learning to write. *Language and Education, 18*(3), 220–245. https://doi.org/10.1080/09500780408666877.

Martin, J. R. & Rose, D. (2007). *Working with Discourse. Meaning beyond the clause.* Continuum. https://doi.org/10.1017/S0272263105250052.

Matsuda, P. K. (2006). The myth of linguistic homogeneity in US college composition. *College English, 68*(6), 637–651. https://doi.org/10.2307/25472180.

Moyano, E. I. (2010). Escritura académica a lo largo de la carrera: Un programa institucional. *Revista Signos, 43*(7), 465–488. https://doi.org/10.4067/S0718-09342010000500004.

Moyano, E. I. (2017). Diseño e implementación de programas de lectura y escritura en el nivel universitario: Principios y estrategias. *Lenguas Modernas, 50*, 47–72.

Moyano, E. I. (2018). La enseñanza de la lectura y la escritura académicas mediante programas a lo largo del curriculum universitario: opción teórica, didáctica y de gestión. *D.E.L.T.A., 34*(1), 235–267. https://doi.org/10.1590/0102-445074896274115057.

Moyano, E. I. & Natale, L. (2012). Teaching academic literacy across the university curriculum as institutional policy: The case of the Universidad Nacional de General Sarmiento (Argentina). In C. Thaiss, G. Bräuer, P. Carlino, L. Ganobcsik-Williams & A. Sinha (Eds.), *Writing programs worldwide: Profiles of academic writing in many places* (pp. 23–34). The WAC Clearinghouse; Parlor Press. https://doi.org/10.37514/PER-B.2012.0346.2.02.

Navarro, F., Lopes Cristovão, V. L. & Bagio Furtoso, V. (2021). Scientific and academic literacies in higher education: A Latin American perspective. *Signum: Estudos da Linguagem, 24*(1), 10–16.

Phelps, L. W. (1988). *Composition as a human science: Contributions to the self-understanding of a discipline.* Oxford University Press.

Shaughnessy, M. (1976). Diving in: An introduction to basic writing. *College Composition and Communication, 27*(3), 234–239. https://doi.org/10.2307/357036.

Thaiss, C., Bräuer, G., Carlino, P., Ganobcsik-Williams, L. & Sinha, A. (2012). *Writing programs worldwide: Profiles of academic writing in many places.* The WAC Clearinghouse; Parlor Press. https://doi.org/10.37514/PER-B.2012.0346

Prólogo. Variables Multidimensionales en el Desarrollo y la Sustentabilidad de los Programas de Escritura

Chris M. Anson
NORTH CAROLINA STATE UNIVERSITY, EE.UU.

Los programas de escritura constituyen mucho más que actividades aisladas o *ad hoc*, más que esfuerzos individuales de las y los docentes por integrar la escritura en sus cursos y más que estrategias curriculares que fluctúan con inconsistencias de compromiso.[1] Se caracterizan por la coherencia curricular y por un sentido de estabilidad dentro de entornos cambiantes, así como por los esfuerzos colectivos de quienes trabajan tanto dentro como fuera del programa. Si bien los objetivos de escritura para el estudiantado pueden diferir a nivel internacional según un repertorio de factores sociopolíticos, educativos y económicos, todos los programas de escritura comparten necesidades generales de financiamiento, de personal y de control curricular y operan dentro de sistemas mayores de influencia, control, experticia y colaboración.

La Figura 1 muestra algunas de las variables administrativas, curriculares y educativas que en conjunto caracterizan a un programa de escritura en el ámbito académico. No son exhaustivas, pero ningún programa puede existir sin ellas, ni tener éxito sin considerarlas. Cada una está intrínsecamente ligada a las otras según modelos de influencia mutua y de interdependencia.

Las *variables de empleo* refieren al trabajo de enseñanza: quiénes la imparten, cómo son contratados, con base en qué criterios o credenciales, qué remuneración reciben, cómo se los considera en las instituciones y unidades académicas en las que se desempeñan, y cuáles son las condiciones generales de trabajo (tales como espacio de oficina, suministros, apoyo tecnológico y de personal administrativo, carga laboral y procesos de la evaluación).

---

1   Traducción a cargo de María Gabriela Di Gesú, UNGS- Argentina. gdigesu@campus.ungs.edu.ar

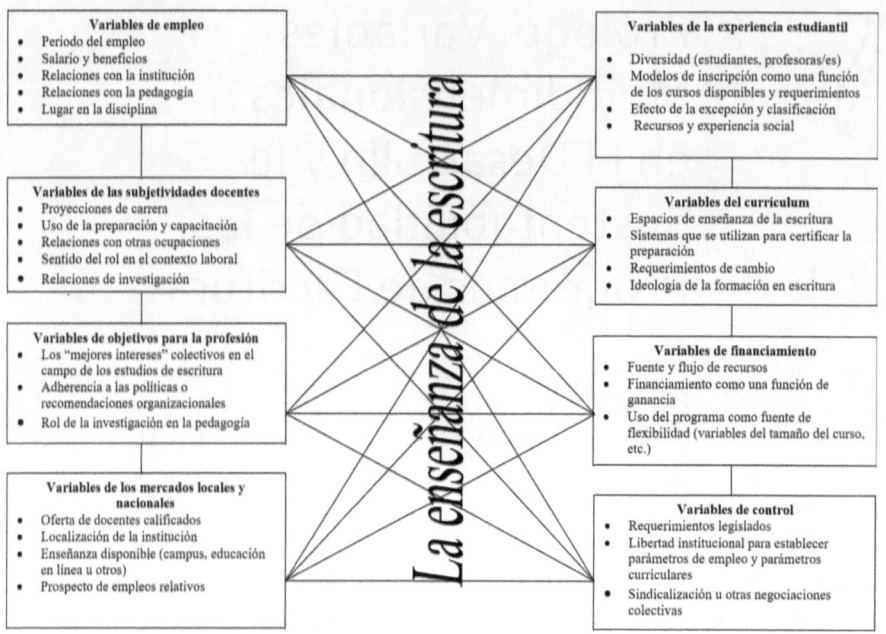

Figura 1. Intersección de las variables en el trabajo de enseñanza de la escritura basada en un programa

Asimismo, estas variables incluyen las especializaciones disciplinares de quienes ejercen el acompañamiento en las prácticas de escritura, por ejemplo, profesionales de la lingüística aplicada, expertos en segundas lenguas, especialistas en estudios de la escritura o en retórica y composición, psicólogos educacionales o estudiantes tutores que asisten a sus pares. En algunos casos, el acompañamiento en la escritura está a cargo de profesores con conocimientos disciplinares que gozan de posiciones estables dentro de departamentos académicos determinados. En otros, la tarea recae en especialistas en escritura sin estatus de profesor a tiempo completo, pero que pueden ser funcionarios de un centro de escritura, profesores adjuntos[2] que imparten cursos de escritura independientes o estudiantes graduados con un cargo de asistentes de enseñanza. Las variables de empleo se pueden medir o describir objetivamente e incluyen patrones de contratación relativos a la diversidad, como la edad, el género, la etnia, el país de origen y la lengua materna.

Las *variables de las subjetividades docentes* incluyen las fuerzas motivadoras, muchas de ellas afectivas y personales, que subyacen al trabajo docente,

---

2   N. del Trad. Los nombres de las categorías académicas varían según el país. Se opta por la traducción de adjunto, entendido como docente contratado que diseña su curso según contenidos mínimos.

tales como sus ambiciones profesionales, el grado de formación y desarrollo buscado, y la medida en que incorporan o ignoran la investigación sobre la escritura y su enseñanza. En algunos contextos, por ejemplo, los docentes pueden ser contratados para enseñar escritura sin contar con una base de especialización o formación suficiente; o pueden aspirar constantemente a enseñar otra asignatura (por ejemplo, literatura) a la que no acceden debido a la escasez de puestos laborales. En el contexto de los programas para integrar la escritura a lo largo del currículum, los docentes pueden adoptar o resistirse a la oportunidad de acompañar la escritura de los estudiantes por diversas razones, que incluyen su visión sobre el rol de la escritura en su disciplina o en el aprendizaje estudiantil. Las subjetividades docentes incluyen sus identidades dentro del programa y los sentimientos de pertenencia o alienación y, por ende, su compromiso con su trabajo. A diferencia de las variables de empleo, estas variables pueden ser difíciles de determinar porque son personales, experienciales y a veces tácitas.

Las *variables de objetivos para la profesión* se refieren a estrategias o enfoques organizacionales y disciplinares más amplios según la gobernanza compartida dentro de una asociación académica. Estos objetivos influyen o guían los programas específicos de diversos modos o, en ocasiones, son ignorados por completo. En algunas regiones, pueden ser relativamente incipientes. En otras, puede haber antecedentes de políticas o intentos de influencia sobre otras entidades que afectan el modo de funcionamiento de las instituciones académicas, o que, al interior de estas instituciones, determinan lo que un programa debe o no hacer. Por ejemplo, organizaciones de los Estados Unidos tales como Conference on College Composition and Communication (CCCC) y Council of Writing Program Administrators (CWPA) publican informes con recomendaciones relativas a una serie de prácticas para influir en las políticas educativas nacionales sobre los programas de escritura (por ejemplo, los estándares en la cantidad de estudiantes por curso; ver https://cccc.ncte.org/cccc/resources/positions/postsecondarywriting). Otras organizaciones, tales como European Association for the Teaching of Academic Writing (EATAW), sirven de escenario para el intercambio de conocimiento dentro de la comunidad de estudios de la escritura y como repositorio de información, en parte, porque puede ser complejo lograr establecer políticas para Europa relativas a la enseñanza de la escritura para su aplicación en diversos países, según sus propias necesidades sociopolíticas, económicas y educativas. En América Latina, la Red Latinoamericana de Centros y Programas de Escritura (RLCPE) y la Asociación Latinoamericana de Estudios de la Escritura en Educación Superior y Contextos Profesionales (ALES) han contribuido a la profesionalización y visibilización del campo de la enseñanza y los estudios de la escritura en el nivel terciario como un ámbito distinto de disciplinas matrices como la lingüística o la educación. Esto a su vez valida enfoques pedagógicos específicos, herramientas metodológicas y supuestos teóricos para las iniciativas de escritura. Sin embargo, los objetivos profesionales también se refieren a las aspiraciones algo incipientes de la disciplina, representada en las voces colectivas de sus miembros. Según se describe en la investigación publicada (Ávila Reyes, Narváez-Cardona & Navarro, en prensa), el campo de los estudios de la escritura en Latinoamérica está creciendo rápidamente en torno a un conjunto central de metodologías y de académicos, pero continúa recurriendo a diferentes tradiciones disciplinares. Aunque más antiguos en su desarrollo, los estudios de la escritura en los Estados Unidos no se consideraron dignos de estatus disciplinar hasta hace poco, gracias a los esfuerzos de quienes se identifican con este campo y definen su investigación y literatura didáctica (ver Phelps, 1988). Sin objetivos disciplinares identificables a nivel regional o nacional, entonces, la creación de los objetivos reside en la institución académica según su propio contexto.

Las *variables de los mercados locales o nacionales* se refieren a las personas dispuestas y disponibles para enseñar en determinadas instituciones. Los profesores que acompañan la escritura en sus propias disciplinas, tales como historia o ingeniería, pueden representar grupos de candidatos para puestos diferentes a los de especialistas que imparten cursos de escritura de manera independiente o que se desempeñan en centros de escritura. Las variables se basan en factores tales como la ubicación institucional y la competencia con otras oportunidades. Una universidad ubicada en un centro poblacional importante puede tener acceso a un gran grupo de docentes calificados y, por lo tanto, las oportunidades de empleo más competitivas pueden afectar los estándares de salario y las condiciones de trabajo. Una universidad en una zona remota, de menor densidad poblacional y con menos oportunidades sociales y recreativas, o con reputación y recursos financieros menores, puede tener que depender de un grupo más acotado de individuos con menor preparación académica (quienes pueden tener índices de retención más bajos), o bien la universidad puede tener que elevar sus estándares de empleo para poder atraer docentes. Las variables del mercado abarcan la reputación institucional y las tendencias de contratación existentes o potenciales; una institución con un alto número de profesores de grupos subrepresentados puede ser más atractiva para quienes forman esos grupos que una institución con un clima conocido de aversión a la diversidad.

Las *variables de la experiencia estudiantil* son muchas, fundamentalmente vinculadas a la calidad de la educación que reciben los estudiantes, al estatus de la misión docente de la institución y a las oportunidades de participación en actividades cocurriculares y extracurriculares. Según la perspectiva de la administración, el diseño y la enseñanza de los cursos, las experiencias de los estudiantes pueden variar. Los procesos de diagnóstico y asignación de estudiantes en niveles (*placement*)—cuando existen—, las asignaturas obligatorias versus las optativas y la posibilidad de elección cuando los cursos no se estructuran de maneras similares para alcanzar los mismos resultados de aprendizaje pueden afectar tanto las experiencias como el éxito de los estudiantes. Además, si existen procesos para asignar niveles o tipos de cursos específicos a los estudiantes, se puede afectar la diversidad de estudiantes en ciertos cursos. Cuando esos procesos son demasiado determinantes, quienes manejan el idioma de enseñanza como segunda lengua o los escritores de nivel básico pueden ser separados de las poblaciones estudiantiles mayoritarias, lo cual puede restringir la experiencia de los estudiantes en cuanto a la diversidad lingüística, racial o étnica (véase Matsuda, 2006). En los programas altamente estratificados y uniformes, los "escritores de nivel básico"[3] (aquellos considerados como no preparados para un curso tradicional) pueden ser partícipes de un curso con actividades de aprendizaje menos ricas y atrayentes, que simplemente refuerza sus experiencias negativas anteriores y conduce a un progreso más lento. En conjunto, las oportunidades de acompañamiento de la escritura, tales como los centros de escritura, los tutores de escritura integrados a los cursos, o los talleres cocurriculares para estudiantes, afectan el potencial de los estudiantes para desarrollarse como escritores.

Las *variables del currículum* a menudo dependen de quienes diseñan los cursos a los que asisten los estudiantes, incluyendo la elección del material de lectura, las actividades y las tareas de escritura, los procesos de calificación y los medios (textos escritos o hablados o producciones multimodales). Los objetivos o resultados de los cursos suelen vincularse a las misiones más amplias de la institución, así como también a la naturaleza de la población estudiantil y al grado de acreditación o de formación en estudios de la escritura de quienes lideran el programa. La planificación curricular y la evaluación de las habilidades de los estudiantes pueden dar como resultado una amplia gama de experiencias. En algunos países, no existe un requisito común para un curso básico de escritura; por lo tanto, los estudiantes escriben en los cursos según la disciplina o la carrera u orientación elegida, o simplemente se

---

3   N. del Trad. El término en inglés es "*basic writers*", que se refiere originalmente a los estudiantes que debían realizar cursos remediales de escritura porque no contarían con las competencias suficientes para cursar directamente una asignatura de escritura académica de nivel universitario. Ver Otte, G. & Williams Mlynarczyk, R. (2010). *Basic writing*. Parlor Press; The WAC Clearinghouse. https://wac.colostate.edu/books/referenceguides/basicwriting/.

espera que escriban de manera coherente al realizar sus exámenes. En tales casos, el programa puede ser un centro de escritura para todo el campus que proporciona acompañamiento estudiantil a quienes lo buscan o necesitan. En algunas instituciones, es posible que no se les pida a los estudiantes que escriban extensamente en el grado, pero el énfasis recae con mayor intensidad en la formación de posgrado cuando deben escribir sus tesis de maestría o de doctorado, lo que en ocasiones requiere de la publicación de artículos. Las variables curriculares también incluyen las ideologías dominantes sobre la escritura o lo que Ivanič (2004) describe como "constelaciones de creencias sobre la escritura, creencias sobre aprender a escribir, formas de hablar sobre la escritura y tipos de enfoques para enseñar y evaluar que probablemente se asocien con estas creencias" (p. 224). Una institución que comparte los supuestos predominantes de que la escritura no se desarrolla progresivamente y que los estudiantes pueden escribir de manera efectiva con una simple "inoculación" (o que la escuela secundaria debía haberles preparado adecuadamente) es menos proclive a generar múltiples oportunidades de crecimiento. Una institución que considera la escritura como un proceso de desarrollo altamente andamiado y entiende que los estudiantes no pueden "transferir" con facilidad las habilidades fundamentales para escribir con éxito a géneros desconocidos en nuevos contextos disciplinarios creará programas que ayuden a los docentes a acompañar la escritura de sus estudiantes dondequiera que estén aprendiendo (ver Anson & Moore, 2016). Las diferencias en la ideología de enseñanza entre directores de programas y administradores de jerarquía superior pueden, a veces, generar conflictos y (en otro conjunto de variables) cuestiones de control.

Las *variables de financiamiento* surgen de la fuente de apoyo financiero para un programa, lo que incluye si las ganancias se destinan para compensar los gastos. En algunos países, la educación superior es gratuita, por lo que los costos de personal, infraestructura y similares provienen de recursos a nivel nacional que pueden fluctuar con la economía. En otros países, una mezcla de universidades públicas y privadas ofrece algunas opciones para costear la matrícula. Algunas instituciones, especialmente en el contexto de estudiantes que necesitan ayuda con la escritura debido a que la lengua utilizada en la enseñanza es su segunda lengua, pueden crear "institutos" que recargan a los estudiantes con gastos adicionales por tutorías o cursos, mientras que en otras instituciones los costos se obtienen de un fondo general y la enseñanza es gratuita para todo el estudiantado. Los vaivenes en el financiamiento pueden conducir a cambios significativos, a veces temporales, a veces permanentes, en el funcionamiento de un programa, como la cantidad de estudiantes por curso o los límites de inscripción en los cursos de escritura, los recortes (o aumentos) en el personal de apoyo, la disponibilidad de ayuda de tutores o los cambios en los umbrales de exención o asignación de los cursos. Asimismo, el financiamiento se relaciona con los compromisos institucionales para el desarrollo de la escritura de los estudiantes. Si no se lo considera una prioridad estrechamente ligada a la calidad del aprendizaje de las materias, puede que sea necesario que los directores del programa negocien constantemente con las administraciones de mayor jerarquía para conseguir el financiamiento necesario. En algunos casos, las decisiones sobre todos los gastos y presupuestos recaen en los directores del programa, mientras que, en otros, administradores con menores conocimientos sobre los modos fundamentados de acompañar la escritura de los estudiantes son quienes toman las decisiones.

Las *variables de control* determinan el grado de libertad que tiene un programa para diseñar y enseñar su plan de estudios o proporcionar el acompañamiento a la escritura de los estudiantes. Una vez más, cuando el control sobre el currículum no está en manos de los directores del programa, las creencias sobre "cómo los estudiantes aprenden mejor a escribir" (o cómo debe enseñárseles) pueden influir en el programa desde fuera, y los niveles de autoridad en una jerarquía pueden forzar a los directores del programa a implementar métodos de enseñanza no alineados con lo que ellos saben con base en investigación. El control también puede provenir desde fuera de la institución, como se observa en las políticas educativas a nivel nacional, regional o relativas a la acreditación (un buen ejemplo son los principios promulgados a través del Proceso de Bolonia en Europa, véase Amaral *et al.*, 2009). Asimismo, los intentos a nivel nacional o estatal para regular el currículum (por ejemplo, para estandarizar los resultados de aprendizaje o facilitar el movimiento de los estudiantes de una institución a otra) pueden influir en la toma de decisiones locales en el diseño de cursos y planes de estudio. En algunos casos, el control administrativo puede determinar la necesidad de un programa, sus objetivos o misión, y sus recursos, pero con el reconocimiento de que los docentes y especialistas en lenguas deben tomar las decisiones pedagógicas y administrativas. Esto podría denominarse un "nivel meso" de control, ejemplificado en algunas universidades latinoamericanas por los vicerrectores académicos. El control también existe en el nivel de los profesores individuales, que tienen diversos grados de libertad para diseñar y enseñar sus propios cursos o tutelar a estudiantes de determinada manera. En algunos programas de escritura, el deseo de proporcionar al estudiantado experiencias de aprendizaje similares en diferentes secciones del mismo curso alcanzando los mismos resultados puede influir en lo que los docentes pueden enseñar y en cómo lo hacen. Con la capacitación y el desarrollo adecuados, puede preferirse esto antes que un programa compuesto por cursos muy dispares impartidos idiosincráticamente según el interés o la especialización de los docentes. Las instituciones o programas organizados en "jerarquías aplanadas" (Gunner, 2002) o con fuertes principios de colaboración y toma de decisiones colectivas a menudo pueden reducir las tensiones que surgen de los controles externos.

Como se muestra en la Figura 1 y es evidente a partir de las breves descripciones anteriores, las variables *interactúan* entre sí de tal modo que pueden revelar los éxitos y las deficiencias de programas particulares de acompañamiento al desarrollo de la escritura del estudiantado o, de una manera heurística, establecen un recorrido para el análisis y la mejora. Por ejemplo, las variables de *currículum* se intersecan e interactúan claramente con las de *empleo* y *subjetividades docentes*. ¿Quién acompaña el desarrollo de los estudiantes como escritores? ¿Cuál es su formación disciplinaria? ¿Cuál es su estatus institucional en relación con las responsabilidades cruciales que asumen en su acompañamiento a la escritura? ¿Existen inequidades en su empleo? ¿Su carga de trabajo es razonable para satisfacer plenamente las necesidades de los escritores estudiantes? ¿Cómo se sienten en relación con su trabajo? En conjunto, estas variables también están influidas por las variables de control: ¿quién toma las decisiones sobre los cursos o sobre las experiencias de los estudiantes dentro un programa? ¿Cuál es la relación entre la libertad de enseñanza y las limitaciones que se imponen? Si hay algún grado de control curricular en un currículum cuidadosamente diseñado, entran en juego las variables de las subjetividades docentes: ¿se alienta a la docencia a adoptar los programas de formación y preparación para impartir los cursos y, en consecuencia, los docentes integran esta preparación en sus propias metas profesionales a largo plazo y en su sentido de desarrollo profesional? A su vez, las variables de financiamiento determinan en qué medida el programa puede proporcionar ese desarrollo profesional (según el personal del programa y la carga laboral), y si los docentes son compensados adecuadamente por participar en dichas actividades.

En los Estados Unidos, los investigadores en escritura han expresado durante décadas su preocupación por las condiciones laborales y materiales de quienes son responsables del desarrollo de las habilidades de alfabetización académica del estudiantado (para una síntesis reciente, véase Kahn *et al.*, 2017). En parte, estas preocupaciones se deben a la presencia casi ubicua de un curso/taller de escritura en el primer año requerido en la mayoría de las instituciones de nivel superior y las universidades, lo que demanda un gran número de docentes de escritura en todo el país. Los complejos aspectos de presupuesto, recursos, demanda y superproducción de doctores en inglés (especialmente en estudios literarios) que no pueden acceder a la titularidad, han conducido a una situación de "contingencia" para un gran número de docentes, quienes son empleados a tiempo completo pero sin contratos permanentes que pueden rescindirse a voluntad, o que tienen contratos semestrales por un número limitado de horas de trabajo, en los que se les paga el curso, pero sin seguro médico u otros beneficios. Generalmente aislados de las misiones de investigación de sus instituciones, estos trabajadores contingentes enseñan a un gran número de estudiantes por salarios bajos. En ocasiones, trabajan en múltiples instituciones simultáneamente, por lo cual reciben el nombre despectivo de "docentes taxis"[4] (movilizándose con prisa de una institución a otra). La gran carga de trabajo y la falta de identidad y compromiso con la institución afecta la experiencia de los estudiantes, que pueden carecer de la clase de mentoría y del comentario dedicado sobre su escritura que lleva a la mejora. Aunque organizaciones estadounidenses tales como CWPA y CCCC han abogado sin cansancio por las mejoras en estas prácticas de empleo, la pérdida de financiamiento de las universidades a nivel estatal y federal a través de los años solo ha exacerbado la situación. Las variables de empleo, por lo tanto, están ligadas a las de financiamiento de manera compleja. Asimismo, si los candidatos disponibles no se consideran a sí mismos como docentes de escritura en el largo plazo, sus propias ambiciones profesionales alternativas pueden (aunque, por supuesto, no siempre) afectar la calidad de su enseñanza y su relación con los estudiantes.

En Latinoamérica existen problemas similares en las condiciones laborales y materiales de los docentes de lectura y escritura, pero por razones algo diferentes. En particular, la expansión de la matrícula ha producido una diversificación económica de los estudiantes con diferentes trayectorias de escolarización y, por ende, con distintas necesidades de alfabetización académica (ver Chiroleu & Marquina, 2017; Navarro *et al.*, 2021). Al igual que el cambio a admisiones abiertas en varias universidades estadounidenses en la década de 1960, esta creciente diversidad socioeconómica, que por un lado proporciona mayores oportunidades y democratiza aún más la educación, también crea la necesidad de ampliar y potenciar los programas de literacidad y el personal académico que los gestiona y los imparte (véase Shaughnessy, 1976).

El trabajo también puede considerarse en su intersección con la experiencia educativa de los estudiantes. En parte, la carencia de un foco en la literacidad escrita del estudiantado en los cursos disciplinares ha surgido de una asociación de larga data entre el estudio de la lengua con la literatura y las bellas letras o, en algunos países, con la lingüística aplicada—con aquellos expertos que estudian textos, en lugar de expertos que estudian ingeniería, psicología o biología y utilizan la escritura para comunicar dicha experticia a otros—. El

---

    4   N. del Trad. El término original en inglés es *"freeway flyers"* y hace referencia a los docentes que se trasladan por las autopistas para llegar de una institución a otra.

conocimiento pedagógico de la escritura se aparta del conocimiento profesional y los expertos de las disciplinas suelen afirmar que carecen de suficiente capacitación pedagógica para acompañar el desarrollo de la escritura de sus estudiantes. El despliegue creciente de estudios en escritura como un campo de la investigación empírica ha promovido tales supuestos. En este sentido, el acompañamiento transversal a la escritura requiere de una especie de lateralización del trabajo que implica la responsabilidad compartida de docentes de todas las disciplinas. Algunos programas en la Argentina muestran una responsabilidad compartida entre especialistas de lengua y especialistas en las disciplinas (ver Moyano, 2010, 2017 y 2018, así como Moyano & Natale, 2012). En general, los programas de escritura a través del currículum han colaborado en gran medida a distribuir la atención a la escritura en todos los cursos y en proporcionar desarrollo docente y consultoría departamental para eliminar las barreras de resistencia a este esfuerzo (véase Thaiss *et al.*, 2012).

Las ocho variables descriptas en la Figura 1 caracterizan los programas organizados de acompañamiento a los escritores estudiantes de educación superior. Las preguntas generadas a partir de cada conjunto de variables pueden considerarse desde las perspectivas educativas, económicas, políticas, socioculturales e históricas de los países o regiones geográficas en particular, pero se tornan más dinámicas y generativas cuando se piensan de manera intercultural y transnacional. En el contexto de la presente colección, ofrecen formas de leer e interpretar los resultados de las iniciativas y de las investigaciones que aquí se detallan.

~~~

Cuando se observan a través de la lente de las variables en la Figura 1, las contribuciones a esta colección demuestran la importancia del desarrollo de los programas como trabajo multidimensional. Las variables que se tratan son selectivas, pero las contribuciones tienen claras implicancias para aquellas que no se discuten. Por ejemplo, desde la perspectiva de las variables en el Figura 1, Violeta Molina-Natera cita la inadecuada contratación y preparación del personal "con formación especializada para diseñar la evaluación de los programas" como una de las razones de la falta de evaluación en muchos centros o programas de escritura en Latinoamérica. Desde la perspectiva de las subjetividades de los docentes, algunos sienten que la evaluación del programa "no es parte de su área de experticia", por lo que debería ser realizada "por otra persona." Para otros, las iniciativas de evaluación se convierten en un "insulto implícito" al percibirlas como una desconfianza a su trabajo por parte de los administradores. Las dimensiones del presupuesto se intersectan con estas fuentes de resistencia porque los directores de los programas están sobrecargados de tareas como para pensar que pueden agregar la evaluación a su carga laboral. Los recortes presupuestarios asociados a las dimensiones del financiamiento empeoran la situación. Sin embargo, desde la perspectiva de la experiencia de los estudiantes, la evaluación del programa proporciona información vital para medir el éxito con el que el programa cumple con sus metas educativas. Como señala Molina-Natera, se requiere la colaboración, la comunicación y el interés en recopilar y analizar datos (es decir, realizar investigaciones localizadas) en un ciclo continuo de autoevaluación y mejora.

Varias de las variables de la Figura 1, especialmente el control curricular, entran en una relación cooperativa que resulta vital para la implementación de la escritura en todos los cursos académicos y disciplinas en la Universidad de Chile, según Pablo Lovera Falcón y Fernanda Uribe Gajardo. Aquí vemos los efectos positivos de las relaciones institucionales que subvierten las jerarquías que pueden conducir a la pérdida de control, la imposición de creencias infundadas sobre la escritura o tensiones que afectan las metas y aspiraciones personales de docentes y administradores. Un sistema de "descentralización coordinada" brinda apoyo para la gestión del Programa de Lectura, Escritura y Oralidad Académicas. Además de las variables "materiales y económicas", existen "imaginarios simbólicos" que regulan las relaciones entre los actores institucionales. A su vez, las relaciones de cooperación características de la cultura organizacional que facilitan la salud y el sustento de un programa de escritura se determinan en parte por la cultura de la institución en su conjunto, que ejecuta los "principios y valores republicanos de la nación." En este sentido, podemos ver las relaciones entre variables de currículum, control, financiamiento y metas para la profesión. El éxito del programa proviene de las relaciones simbióticas entre la capacitación y la preparación situada, el diseño del plan de estudios, la sistematización de las prácticas de enseñanza (pero en un contexto de participación más que de control verticalista) y la investigación localizada continua bajo la forma de encuestas y otras herramientas de recolección de datos.

Las intersecciones entre las variables curriculares, las subjetividades docentes y las experiencias estudiantiles caracterizan la contribución de Karen Urrejola Corales y Margarita Vidal Lizama. Particularmente, las autoras se centran en los factores institucionales y los marcos teóricos que condujeron al desarrollo del Programa de Lectura y Escritura Académicas (PLEA) de la Pontificia Universidad Católica de Chile—factores que incluyeron el "reconocimiento institucional de la importancia de enseñar habilidades de comunicación académicas de manera organizada y sistemática"—. En este caso, las transformaciones en las ideologías institucionalizadas sobre la escritura permitieron una comprensión mayor de la importancia de establecer un centro de escritura, mientras que, al mismo tiempo, ayudaron a la facultad a considerar la necesidad de la enseñanza directa y de la experiencia en escritura junto a los cursos independientes y tutorías. Más importante aún, el PLEA se fundó, y continúa desarrollándose, sobre una integración de principios y teorías derivados de la investigación lingüística y de la literacidad, especialmente desde las perspectivas socio-cognitivas y socio-semióticas. De este modo, podemos ver el poder de las intersecciones entre las variables de objetivos para la profesión, el diseño curricular a nivel universitario y el efecto de la capacitación en las subjetividades de los docentes. La intersección entre lo académico y el alcance y diseño curricular proporcionaron las bases para un marco teórico para la enseñanza de la escritura que integra el modelo didáctico sociocognitivo, conocido como Didactext, con una comprensión fundada en la teoría de cómo funciona el lenguaje, informada por la lingüística sistémico funcional.

Las intersecciones entre diseño curricular y atención a los procesos de aprendizaje de los estudiantes se ponen en práctica en el enfoque de una intervención pedagógica con el potencial de transformación docente desarrollado por Adriana Bono, Yanina Boatto, Mariana Fenoglio y María Soledad Aguilera. Basándose en investigaciones en psicología cognitiva y procesos de aprendizaje, una tarea de escritura monográfica enfatiza los procesos cognitivos y metacognitivos. A través de una secuencia de planificación, escritura, revisión y evaluación que precipita la revisión, los estudiantes participan en procesos de contextualización de tareas, uso estratégico del conocimiento, reestructuración conceptual y evaluación de producciones textuales. Los resultados positivos de la intervención sugieren una trayectoria hacia el desarrollo docente que tiene el potencial de influir en las subjetividades docentes y reformar (e informar) con mayor precisión las experiencias de los estudiantes. Sin embargo, volviendo a considerar las dimensiones de la Figura 1, esto requerirá del financiamiento apropiado, del cuidado en las condiciones de contratación y el apoyo a los docentes, y de sensibilidad al control del plan de estudios.

Las intersecciones entre las variables curriculares y la experiencia estudiantil se muestran en la contribución de Martín Miguel Acebal. Con un énfasis en los géneros textuales, en un ciclo de enseñanza-aprendizaje, se guía a los estudiantes a deconstruir el género en estudio, escribir de manera conjunta una nueva versión del género y corregir de manera conjunta los textos resultantes. El foco de la enseñanza está puesto en los recursos interpersonales para evaluar los significados en los textos. El resultado demuestra la necesidad de que los docentes adapten su pedagogía a la intervención y cómo los significados propios de la VALORACIÓN (Martin & Rose, 2007), incluidas las expectativas docentes, "se consideran e interpretan en el contexto del campo disciplinario y de las mismas expectativas docentes en [una] asignatura específica." La sensibilidad al desarrollo estudiantil en el contexto de lo que ya se ha incorporado en otros aspectos del programa muestra la necesidad de andamiar la experiencia y de preparar de manera explícita a la docencia para llevar a cabo este andamiaje. Asimismo, el proceso demuestra la importancia de la relación entre las variables de enseñanza de la escritura y los efectos de participar en una investigación contextualmente apropiada.

Una demostración de las intersecciones de las subjetividades docentes, las variables curriculares y (de manera indirecta) las experiencias estudiantiles se ven en la iniciativa de formación docente de Alejandra Sánchez Aguilar y Eurídice Minerva Ochoa Villanueva. Tras completar un taller obligatorio, los docentes se enfrentaron a estudiantes con diferentes habilidades lingüísticas e identificaron los desafíos en la transferencia de competencias generales a otros temas o contextos. Esto condujo al desarrollo de una necesidad de mayor acompañamiento en su trabajo con los estudiantes, así como también de un programa de capacitación docente. La serie de talleres generados a partir de estas experiencias muestran la relación entre las variables de currículum, empleo y capacitación, opiniones de los docentes sobre su enseñanza, control programático y experiencia estudiantil. Cabe destacar la forma en que las metas y orientaciones institucionales más amplias influyen en estas variables: los preceptos educativos, sociales, espirituales y filosóficos de una institución jesuita que enfatiza la reflexión y la acción. Estas metas y orientaciones explican el deseo, desde la perspectiva de las subjetividades docentes, de talleres adicionales de formación docente y la adopción de herramientas para apoyar las experiencias y habilidades comunicativas de los estudiantes.

En el capítulo de Margarita Vidal Lizama y Soledad Montes, podemos reconocer la intersección de las variables de currículum, las metas profesionales para la investigación y la experiencia estudiantil en los diferentes cursos a partir de la triangulación de datos de grupos focales con docentes, el análisis lingüístico de géneros en el currículum de arte y talleres para docentes. En este caso, un estudio cualitativo de cómo se desarrolla la escritura del estudiantado de arte a lo largo del tiempo muestra la importancia de integrar la escritura en las prácticas sociales. Cabe destacar cómo los resultados del análisis de género y los grupos focales impulsaron talleres con docentes cuyas transcripciones grabadas generaron una descripción consensuada del rol y las funciones de la escritura en el currículum de arte. El estudio proporciona también una metodología para estudios similares del andamiaje en géneros de otras disciplinas, especialmente aquellas en las que la investigación ha sido menos sólida.

El estudio de Karen S. López-Gil demuestra la intersección entre el propio conocimiento y los objetivos de los tutores y las variables de experiencia estudiantil, pero las implicancias se centran en las variables de currículum, con un interés en una "articulación con los diversos componentes del programa de escritura de la institución", acentuando la creación de criterios comunes transversales a las unidades y las disciplinas para uso de recursos digitales por parte de los estudiantes. Es interesante observar que, en ocasiones, los tutores confiaban en su propio conocimiento y experticia en lugar de en la capacitación directa al trabajar con escritores estudiantes; se generan, así, preguntas interesantes sobre la experticia y la autoridad administrativa en relación con el conocimiento innato y la agencia. En este contexto, López-Gil sugiere la importancia de crear comunidades de aprendizaje, fomentar la colaboración y proporcionar orientación y capacitación a los tutores para que atiendan con más eficacia las demandas estudiantiles.

~~~

En todo este volumen, vemos las complejidades del desarrollo y administración de programas de escritura bajo la forma de variables que se intersectan, entretejen e influencian unas a otras. Los capítulos enfatizan algunas, pero no todas estas intersecciones, de modo que, desde una perspectiva heurística, lo que no se discute se torna tan interesante como aquello que sí se aborda. Los lectores pueden aprender sobre el trabajo diligente de quienes acompañan las habilidades de escritura del estudiantado en las instituciones latinoamericanas, pero también pueden imaginar otros elementos que merecen ser discutidos e investigados. Aunque este volumen presenta el trabajo en programas de escritura en Latinoamérica, es de interés adicional para quienes trabajan fuera de la región considerar las implicancias más amplias de las contribuciones a través de y al interior de tales espacios. De esta colección, podemos llevarnos muchas nuevas ideas, perspectivas, y estrategias para informar el desarrollo continuo de programas de escritura en Latinoamérica y alrededor del mundo.

Referencias

Amaral, A., Neave, G., Maassen, P. & Musselin, C. (Eds.) (2009). *La integración europea y la gobernanza de la educación superior y la investigación*. Springer. https://doi.org/10.1007/978-1-4020-9505-4.

Anson, C. M. & Moore, J. L. (2016). *Critical transitions: Writing and the question of transfer. University Press of Colorado and the WAC Clearinghouse*. https://doi.org/10.37514/PER-B.2016.0797.

Ávila Reyes, N., Narváez-Cardona, E. & Navarro, F. (en prensa). Twenty years of research on reading and writing in Latin American higher education: Lessons learned from the ILEES initiative. En P. Rogers, D. Russell, P. Carlino & J. M. Marine (Eds.), *Writing as a human activity: Implications and applications of the work of Charles Bazerman*. The WAC Clearinghouse; University Press of Colorado. https://doi.org/10.37514/PER-B.2023.1800.

Chiroleu, A. & Marquina, M. (2017). Democratisation or credentialism? Public policies of expansion of higher education in Latin America. *Policy Reviews in Higher Education*, 1(2), 139–160. https://doi.org/10.1080/23322969.2017.1303787.

Gunner, J. (2002). Collaborative administration. En T. Enos & S. Brown (Eds.), *The writing program administrator's resource: A guide to reflective institutional practice* (pp. 253–262). Erlbaum.

Ivanič, R. (2004). Discourses of writing and learning to write. *Language and Education*, 18(3), 220–245. https://doi.org/10.1080/09500780408666877.

Kahn, S., Lalicker, W. B. & Lynch-Biniek, A. (Eds.) (2017). *Contingency, exploitation, and solidarity: Labor and action in English composition*. The WAC Clearinghouse; University Press of Colorado. https://doi.org/10.37514/PER-B.2017.0858.

Martin, J.R. & Rose, D. (2007). *Working with discourse. Meaning beyond the clause.* Continuum. https://doi.org/10.1017/S0272263105250052.

Matsuda, P. K. (2006). The myth of linguistic homogeneity in US college composition. *College English*, 68(6), 637–651. https://doi.org/10.2307/25472180.

Moyano, E. I. (2010). Escritura académica a lo largo de la carrera: Un programa institucional. *Revista Signos*, 43(7), 465–488. https://doi.org/10.4067/S0718-09342010000500004.

Moyano, E. I. (2017). Diseño e implementación de programas de lectura y escritura en el nivel universitario: Principios y estrategias. *Lenguas Modernas*, 50, 47–72.

Moyano, E. I. (2018). La enseñanza de la lectura y la escritura académicas mediante programas a lo largo del curriculum universitario: opción teórica, didáctica y de gestión. *D.E.L.T.A.*, 34(1), 235–267. https://doi.org/10.1590/0102-445074896274115057.

Moyano, E. & Natale, L. (2012). Teaching academic literacy across the university curriculum as institutional policy. The case of the Universidad Nacional de General Sarmiento (Argentina). En C. Thaiss, G. Bräuer, P. Carlino, L. Ganobcsik-Williams & A. Sinha (Eds.), *Writing Programs Worldwide: Profiles of academic writing in many places* (pp. 23–34). The WAC Clearinghouse; Parlor Press. https://doi.org/10.37514/PER-B.2012.0346.2.02.

Navarro, F., Lopes Cristovão, V. L. & Bagio Furtoso, V. (2021). Scientific and academic literacies in higher education: A Latin American perspective. *Signum: Estudos da Linguagem*, 24(1), 10–16.

Phelps, L. W. (1988). *Composition as a human science: Contributions to the self-understanding of a discipline*. Oxford University Press.

Shaughnessy, M. (1976). Diving in: An introduction to basic writing. *College Composition and Communication*, 27(3), 234–239. https://doi.org/10.2307/357036.

Thaiss, C., Bräuer, G., Carlino, P., Ganobcsik-Williams, L. & Sinha, A. (2012). *Writing programs worldwide: Profiles of academic writing in many places*. The WAC Clearinghouse; Parlor Press. https://doi.org/10.37514/PER-B.2012.0346.

CENTROS Y PROGRAMAS DE ESCRITURA EN AMÉRICA LATINA: OPCIONES TEÓRICAS Y PEDAGÓGICAS PARA LA ENSEÑANZA DE LA ESCRITURA DISCIPLINAR

Introducción. El Campo de la Enseñanza de la Escritura Disciplinar en América Latina: Trayectorias y Futuras Direcciones

Estela Inés Moyano
UNIVERSIDAD NACIONAL GUILLERMO BROWN,
UNIVERSIDAD NACIONAL DE GENERAL SARMIENTO,
UNIVERSIDAD DE FLORES

Margarita Vidal Lizama
PONTIFICIA UNIVERSIDAD CATÓLICA DE CHILE

El presente volumen surge como una materialización de la prolífica discusión teórica y práctica que tuvo lugar en el III Congreso de la Red Latinoamericana de Centros y Programas de Escritura. Esta tercera versión del congreso, desarrollada entre el 24 y el 26 de mayo de 2017, fue organizada por el Programa de Discurso Académico de la Facultad de Letras de la Pontificia Universidad Católica de Chile, y contó con la participación de docentes, académicos e investigadores de diversas instituciones de educación superior de Argentina, Colombia, México y Chile. Durante los tres días de congreso, se realizaron dos presentaciones plenarias: la primera estuvo a cargo de la doctora Estela Inés Moyano, que se desempeña en la Universidad Nacional Guillermo Brown, la Universidad Nacional de General Sarmiento y la Universidad de Flores, en Argentina, mientras la segunda estuvo a cargo de la doctora María Soledad Concha, de la Universidad Diego Portales, Chile. El congreso contó además con más de 40 ponencias que exploraron temáticas diversas, tales como el diseño y gestión de centros y programas de escritura, el análisis de experiencias de enseñanza de la lectura y la escritura disciplinares exitosas, aspectos cognitivos en el aprendizaje de estas competencias, las percepciones alrededor del trabajo de centros o programas de escritura, la naturaleza del lenguaje académico disciplinar, entre otras.

Este volumen, sin embargo, no constituye un libro de actas: recoge una selección de trabajos presentados por diferentes autores durante los tres días de congreso. Los autores fueron invitados a participar en esta publicación debido a la relevancia teórica, metodológica, temática y/o pedagógica de sus ponencias. Los trabajos seleccionados, que fueron reelaborados como artículos, buscan además representar la gran heterogeneidad que caracteriza el campo de la escritura académica en nuestro contexto latinoamericano, tanto en términos de las fundamentaciones teóricas, metodológicas y pedagógicas (cf. Navarro, 2017a), como de la respuesta práctica que cada centro y programa de escritura ofrece a las necesidades de su contexto. Esta tercera versión del congreso de la Red –la primera en realizarse fuera de Colombia– dejó de manifiesto esta multiplicidad teórica y metodológica, así como el creciente desarrollo del campo en nuestro continente, no solo en términos de la docencia que se lleva a cabo, sino también, y muy especialmente, respecto del desarrollo de investigación más sistemática, sus logros y sus desafíos teóricos, metodológicos, pedagógicos y de diseño.

En esta introducción, abordamos tres puntos que nos parecen fundamentales. En primer lugar, ofrecemos una descripción del congreso que dio origen a esta publicación, discutiendo particularmente la orientación de reflexión lingüística que se intentó imprimir en este encuentro y las preguntas que surgieron a partir de esta. En segundo lugar, ofrecemos un mapa crítico de la investigación en el campo de los estudios de la lectura y la escritura académica y profesional en América Latina, así como de su enseñanza en los últimos cinco años, con el objetivo de distinguir algunas líneas de estudio que surgen alrededor de problemáticas o focos recurrentes y de aproximaciones metodológicas y teóricas comunes. Finalmente, planteamos una discusión—solo como un punto de partida—respecto de la importancia de fundamentar la práctica docente e investigativa de la enseñanza de la escritura en sustratos teóricos y metodológicos definidos y explícitos y una breve síntesis de las líneas que se abren como posibilidades de investigación a futuro. A partir de esta discusión presentamos los trabajos que se reúnen en este volumen.

El tema del congreso, "Escribir en las disciplinas: aportes desde la alfabetización académica y la lingüística", pretendió orientar la discusión hacia dos puntos fundamentales, de gran interés para nuestro campo: por una parte, el desarrollo de investigación en escritura disciplinar como un objeto de estudio relevante para la práctica pedagógica en alfabetización académica y, por otra, la contribución que la lingüística aplicada y la lingüística educacional han hecho y pueden continuar haciendo a nuestra comprensión sobre la naturaleza de la escritura y la lectura académicas. Respecto del primer punto, el congreso buscó promover una discusión acerca de cómo entendemos la escritura disciplinar en nuestra práctica pedagógica y cómo abordamos su enseñanza, teniendo en cuenta la naturaleza particular de diversas disciplinas respecto de cómo construyen, transmiten y evalúan el conocimiento mediante la lectura y escritura de textos escritos por especialistas y especialistas en formación (los estudiantes). La discusión planteada giró también alrededor de preguntas respecto del tipo de investigación que se lleva a cabo en el campo para abordar la descripción de la escritura disciplinar en nuestros diferentes contextos, tanto en términos de sus diseños metodológicos como respecto de las teorías que informan la investigación. Otro punto importante en este ámbito se relacionó con el diseño pedagógico para la enseñanza de la escritura disciplinar, teniendo en cuenta los diversos contextos, oportunidades y desafíos que se presentan en nuestras instituciones educativas. El objetivo de esta discusión era poner sobre la mesa, de manera explícita, la relevancia que tiene nuestro punto de partida teórico en la manera en que conceptualizamos la escritura académica y, por lo tanto, en la forma en que abordamos su enseñanza y su investigación.

La discusión sobre escritura disciplinar e investigación naturalmente plantea y planteó preguntas sobre el segundo punto: el rol que la teoría y la investigación lingüísticas, en particular la lingüística aplicada y lingüística educacional, pueden tener en el desarrollo del campo de enseñanza de la lectura y la escritura disciplinares en América Latina. Para el Programa de Discurso Académico de la PUC, este es un punto crucial de reflexión, debido a que su trabajo surge inicialmente desde el ámbito lingüístico, en el seno de la Facultad de Letras y con el trabajo de lingüistas asociados a ella, y no desde el campo educativo o desde iniciativas institucionales más amplias, como ha sido el caso de otros centros y programas de escritura en América Latina. Este punto de partida, asociado al conocimiento especializado sobre el lenguaje en general y sobre el lenguaje disciplinar en particular, fue compartido para la creación de otros dos programas de nuestro contexto, como el PRODEAC, instalado en 2005 en la Universidad Nacional de General Sarmiento y el PROLEA, iniciado en 2013 en la Universidad de Flores. Al mismo tiempo, esta perspectiva informó la creación del Área Competencias en Discurso Profesional y Académico en la Universidad Nacional Guillermo Brown, que dio comienzo a su trabajo junto con la primera cohorte de la institución en 2019. Estas tres iniciativas se encuentran localizadas en el Área Metropolitana de Buenos Aires (AMBA), Argentina. Estas experiencias de diseño, aplicación y evaluación de centros y programas de escritura no solo tienen en cuenta conceptos relacionados con la educación y los procesos cognitivos que los estudiantes deben llevar a cabo a la hora de desarrollar competencias de lectura y escritura a lo largo del curriculum universitario. Fundamentalmente, tienen como base la vinculación entre una teoría del aprendizaje, particularmente de aprendizaje a través del lenguaje, y la lingüística aplicada. La lingüística educacional ofrece, entonces, una síntesis que sustenta las prácticas de enseñanza y el acceso de los estudiantes a la construcción de conocimiento disciplinar a través de la lectura y la escritura. Esta vinculación pone de manifiesto la enorme contribución que un marco teórico explícito y organizado, incluso cuando integra diferentes posiciones teóricas, puede ofrecer para los propósitos perseguidos. Tanto la organización del Tercer Congreso de la RLCPE como la de este volumen se propusieron destacar esta relación entre la práctica de la enseñanza de la escritura disciplinar y los fundamentos teóricos provenientes de la educación y la lingüística.

El evento de referencia tuvo lugar en 2017. Desde entonces, el ámbito de la escritura académica en América Latina, iniciado en la década anterior (ver, por ejemplo, Ávila Reyes *et al.*, 2013; Bazerman & Moritz, 2016; Carlino, 2005, 2006, 2012, 2013; Carrasco Altamirano *et al.*, 2013; García Arroyo & Quintana, 2012; González Pinzón, 2012; Molina Natera, 2014; Motta-Roth, 1999, 2009, 2012; Motta-Roth & Heberle, 2015; Moyano, 2000, 2004, 2010; Moyano & Natale, 2012; Narváez Cardona, 2012; Parodi, 2005, 2008, 2010, 2016; Pineda Repizo & Sánchez Gibbons, 2016) ha continuado su crecimiento. Este progreso se ha dado tanto en términos de su expansión en la práctica docente como en términos del desarrollo de investigación y reflexión surgida de esta práctica. Esto queda claramente demostrado en los sucesivos encuentros académicos y publicaciones recientes en el área, que continúan dejando en evidencia la heterogeneidad teórica y práctica del campo en nuestro continente (Mendes Pereira, 2019; Montes & Navarro, 2020; Natale & Stagnaro, 2017, 2018; Navarro, 2017b; Ramírez Osorio & López-Gil, 2018; Sito & Moreno-Mosquera, 2019; Vázquez & Amieva, 2017). A pesar de esta heterogeneidad, es posible observar en este flujo constante de producción académica ciertas problemáticas, preguntas y desafíos compartidos entre nuestros diversos contextos nacionales, que resulta relevante explorar de modo de dibujar un mapa inicial sobre nuestro campo de producción investigativo en los últimos cinco años.

En términos generales, es posible plantear una organización de la investigación en lectura y escritura académica en América Latina alrededor de tres dominios generales: el dominio del *diseño*, el dominio de *experiencias y recursos didácticos* y el dominio de los *géneros académicos*. Cada uno de estos dominios permite aunar investigaciones que buscan explorar objetos de estudio similares desde perspectivas teóricas y metodológicas disímiles y con grados diversos de complejidad analítica y reflexiva.

El primer dominio, que hemos denominado del *diseño*, involucra aquellas publicaciones centradas en describir la naturaleza y organización de programas y centros de escritura y otras iniciativas complementarias. En este dominio es posible observar, en términos generales, dos líneas de trabajo.

Por una parte, publicaciones que se centran en describir el contexto social e institucional en que surgen los centros y programas, su organización y funcionamiento general (Natale *et al.*, 2016; Sánchez Camargo, 2017; Sánchez & Montes, 2017). Por otro lado, trabajos que discuten de manera crítica los sustentos teóricos y metodológicos que determinan las decisiones de diseño de programas de lectura y escritura (Moyano, 2017). Muchos de los trabajos en esta línea consideran la integración de los programas en la institución, sus decisiones pedagógicas y sus focos de enseñanza, entre otros puntos (Montes & Vidal Lizama, 2017; Moyano, 2010, 2018; Sito *et al.*, 2019). Si bien el dominio del diseño se ha centrado hasta ahora en los orígenes de los programas, su integración institucional, sus fundamentos teóricos y el potencial de sus aplicaciones, un nuevo desafío para este campo dice relación con desarrollar medios para evaluar su impacto que vayan más allá de la mera experiencia de los estudiantes y docentes involucrados y que permitan presentar de manera potente a las instituciones el impacto de estas estrategias y su valor para el desarrollo académico de los estudiantes y para el desarrollo docente e investigativo de los profesores y académicos.

El dominio de *experiencias y recursos didácticos* ha tenido una gran centralidad en el ámbito de la producción de investigación en el campo de la alfabetización académica en nuestro continente. Dentro de este dominio, podemos distinguir al menos tres focos de investigación que concentran una marcada atención: el estudio de las representaciones y/o creencias sobre la alfabetización académica en general; la descripción de experiencias de alfabetización específicas; y el desarrollo de recursos de enseñanza/aprendizaje orientados a docentes y/o estudiantes. En el primer foco, se identifican investigaciones que buscan relevar las representaciones sociales o creencias de diferentes actores (estudiantes, docentes, autoridades) sobre la escritura y la lectura académica (Colombo & Prior, 2016; Concha *et al.*, 2017; Errázuriz, 2016; Giudice *et al.*, 2016; Hernández Rojas, 2018; Marinkovich *et al.*, 2016; Zanotto González & Gaeta González, 2017) en el marco de una estrategia de alfabetización académica particular o de una disciplina específica. El conocimiento que se genera a partir de estos trabajos permite entender de qué manera diferentes actores entienden y evalúan la enseñanza de la escritura o el funcionamiento de centros y programas de alfabetización académica; identificar barreras y/o soportes disponibles para el desarrollo de estas estrategias; y reconocer potenciales líneas de crecimiento y expansión del trabajo de alfabetización en las diferentes instituciones.

El segundo foco de estudio, vinculado a la descripción y análisis de experiencias de alfabetización, ha explorado el diseño, aplicación e impacto de diversas estrategias curriculares y extracurriculares para la alfabetización académica, situadas institucionalmente. Estos trabajos han abordado experiencias en diversos países de la región, especialmente en Argentina (Moyano & Giudice, 2016; Moyano & Natale, 2012; Natale, 2018; Stagnaro, 2018; Waigandt *et al.*, 2016); Chile (Ávila Reyes, 2016; Errázuriz & Fuentes, 2018; Lovera & Uribe, 2017; Moncada *et al.*, 2017; Montes *et al.*, 2018; Velásquez *et al.*, 2018); y Colombia (Álvarez *et al.*, 2016; Moreno & Baracaldo, 2016; Ramírez Osorio & López-Gil, 2018). Estos trabajos son de variada naturaleza e incluyen, entre otros, reflexiones sobre fundamentos teóricos subyacentes a las prácticas de enseñanza, descripciones de estrategias aplicadas para la enseñanza de la escritura y la lectura académica, resultados de aplicación de estas estrategias, y discusiones sobre potenciales herramientas para la evaluación de la lectura y escritura académica de los estudiantes en el nivel universitario. En algunos casos, estas investigaciones asumen una perspectiva "generalista", consistente con la naturaleza de la estrategia que se analiza—por ejemplo, el trabajo de un centro de tutorías que ofrece apoyos generales a la escritura y lectura académicas—. En otros casos, se aborda la escritura y la lectura académicas desde una perspectiva disciplinar específica, es decir, teniendo en cuenta su enseñanza y evaluación en el marco de una carrera o área de conocimiento particular. Este foco de investigación permite dar a conocer las diferentes estrategias y experiencias pedagógicas y didácticas que los centros y programas de lectura y escritura académica desarrollan, y reflexionar sobre su potencial para la enseñanza de la alfabetización académica en los diferentes contextos institucionales.

Un tercer foco se ha centrado en el desarrollo de recursos didácticos, que corresponden a manuales de autoaprendizaje sobre alfabetización académica para estudiantes y manuales de apoyo para docentes. Estos manuales describen y ejemplifican diferentes tareas de escritura, lectura y oralidad de manera didáctica (Hernández Zamora, 2016; Montes & Navarro, 2020; Natale, 2012) y, en algunos casos, se focalizan en el desarrollo de materiales de alfabetización en áreas disciplinares específicas (Navarro, 2014a). Junto con la publicación de manuales, algunos centros y programas de escritura se han dedicado a la producción de recursos de autoaprendizaje sobre alfabetización académica para estudiantes de sus instituciones, los que son divulgados mediante sitios webs. Un ejemplo de esto es el trabajo del programa de tutorías para estudiantes PRAC (Programa de Apoyo a la Comunicación Académica) en la Pontificia Universidad Católica de Chile, que ha generado además una serie de recursos de apoyo para la lectura, la escritura y la oralidad académica, disponibles para la comunidad en su sitio web (www.comunicacionacademica.uc.cl).

Finalmente, un último dominio de investigación que ha concentrado también gran interés en el campo de la alfabetización académica es el que hemos denominado el de los *géneros académicos*. En este dominio se encuentran investigaciones que analizan y describen los géneros que se leen y escriben en las diferentes disciplinas, teniendo como foco sus aspectos discursivos, retóricos, gramaticales o textuales. Si bien en términos generales la investigación en este ámbito ha confluido en un abordaje a la escritura, la lectura y la oralidad académicas desde la noción de género, se observan al mismo tiempo diversas concepciones sobre este (cf. Navarro, 2019). Esta diversidad teórica supone implicancias no solo metodológicas, respecto de cómo se lleva a cabo la investigación, sino también pedagógicas, respecto de cómo el conocimiento sobre los géneros académicos que se genera en la investigación se lleva a la práctica docente.

En términos generales, es posible identificar investigaciones que asumen fundamentos teóricos explícitos como una base de aproximación definida al estudio de los géneros, mientras que otros estudios presentan aproximaciones teóricamente más laxas, integrando conceptos provenientes de diversas posiciones epistemológicas respecto del lenguaje para abordar aspectos lingüísticos de orden discursivo o gramatical más específicos. Respecto de los primeros, es posible identificar al menos tres orientaciones teóricas definidas: en primer lugar, inspirada por autores como Swales (1990) y Hyland (2000), una orientación retórica para el estudio de los géneros académicos (González & Riva, 2017; Ibáñez & Moncada, 2017; Jarpa, 2016; Tapia Ladino & Burdiles, 2012); segundo, una aproximación socio-retórica, inspirada en el trabajo de Bazerman (1988/2000), Bazerman *et al.* (2005) y las corrientes WAC y WID (Ávila Reyes & Cortés Lagos, 2017; Marinkovich *et al.*, 2017); finalmente, basada particularmente en el marco de la lingüística sistémico funcional (Martin, 1992; Martin & Rose, 2007; 2008), una orientación sociosemiótica al estudio del género (Moyano, 2014, 2021; Navarro, 2014b; Navarro & Caldas Simões, 2019; Oteíza, 2017; Vidal Lizama, 2020).

El mapa que hemos delineado sobre la investigación actual en el campo de la enseñanza de la lectura y la escritura académicas en América Latina deja de manifiesto tanto su vitalidad como su heterogeneidad respecto de los objetos de investigación, su vinculación con la práctica docente y sus fundamentaciones teóricas y metodológicas. La heterogeneidad que se pone en evidencia radica no solo en los subcampos de investigación que se han desarrollado, sino en las diferentes líneas teóricas que los sustentan, a veces de condición híbrida. Es necesario destacar aquí, entonces, la importancia de explicitar las teorías que alimentan las investigaciones llevadas a cabo y de qué manera diferentes vertientes se entrelazan para fundamentar las decisiones que se toman en el desarrollo de centros, programas, cursos o actividades que se orientan a la enseñanza de la lectura y la escritura académicas y profesionales enmarcadas en diferentes disciplinas. Bawarshi y Reiff (2010) han propuesto el trabajo que se realiza en Brasil como línea específica en los estudios de género y su enseñanza, con una característica particular de hibridación. De la misma manera, es posible señalar que, para el campo que aquí nos ocupa, en América Latina se ha generado una base de sustentación teórica híbrida, propia de este ámbito geográfico (Navarro, 2017a; 2019; Tapia Ladino *et al.*, 2016). Esta hibridación se puede comprender como una variedad de vertientes teóricas que solo a veces se combinan explícitamente y siempre construyen diferentes propuestas. Es por esta razón que se vuelve imprescindible el detalle de las combinaciones teóricas que se realizan en cada caso, a fin de comprender mejor cada una de estas propuestas y sus resultados.

Mucho queda por desarrollar en el campo de la enseñanza de la lectura y la escritura académicas y profesionales. En primer lugar, desde la perspectiva del diseño y la evaluación de centros y programas de escritura, no solo importa abordar cómo se inician los que van surgiendo en nuestro territorio, sino cómo avanzan en su desenvolvimiento. Una línea relevante es el análisis de los resultados que estos producen en términos de la evolución logogenética y ontogenética en la escritura de los estudiantes, para lo que se requiere un análisis discursivo de los textos que producen, idealmente comparativo entre versiones, es decir, un estudio genético de esos trabajos. Asimismo, sería de importancia producir indicadores cuantitativos que den cuenta de esa evolución. Una segunda línea, desde la misma perspectiva, tiene que ver con el relevamiento de las valoraciones de los actores institucionales involucrados en centros y programas de escritura desde una perspectiva crítica, a fin de evidenciar qué conceptualizaciones subyacen a sus formulaciones, y qué acciones de mejora surgen a partir de su análisis.

En segundo lugar, desde la perspectiva de la administración de centros y programas de escritura, es necesario indagar en estrategias de sustentabilidad de centros y programas de escritura en un contexto de restricciones económicas que afrontan nuestros países y que afectan los posibles desarrollos de estas iniciativas que, muchas veces, no son completamente comprendidas por los gestores de mayor jerarquía en las universidades. En este sentido, es necesario avanzar en la constante negociación con esas esferas institucionales, así como en obtener el apoyo de los actores que intervienen en el marco de cada centro o programa a través de estrategias de gestión administrativa. Dar a conocer esos procesos y estrategias es de utilidad para toda la comunidad que se aboca a proyectos de este tipo. Asimismo, se requiere para la sustentabilidad la concreción de diversas actividades extracurriculares que alimenten lo que se lleva a cabo en el marco de las acciones de enseñanza de la lectura y la escritura en las universidades y que también es necesario difundir.

Finalmente, desde una perspectiva lingüística, es necesario desarrollar más investigaciones centradas en la descripción de géneros académicos, científicos y profesionales que den sustento a la enseñanza. Proponemos esta línea en la convicción, ya señalada antes en esta introducción, de que la lingüística aplicada y la educación lingüística son recursos fundamentales para la enseñanza de la lectura y la escritura con el objetivo de construir conocimiento. No se trata de establecer modelos genéricos rígidos, sino de mostrar cómo estos se estructuran para lograr un propósito social, qué recursos lingüísticos utilizan para la construcción de conocimiento, el establecimiento de una posición, el logro del propósito perseguido, así como las posibles variaciones que presentan en diferentes co-textos o contextos. Algunas de estas líneas se ejemplifican en los artículos seleccionados para componer este libro.

La Estructura y Contenido de Este Volumen

El libro que aquí presentamos se organiza en tres partes: la primera y la tercera contienen tres capítulos cada una, mientras la segunda comprende dos. La primera parte se centra en reflexiones sobre centros y programas de escritura, a fin de contribuir a la creación, evaluación y sostenimiento de nuevos dispositivos en diferentes universidades de América Latina. La segunda parte se centra en un aspecto que consideramos de alta relevancia, como son las prácticas curriculares basadas en la aplicación lingüística, que contribuye a una comprensión clara de los estudiantes con respecto a los recursos con los que cuentan para la producción de los textos que se les solicita producir como instancias de géneros académicos o profesionales. La tercera parte se centra en actividades extracurriculares llevadas a cabo en centros y programas de escritura, de manera de proveer recursos para el enriquecimiento y mejoramiento del funcionamiento tanto de los ya existentes o los que vayan a crearse.

El primer capítulo de la primera parte tiene por autora a Violeta Molina Natera y se titula "¿Cómo sabemos si lo estamos haciendo bien? La evaluación de los centros y programas de escritura." El artículo aborda la evaluación como tema crítico para el sostenimiento de estos dispositivos, así como un recurso para el mejoramiento de su funcionamiento. Para ello, en primer lugar, el capítulo revisa la noción de evaluación de programas de escritura y su justificación, para luego mencionar las implicaciones de la evaluación, a fin de demostrar su efectividad. Posteriormente, se presentan algunos pasos y modelos de posibles abordajes para la evaluación de centros y programas de escritura (CPE): la identificación de un tema a evaluar; la revisión de los conocimientos con que se cuenta para llevar a cabo la evaluación; la comunicación de resultados y el estilo recomendado para ello; y finalmente la evaluación de todo el proceso. Se concluye que la evaluación de los CPE es la única manera de conocer en profundidad cómo funcionan y qué resultados obtienen. No se busca presentar una estrategia única de evaluación que encaje con todos los programas en todos contextos institucionales, sino relevar la necesidad de la evaluación y contribuir con algunos elementos para su diseño.

El segundo capítulo, de Pablo Lovera Falcón y Fernanda Uribe Gajardo, se titula "Creando valor en la negociación: la gestión estratégica de los centros y programas de escritura y su influencia en la generación de nuevos modos de enseñar a leer, escribir y hablar desde las disciplinas." En este trabajo, los autores discuten la gestión y administración de centros de escritura basadas en prácticas de negociación y articulación para la implementación de un mismo programa en diferentes unidades académicas de una misma universidad y cómo este proceso ha derivado en la implementación de iniciativas que permiten ampliar el campo de acción. Asimismo, se presentan las distintas estrategias establecidas para el desarrollo de la lectura y escritura académicas dentro del currículum de las asignaturas, lo que ha implicado una constante articulación con las necesidades y expectativas de las distintas unidades académicas. Estas estrategias son la acción tutorial, la producción de recursos para el aprendizaje y acciones para el desarrollo docente. Los autores concluyen que el programa ha funcionado en forma transversal más que como una unidad autónoma en la estructura organizacional gracias a la elección de un modelo adecuado de gestión de la negociación.

El tercer capítulo tiene por autoras a Karen Urrejola Coral y Margarita Vidal Lizama y se titula "Opciones teóricas y didácticas en el programa PLEA para la enseñanza de la alfabetización disciplinar inicial." Este artículo tiene como propósito ofrecer una mirada crítica de la creación y evolución de un programa de alfabetización académica que tiene como sustento teorías lingüísticas que se combinan para lograr sus propósitos. El capítulo hace foco en las decisiones teóricas y didácticas asumidas en este proceso y en las implicaciones de estas decisiones para la práctica docente. Luego de una breve reseña de la creación del programa, se da cuenta de las bases teóricas que sustentan el marco pedagógico que este propone. Dado que el programa evolucionó en su propuesta, se sintetizan las diferentes bases teóricas que lo han sustentado para finalizar con la incorporación de la lingüística sistémico funcional y su propuesta pedagógica, y mostrar la integración que se produce con la base ya existente. Este proceso resulta valioso para mostrar el rol de la teoría lingüística y su impacto en una propuesta de escritura en las disciplinas, a fin de aportar a la creación o al desarrollo de otros programas, en la comprensión de que la mera experiencia no es suficiente para llevar adelante un trabajo complejo como es la enseñanza de la lectura y la escritura académicas.

El capítulo cuarto es el primero de la segunda parte del volumen. Sus autoras son Adriana Bono, Yanina Boatto, Mariana Fenoglio y María Soledad

Aguilera y se titula "Transformando el conocimiento a partir de tareas de lectura y escritura en los tres primeros años universitarios." El capítulo presenta una propuesta didáctica que se propone promover la transformación del conocimiento por parte de los estudiantes universitarios de los tres primeros años de tres carreras, a partir de tareas de lectura y escritura. A continuación, a partir de un extenso estudio de los trabajos monográficos elaborados en el marco de esa propuesta, se sintetizan los logros obtenidos en diferentes categorías y subcategorías observadas en los textos y se comparan los de mayor y menor rendimiento, mostrando que hay una progresión a lo largo de tres años, lo que justifica el trabajo a lo largo del currículum. Antes de hacer este trabajo, las autoras se concentran en el abordaje de una reflexión teórica sobre los distintos tipos de conocimiento, destacando cuál es el que se quiere desarrollar en los estudiantes a través de los procesos de lectura y escritura, promoviendo la presencia en los textos de ciertos indicadores que permiten mostrar el avance en la transformación del conocimiento.

El capítulo quinto, de Martín Acebal, se titula "El posicionamiento actitudinal y las metáforas gramaticales: la inscripción de los significados interpersonales en las repuestas a un parcial universitario de Psicología Evolutiva." El trabajo presenta el análisis de parciales de un grupo de estudiantes en comparación con el texto disciplinar del que tenían que dar cuenta en ese parcial. Para ello, aborda en primer lugar dos aspectos propuestos por la lingüística sistémico funcional: el sistema semántico-discursivo de VALORACIÓN, particularmente los recursos para la formulación de juicios, y la metáfora gramatical. A partir del análisis de los textos, el capítulo muestra que los recursos de VALORACIÓN que expresan juicio en términos de estima y sanción social surgen en los parciales favorecidos por el desempaquetamiento de las metáforas gramaticales utilizadas en el texto original. A partir de allí, sugiere como propuesta de trabajo didáctico la enseñanza explícita de la metáfora gramatical a fin de lograr una distancia entre la escritura de los estudiantes y las concepciones del sentido común acerca del ámbito de la experiencia que trata el texto disciplinar y promover, así, la adopción de un lenguaje académico adecuado a la disciplina.

El capítulo sexto, primero de la tercera y última parte de este libro, está firmado por Alejandra Sánchez Aguilar y Eurídice Minerva Ochoa. Su título es "Talleres de formación docente, una alternativa para la alfabetización académica." El trabajo aborda la realización de dos talleres dirigidos a docentes disciplinares como estrategia de un programa de lectura, escritura y oralidad académicas: Lectura y Escritura Académicas para el Aprendizaje Disciplinar (TLEAAD) y Escritura Académica para Profesores (TEAP), que, con el objetivo de comprometer a los docentes en el trabajo de alfabetización académica llevada a cabo en la institución, forman parte de un programa de formación docente más amplio. El capítulo presenta el diseño de ambos talleres, que orientan a los docentes a la creación de métodos propios para desarrollar la alfabetización académica en sus cursos, así como también a desarrollar la propia escritura. Es interesante relevar el hecho de que estos talleres incluyen contenido lingüístico sobre el cual basar las prácticas propuestas. Asimismo, muestra los desafíos afrontados y los logros alcanzados. Finalmente, concluye que una estrategia de este tipo puede generar a escala institucional una nueva cultura académica que reconozca que las habilidades de lectura, escritura y oralidad deben estar contextualizadas y, por lo tanto, son incumbencia de toda la institución.

El capítulo séptimo tiene por autoras a Margarita Vidal Lizama y Soledad Montes, y se encuentra bajo el título "La progresión de la escritura a lo largo de la carrera de Artes: una investigación aplicada para informar un programa de escritura en las disciplinas." El capítulo presenta una compleja investigación sobre los textos que se exigen a los estudiantes en la carrera de Artes dictada en una universidad, a fin de mostrar la progresión de los géneros que se abordan a lo largo del currículum. Las autoras sintetizan primero los dos enfoques teóricos en los que basan el trabajo: la noción de géneros discursivos de la teoría de Sistemas de Actividad y la perspectiva de la lingüística sistémico funcional, incluyendo los sistemas semántico-discursivos que se utilizan en el análisis. Luego se presentan los tres pasos que incluye la metodología diseñada para la investigación, que incluye grupos focales, análisis lingüístico y talleres con docentes. A continuación, muestran los resultados obtenidos, incluyendo un cuadro descriptivo de los objetivos de escritura a lo largo de la carrera, que surge tanto del taller con docentes como de los dos primeros pasos metodológicos. De esta manera, el capítulo ofrece una aproximación a la caracterización de la escritura en Arte y al modo en que esta se vincula con el proceso de aprendizaje de quienes se integran al campo disciplinar.

El capítulo octavo, último del volumen, es de Karen Shirley López-Gil y se titula "Integración de fuentes digitales en textos académicos: estrategias de acompañamiento de los tutores del Centro de Escritura Javeriano." Este artículo se propone dar cuenta de una investigación que indaga sobre los problemas que tienen los estudiantes para manejar fuentes digitales e introducir citas en textos académicos y los recursos mediante los cuales los tutores de un centro de escritura los guían para la realización de esa tarea. Se busca, mediante el proceso de tutorado, que los estudiantes aprendan no solo reglas de citación, sino también cómo dar sentido a la introducción de otras voces autorizadas en los textos, mediante criterios de pertinencia y confiabilidad de la fuente. En cuanto a las estrategias de los tutores, resultan variadas, de acuerdo con el tipo de problema que intentan resolver. Entre ellos, se identifican la falta de confiabilidad de las fuentes seleccionadas por los estudiantes; la falta de articulación con el desarrollo del texto, que redunda en la falta de ejercicio en el uso de la propia voz; y la falta de rigurosidad en el uso de formatos de citación. Así, el artículo resulta productivo en cuanto ofrece propuestas de recursos didácticos para la solución de un problema generalizado en la escritura académica de los estudiantes en América Latina.

En definitiva, este volumen ofrece un conjunto de reflexiones vinculadas con las líneas a desarrollar en el futuro del campo de la enseñanza de la lectura y la escritura en las disciplinas. En primer lugar, reflexiones sobre la creación y la gestión de programas y centros de escritura, que integran opciones teóricas de diferente procedencia; en segundo lugar, trabajos que muestran de qué manera las teorías lingüísticas alimentan las prácticas de enseñanza; finalmente, propuestas extracurriculares (dos de las cuales también integran contenido lingüístico) que tienden a construir sustentabilidad. Esperamos contribuir, de esta manera, al avance de los estudios en un campo tan necesario para la formación de futuros profesionales.

Referencias

Álvarez, S.; Moreno, F. & Delgado, P. (2016). Creación de un recurso educativo digital abierto de acentuación en español: una propuesta para abordar dificultades básicas en el desarrollo de la comunicación escrita a nivel universitario. *Grafía*, *13*(1), 60–77. https://doi.org/10.26564/16926250.656.

Ávila Reyes, N. (2016) Literacidad digital a través del curriculum universitario: cursos, recursos y prácticas. *Exlibris 5*, 251–259.

Ávila Reyes, N. & Cortés Lagos, A. M. (2017). El género "informe de caso" en la formación inicial docente: una aproximación basada en la actividad. *Lenguas Modernas, 50*, 153–174.

Ávila Reyes, N., González Álvarez, P. & Peñaloza Castillo, C. (2013). Creación de un programa de escritura en una universidad chilena: estrategias para promover un cambio institucional. *Revista Mexicana de Investigación Educativa, 18*(57), 537–570.

Bawarshi, A. S. & Reiff, M. J. (2010) *Genre. An introduction to history, theory, research and pedagogy*. Parlor Press; The WAC Clearinghouse. https://wac.colostate.edu/books/referenceguides/bawarshi-reiff/.

Bazerman, C. (2000). *Shaping written knowledge: The genre and activity of the experimental article in science*. https://doi.org/10.37514/PER-B.2012.0346 (Originally published in 1988 by University of Wisconsin Press)

Bazerman, C., Little, J., Bethe, L., Chavkin, T., Fouquette, D. & Garufis, J. (2005). *Reference guide to Writing Across the Curriculum*. Parlor Press; The WAC

Clearinghouse. https://wac.colostate.edu/books/referenceguides/bazerman-wac/.

Bazerman, C. & Moritz, M. E. (2016). Higher education writing studies in Latin America. *Ilha do Desterro, Número especial 69*(3), pp. 9–12. https://doi.org/10.5007/2175-8026.2016v69n2p9.

Carlino, P. (2005). *Escribir, leer y aprender en la universidad. Una introducción a la alfabetización académica*. FCE.

Carlino, P. (Ed.) (2006). Procesos y prácticas de escritura en la educación superior. *Signo & Seña, 16*, 71–117.

Carlino, P. (2012). Who takes care of writing in Latin American and Spanish Universities? En C. Thaiss, G. Bräuer, P. Carlino, L. Ganobcsik-Williams & A. Sinha (Eds.). *Writing programs worldwide: Profiles of academic writing in many places* (pp. 485–498). The WAC Clearinghouse; Parlor Press. https://doi.org/10.37514/PER-B.2012.0346.2.41

Carlino, P. (2013). Alfabetización académica diez años después. *Revista Mexicana de Investigación Educativa, 18*(57), 355–381.

Carrasco Altamirano, A., Encinas Prudencio, M. T., Castro Azuara, M. C. & López Bonilla, G. (2013) Lectura y escritura académica en la educación media superior y superior. *Revista Mexicana de Investigación Educativa, 18*(57), 349–354.

Colombo, L. & Prior, M. (2016). How do faculty conceptions on reading, writing and their role in the teaching of academic literacy influence their inclusive attitude. *Ihla do Desterro, 69*(3), 115–124. https://doi.org/10.5007/2175-8026.2016v69n3p115.

Concha, S., Miño, P. & Vargas, M.P. (2017). Representaciones sociales sobre el conocimiento y la escritura en el pregrado en dos comunidades discursivas: implicancias para la enseñanza de la escritura en la educación superior. *Lenguas Modernas, 50*, 109–130.

Errázuriz, M. C. (2016). Las tutorías de un centro de escritura como dispositivo de modelamiento de estudiantes de programas de formación inicial docente. En L. Natale & D. Stagnaro (Comp.), *Alfabetización Académica. Un camino hacia la inclusión en el nivel superior* (pp. 103–131). Ediciones UNGS.

Errázuriz, M. C. & Fuentes, L. (2018). ¿Cómo evaluar la escritura de los estudiantes universitarios? De la calificación a la evaluación auténtica y de proceso. En L. Natale & D. Stagnaro (Org.), *La lectura y la escritura en las disciplinas. Lineamientos para su enseñanza* (pp. 201–234). Ediciones UNGS.

García Arroyo, M. & Quintana, H.E. (2012). The ups and downs of the interdisciplinary Writing Center of the InterAmerican University of Puerto Rico, Metropolitan Campus. En C. Thaiss, G. Bräuer, P. Carlino, L. Ganobcsik-Williams & A. Sinha (Eds.). *Writing programs worldwide: Profiles of academic writing in many places* (pp. 333–340). The WAC Clearinghouse; Parlor Press. https://doi.org/10.37514/PER-B.2012.0346.2.29

Giudice, J., Godoy, M. & Moyano, E.I. (2016). Prácticas de lectura y escritura en el marco de la enseñanza de la psicología: avances de una investigación interdisciplinaria. *Revista Mexicana de Investigación Educativa, 21*(69), 501–526.

González Pinzón, B. Y. (2012). The progression and transformations of the Program of Academic Reading and Writing (PLEA) in Colombia's Universidad

Sergio Arboleda. En C. Thaiss, G. Bräuer, P. Carlino, L. Ganobcsik-Williams & A. Sinha (Eds.). *Writing programs worldwide: Profiles of academic writing in many places* (pp. 157–168). The WAC Clearinghouse; Parlor Press. https://doi.org/10.37514/PER-B.2012.0346.2.14

González, C. & Rivas, N. (2017). El artículo de investigación científica: regularidades y variación a través de las disciplinas. En R. Ibáñez & C. González (Eds.), *Alfabetización disciplinar en la formación inicial docente. Leer y escribir para aprender* (pp. 65–84). Ediciones Universitarias de Valparaíso.

Hernández Rojas, G. (2018). Las creencias de escritura en estudiantes de distintas comunidades académicas. En S. Espino Dastira & C. Barrón Tirado (Coord.), *La lectura y la escritura en la educación en México. Aproximaciones teóricas, experiencias aplicadas y perspectivas de futuro* (pp. 61–84.) Universidad Nacional Autónoma de México.

Hernández Zamora, G. (2016). *Literacidad académica*. Universidad Autónoma Metropolitana.

Hyland, K. (2000). *Disciplinary discourses: Social interactions in academic writing*. Longman.

Ibañez, R. & Moncada, F. (2017). El género Abstract en dos disciplinas: una comparación a partir de su organización retórica y relaciones de coherencia. En R. Ibáñez & C. González (Eds.), *Alfabetización disciplinar en la formación inicial docente. Leer y escribir para aprender* (pp. 85–116). Ediciones Universitarias de Valparaíso.

Jarpa, M. (2016). La resolución de problema como género académico evaluativo: Organización retórica y uso de artefactos multimodales. *Revista Signos, 49*(92), 350–376. https://doi.org/10.4067/S0718-09342016000300005.

Lovera, P. & Uribe, F. (2017). Hacia una didáctica crítico-reflexiva en la enseñanza de la escritura en la educación superior. *Lenguas Modernas, 50*, 91–108.

Marinkovich, J., Velásquez, M.. & Astudillo, M. (2017). Hacia una caracterización de las prácticas de escritura en la comunidad académica de biología. *Lenguas Modernas, 50*(2017), 131–152.

Marinkovich, J., Velásquez, M., Córdova, A. & Cid, C. (2016). Academic literacy and genres in university learning communities. *Ilha do Desterro, 69*(3), 95–114. https://doi.org/10.5007/2175-8026.2016v69n3p95.

Martin, J. R. (1992). *English text: System and structure*. Benjamins.

Martin J. R. & Rose, D. (2007). *Working with discourse. Meaning beyond the clause*. Continuum.

Martin J. R. & Rose, D. (2008). *Genre relations. Mapping culture*. Equinox.

Mendez Pereira, R. C. (Org.) (2019). *Escrita na universidade. Panoramas e desafios na América Latina*. Editora UFPB.

Molina Natera, V. (2014). Centros de escritura: una mirada retrospectiva para entender el presente y futuro de estos programas en el contexto latinoamericano. *Revista Legenda, 18*(18), 9–33.

Moncada, F., Ibáñez, R., Velázquez, M. & Cornejo, F. (2017). La escritura y la lectura como medios para acceder al conocimiento disciplinar: resultados de una intervención situada. En R. Ibáñez & C. González (Eds.), *Alfabetización disciplinar en la formación inicial docente. Leer y escribir para aprender* (pp. 167–199). Ediciones Universitarias de Valparaíso.

Montes, S. & Navarro, F. (Eds.) (2020). *Hablar, persuadir, aprender: Manual para la comunicación oral en contexto académicos*. Universidad de Chile.

Montes, S., Leiva, N. & Quiroga, R. (2018). Interacción social en el aprendizaje de la escritura: la integración de focos colaborativos y revisiones entre pares en cursos virtuales. En L. Natale & D. Stagnaro (Org.), *La lectura y la escritura en las disciplinas. Lineamientos para su enseñanza* (pp. 235–274). Ediciones UNGS.

Montes, S. & Vidal Lizama, M. (2017). Diseño de un programa de escritura a través del curriculum: opciones teóricas y acciones estratégicas. *Lenguas Modernas, 50*(2017), 73–90.

Moreno, E. & Baracaldo, N. (2016). Apoyo a las tareas de lectura y escritura. Una experiencia interdisciplinar en la clase de Teoría del Aseguramiento en Contaduría. *Grafía, 13*(1), 9–32. https://doi.org/10.26564/issn.1692-6250.

Motta-Roth, D. (1999). A importância do conceito de gêneros discursivos no ensino de redação acadêmica. *Intercâmbio, 8*, 119–128.

Motta Roth, D. (2009). The role of context in academic text production and writing pedagogy. En C. Bazerman, A. Bonini & D. Figueiredo (Eds.), *Genre in a changing world. Perspectives on writing* (pp. 317–351.) The WAC Clearingouse. https://doi.org/10.37514/PER-B.2009.2324.2.16.

Motta-Roth, D. (2012). Academic literacies in the south: writing practices in a Brazilian university. En C. Thaiss, G. Bräuer, P. Carlino, L. Ganobcsik-Williams & A. Sinha (Eds.). *Writing programs worldwide: Profiles of academic writing in many places* (pp. 105–116). The WAC Clearinghouse; Parlor Press. https://doi.org/10.37514/PER-B.2012.0346.2.09

Motta Roth, D. & Heberle V. (2015). A short cartography of genre studies in Brazil. *Journal of English for Academic Purposes, 19*, 22–31. https://doi.org/10.1016/j.jeap.2015.05.006.

Moyano, E. I. (2000) *Comunicar ciencia. El artículo científico y las presentaciones a congresos*. Universidad Nacional de Lomas de Zamora.

Moyano, E. I. (2004) La escritura académica: una tarea interdisciplinaria a lo largo de la curricula universitaria. *Revista Texturas 4*(4), 109–120. https://doi.org/10.14409/texturas.v1i4.2824.

Moyano, E. I. (2010). Escritura académica a lo largo de la carrera: un programa institucional. *Revista Signos, 43* (74), 465–488. https://doi.org/10.4067/S0718-09342010000500004.

Moyano, E. I. (2014). La Discusión en artículos de Microbiología: género, compromiso y construcción del conocimiento. *Onomázein*, Número Especial IX ALSFAL, 161–185. https://doi.org/10.7764/onomazein.alsfal.4.

Moyano, E. I. (2017). Diseño e implementación de programas de lectura y escritura en el nivel universitario: principios y estrategias. *Lenguas Modernas, 50*, 47–72.

Moyano, E. I. (2018). La enseñanza de la lectura y la escritura académicas mediante un programa a lo largo del curriculum universitario: opción teórica, didáctica y de gestión. *Revista D.E.L.T.A., 34*(1), 235–267. https://doi.org/10.1590/0102-4450 74896274115057.

Moyano, E. I. (2021). Descripción de géneros para su enseñanza en un Programa de Escritura Académica. Hacia la deconstrucción conjunta. En N. Ávila (Ed.), *Multilingual contributions to writing research: Toward an equal academic exchange* (pp. 289–310). The WAC Clearinghouse; University Press of Colorado. https://doi.org/10.37514/INT-B.2021.1404.2.12.

Moyano, E. I. & Giudice, J. (2016). Negotiation between peers: strategic device for a reading and writing program at the university level. *Ilha do Desterro, 69*(3), 157–172. https://doi.org/10.5007/2175-8026.2016v69n3p157.

Moyano, E. & Natale, L. (2012). Teaching academic literacy across the university curriculum as institutional policy. The case of the Universidad Nacional de General Sarmiento (Argentina). En C. Thaiss, G. Bräuer, P. Carlino, L. Ganobcsik-Williams & A. Sinha (Eds.), *Writing Programs Worldwide: Profiles of Academic Writing in Many Places* (pp. 23–34). The WAC Clearinghouse; Parlor Press. https://doi.org/10.37514/PER-B.2012.0346.2.02

Narváez Cardona, E. (2012). Training experiences in reading and writing in a Colombian University: The perspective of a professor. En C. Thaiss, G. Bräuer, P. Carlino, L. Ganobcsik-Williams &A. Sinha (Eds.). *Writing programs worldwide: Profiles of academic writing in many places* (pp. 147–156). The WAC Clearinghouse; Parlor Press. https://doi.org/10.37514/PER-B.2012.0346.2.13.

Natale, L. (Coord.) (2012). *En carrera: la lectura y escritura de textos académicos y profesionales*. Ediciones UNGS.

Natale, L. (2018). Las devoluciones escritas del profesor universitario. En L. Natale &D. Stagnaro (Org.), *La lectura y la escritura en las disciplinas. Lineamientos para su enseñanza* (pp. 167–200). Ediciones UNGS.

Natale, L. & Stagnaro, D. (Comp.) (2017). *Alfabetización académica. Un camino hacia la inclusión en el nivel superior*. Ediciones UNGS.

Natale, L. & Stagnaro, D. (Org.) (2018). *La lectura y la escritura en las disciplinas. Lineamientos para su enseñanza*. Ediciones UNGS.

Natale, L., Stagnaro, D., Pérez, I. G. & Ríos, L. (2016). El Programa de Desarrollo de Habilidades de Lectura y Escritura a lo largo de la Carrera de la Universidad Nacional de General Sarmiento, Argentina. En L. Natale& D. Stagnaro (Comp.), *Alfabetización académica. Un camino hacia la inclusión en el nivel superior* (pp. 161–200). Ediciones UNGS.

Navarro, F. (2014a). *Manual de escritura para carreras de humanidades*. Editorial de la Facultad de Filosofía y Letras de la Universidad de Buenos Aires.

Navarro, F. (2014b). Estrategias de evaluación en parciales presenciales de estudiantes de humanidades. Análisis contrastivo desde la teoría de la valoración. En A. Cristofalo, J. Ledesma & K. Bonifatti (Eds.), *Actas del V Congreso Internacional de Letras "Transformaciones Culturales. Debates de la teoría, la crítica y la lingüística en el Bicentenario."* Universidad de Buenos Aires.

Navarro, F. (2017a). Estudios latinoamericanos de la escritura en educación superior y contextos profesionales: hacia la configuración de un campo disciplinar propio. *Lenguas Modernas, 50,* 9–14.

Navarro, F. (Ed.) (2017b). Enseñanza de la escritura en educación superior: el rol de la lectura y la escritura en la inclusión, equidad y calidad educativas. Volumen monográfico. *Lenguas Modernas, 50.*

Navarro, F. (2019). Aportes para una didáctica de la escritura académica basada en géneros discursivos. *D.E.L.T.A, 35*(2), 1–32. https://doi.org/10.1590/1678-460X2019350201.

Navarro, F. & Caldas Simões, A. (2019). Potencial de estructura genérica en tesis de ingeniería eléctrica: contrastes entre lenguas y niveles educativos. *Revista Signos, 52*(100), 306–329. https://doi.org/10.4067/S0718-09342019000200306.

Oteíza, T. (2017). Escritura en la historia: potencial de los recursos lingüísticos interpersonales e ideacionales para la construcción de la evidencia. *Lenguas Modernas, 50,* 193–224.

Parodi, G. (Ed). (2005). *Discurso especializado e instituciones formadoras.* Ediciones Universitarias de Valparaíso.

Parodi, G. (2008). Géneros del discurso escrito: Hacia una concepción integral desde una perspectiva sociocognitiva. En G. Parodi (Ed.), *Géneros Académicos y Géneros Profesionales. Accesos discursivos para saber y hacer* (pp. 17–37). Ediciones Universitarias PUCV.

Parodi, G. (Ed.) (2010). *Alfabetización académica y profesional en el Siglo XXI: Leer y escribir desde las disciplinas.* Ariel.

Parodi, G. (Ed). (2016). Número especial: Procesos de lectura y escritura en el mundo contemporáneo de lengua española. *Revista Signos, 49*(Supl. 1).

Pineda Repizo A. F. & Sánchez Gibbons, M. V. (Eds.) (2016). Desarrollos investigativos en lectura y escritura, en y para Latinoamérica [Número especial]. *Revista Grafía, 13*(1). https://doi.org/10.26564/issn.1692-6250.

Ramírez Osorio, L. S. & López-Gil, K. S (2018). *Orientar la escritura a través del currículo en la universidad.* Sello Editorial Javeriano.

Sánchez Camargo, M. (2017). El área de primera lengua de la Universidad de las Américas Puebla, México. En L. Natale & D. Stagnaro (Comp.) (2017). *Alfabetización académica. Un camino hacia la inclusión en el nivel superior* (pp. 47–74). Ediciones UNGS.

Sánchez, M. V. & Montes, S. (2017). El Programa de Lectura y Escritura Académicas de la Pontificia Universidad Católica de Chile: sus aportes para la inserción académica de los estudiantes. En L. Natale & D. Stagnaro (Comp.), *Alfabetización académica. Un camino hacia la inclusión en el nivel superior* (pp. 75–102). Ediciones UNGS.

Sito, L. & Moreno Mosquera, E. (Eds.). (2019). Discusiones actuales, oportunidades y horizontes en los estudios sobre literacidades en América Latina. *Íkala. Revista de lenguaje y cultura, 24*(2), 219–229. https://doi.org/10.17533/udea.ikala.v24n02a02.

Sito, L., Méndez Rendón, J. C. & Vásquez Ramírez, L. Y. (2019). LEO en la práctica: la experiencia formativa de un Centro de lecturas, escrituras y oralidades.

Íkala. Revista de lenguaje y cultura, 24(2), 419–438. https://doi.org/10.17533/udea.ikala.v24n02a10.

Stagnaro, D. (2018). Mediaciones docentes en la enseñanza de las disciplinas a través de la lectura y la escritura. En L. Natale & D. Stagnaro (Organ.), *La lectura y la escritura en las disciplinas. Lineamientos para su enseñanza* (pp. 15–58). Ediciones UNGS.

Swales, J. (1990). *Genre analysis. English in academic and research settings*. Cambridge University Press.

Tapia Ladino, M. & Burdiles, G. (2012). La organización retórica del marco referencial en tesis de Trabajo Social. *Alpha, 35*, 169–184. https://doi.org/10.4067/S0718-22012012000200011.

Tapia Ladino, M., Ávila Reyes, N., Navarro, F. & Bazerman, C. (2016). Milestones, disciplines and the future of initiatives of reading and writing in higher education: an analysis from key scholars in the field in Latin America. *Ilha do Desterro, 69*(3), 189–208. https://doi.org/10.5007/2175-8026.2016v69n3p189.

Vázquez, A. & Amieva, R. (Coord.) (2017). *Leer y escribir en las disciplinas. Diseño e intervenciones didácticas en las aulas universitarias*. UniRío.

Velásquez, M., Lillo, F., Jélvez, L. & Aguilera, C. (2017). Propuesta didáctica. Estrategias discursivas para acceder al conocimiento disciplinar. En R. Ibáñez & C. González (Eds.), *Alfabetización disciplinar en la formación inicial docente. Leer y escribir para aprender* (pp. 117–166). Ediciones Universitarias de Valparaíso.

Vidal Lizama, M. (2020). Aproximación al ensayo académico como género de formación en Ciencias Sociales: el caso de Sociología. *Revista D.E.L.T.A, 36*(4), 1–26. https://doi.org/10.1590/1678-460X2020360405.

Waigandt, D. M., Noceti, A. M. & Zapata, L. M. (2016). Engineering the future: teaching reading and writing at the Universidad Nacional de Entre Ríos. *Ilha do Desterro, 69*(3), 173–188. https://doi.org/10.5007/2175-8026.2016v69n3p173.

Zanotto González, M. & Gaeta González, M. (2017). Creencias epistemológicas y estrategias de lectura de múltiples textos en la formación de investigadores. En S. Espino Dastira & C. Barrón Tirado, C. (Coord.). *La lectura y la escritura en la educación en México. Aproximaciones teóricas, experiencias aplicadas y perspectivas de futuro* (pp. 85–112). Universidad Nacional Autónoma de México.

1

¿Cómo Sabemos si lo Estamos Haciendo Bien? La Evaluación de los Centros y Programas de Escritura

Violeta Molina-Natera
PONTIFICIA UNIVERSIDAD JAVERIANA CALI, COLOMBIA

Resumen

Los centros y programas de escritura en América Latina continúan en etapa de consolidación a nivel interno, en sus instituciones, y de expansión, a nivel de comunidad académica en la región. La evaluación de estos programas es todavía poco habitual en Latinoamérica y las personas a cargo de ellos, en muchos casos, no cuentan con elementos que ayuden a definir metodologías e indicadores sobre la efectividad de las prácticas. En este texto se abordan fundamentos teóricos y orientaciones metodológicas de administración de programas de escritura (*writing program administration*), que puedan implementarse para evaluar un centro o programa de escritura. Para ello, se revisa el concepto de evaluación de programas de escritura, por qué se justifica su realización de manera constante y cómo esto puede contribuir a demostrar su efectividad ante instancias institucionales o externas. De igual forma, se brindan una serie de pasos y modelos con el fin de que puedan implementarse o adaptarse en un programa determinado, luego de definir un propósito concreto para la evaluación. Finalmente, se presentan algunas implicaciones que buscan aportar a la comprensión de la evaluación de los centros y programas de escritura de América Latina como un elemento que garantiza su funcionamiento adecuado, su constante progresión y su sostenibilidad a lo largo del tiempo.

Abstract

Writing centers and programs in Latin America continue in a stage of consolidation internally, in their institutions, and expansion, at the level of an academic community in the region. The evaluation of these programs is still unusual in Latin America, and the people in charge of them, in many cases, do not have elements that help them to define methodologies and indicators of the effectiveness of the practices. This text addresses theoretical foundations and methodological guidelines for writing program administration, which can be implemented to evaluate a writing center or writing program. For this, the concept of writing program evaluation is reviewed, why its constant realization is justified, and how this can contribute to demonstrating its effectiveness for institutional or external audiences. Similarly, a series of steps and models are provided so that they can be implemented or adapted in a given program, after defining a specific purpose for the evaluation. Finally, the chapter presents some implications that seek to contribute to the understanding of the evaluation of writing centers and writing programs in Latin America as an element that guarantees their proper functioning, their constant progression, and their sustainability over time.

La lectura y la escritura se consideran como dos procesos indispensables para el acceso y construcción del conocimiento en la educación superior. Por esta razón, se han propuesto diversidad de estrategias para su desarrollo en los educandos, como por ejemplo las que se han dado en Colombia (González Pinzón & Vega, 2013), con predominio de los cursos iniciales de lengua, o en el caso de Argentina (Moyano & Giudice, 2016) y Chile (Ávila Reyes *et al.*, 2013), donde han surgido propuestas fundamentadas en gran parte en los principios de la lingüística sistémico funcional. Teniendo en cuenta esta situación, en los últimos años en el contexto latinoamericano han comenzado a emerger una serie de iniciativas institucionales (Tapia-Ladino *et al.*, 2016), con el fin de complementar la enseñanza de la lectura y la escritura, iniciativas que pueden clasificarse como centros o programas de escritura (en adelante CPE). Estos centros o programas suelen surgir con la intención de apoyar o mejorar el desarrollo de la lectura y la escritura en una institución. Por lo tanto, las necesidades que se van a atender están claramente definidas desde antes de su establecimiento y tienden a ser el argumento para convencer a las directivas sobre su creación (Calle Arango *et al.*, 2017).

Cuando se habla de CPE es innegable que el referente proviene de la tradición estadounidense, que establece diferencias muy claras entre centros de escritura y programas de escritura. Por un lado, los centros de escritura tienen como propósito principal el acompañamiento individual para el desarrollo de las habilidades de escritura a través de tutorías personalizadas orientadas por un tutor, que en muchos casos es un par académico (Harris,

1988; Simpson, 1985). Por otro lado, los programas de escritura tienen una multiplicidad de prácticas que los hacen muy diversos, aunque buena parte de ellos se ocupan de los cursos de escritura iniciales, y generalmente también de otros cursos de escritura más específicos de las disciplinas. La particularidad es que son cursos con objetivos y, muchas veces, con currículos iguales en cada programa (Schwalm, 2002). Para McLeod (2007), los programas de escritura abarcan una serie de estrategias que se ofrecen para atender las necesidades de escritura de una institución; por ejemplo, programas de escritura a través del currículo, de inglés como segunda lengua e, incluso, los mismos centros de escritura.

Esta diferenciación no está tan claramente establecida en América Latina entre los CPE. Las iniciativas son muy diversas, con un límite difuso entre centros de escritura y programas de escritura, y a veces la autodenominación no necesariamente coincide con las prácticas del mismo modo que en Norteamérica (Molina-Natera, 2018). La diferenciación entre centros y programas radica en el enfoque, siendo en el primero el escritor y en el segundo el texto; el centro tiene una organización horizontal (tutorías entre pares), mientras que el programa suele estar organizado de forma vertical (relación profesor-estudiante); el objetivo del centro es personalizado y en el programa es estandarizado, pues corresponde al currículo (Villagrán *et al.*, 2020). De todos modos, tanto en Estados Unidos como en Latinoamérica prevalece la diversidad en estos programas, pues no hay una noción unificada y "no hay razón para que haya ese acuerdo y, una vez más, ningún modelo en particular es mejor que otro" (Schwalm, 2002, p. 11).

En Latinoamérica los CPE son de aparición relativamente reciente (Molina-Natera, 2015), en buena parte influenciados por la tradición antecesora de Estados Unidos, y, de manera más cercana, por algunos programas de la región. La mayoría de la literatura especializada se ha generado en Norteamérica, con una diversidad de enfoques y modelos que, en lugar de unificar las prácticas, las diversifican. Aunque se cuenta con publicaciones en español sobre CPE, la producción académica en nuestro idioma sigue siendo escasa y, al igual que en Estados Unidos, refleja una diversidad de enfoques y modelos teóricos. Adicionalmente, la fundamentación teórica que respalda las prácticas suele ser heterogénea y, en algunos casos, alejada de los estudios sobre CPE. Esto, en parte, se debe a que en Latinoamérica existe un campo que se ha ocupado de la enseñanza de la lectura y la escritura, pero no una disciplina (López-Bonilla, 2013) y es así como las personas que se dedican a ello tienen formaciones diversas (psicólogos, filósofos, lingüistas, fonoaudiólogos, licenciados en lengua, literatos, comunicadores, etc.). Estas tal vez son algunas de las razones por las que el foco de estos programas, en su mayoría, sean sus prácticas y no la teoría y la gestión administrativa. Esta última es especialmente necesaria, puesto que asegura la sostenibilidad de un CPE.

En una reciente investigación (Molina-Natera, 2018) se encontró que cerca del 50% de los CPE de Latinoamérica no lleva a cabo ningún tipo de evaluación del programa. En los casos en los que se implementa algún mecanismo, las siguientes son las modalidades de evaluación:

- Evaluación de desempeño de los prestadores del servicio, bien sea tutores o profesores (27%)
- Encuestas de satisfacción del servicio recibido (10%)
- Evaluaciones por instancias externas, como vicerrectorías académicas (10%)
- Uso de estadísticas de atención como forma de evaluación (7%)
- Comparación de evaluaciones de entrada y de salida en los cursos que ofrecen estos programas (7%)
- Uso de formularios de evaluación creados por los mismos CPE (7%)

Estas estrategias de evaluación, llevadas a cabo en casi la mitad de los CPE que fueron el corpus de la mencionada investigación, en la mayoría de los casos no pueden responder la pregunta que debería ser el centro de la evaluación: *¿cómo sabemos si está bien lo que estamos haciendo?*

Los esfuerzos por ofrecer información relevante a las directivas institucionales ocurren al inicio del programa, para lograr su aprobación, y en algunos casos en sus primeros años, para preservar el presupuesto. Sin embargo, el interés por obtener información sobre el desempeño y el logro de los objetivos del CPE no suele ser considerado necesario para hacer seguimiento y mejorar las prácticas. En los casos en los que existe interés, los directores no cuentan con la formación especializada para el diseño de una evaluación del programa (Molina-Natera, 2018). Por esta razón, este capítulo busca contribuir en la comprensión de la evaluación como elemento indispensable para el adecuado funcionamiento y sostenibilidad de un CPE. Para ello, en primer lugar, se revisará la noción de evaluación de programas de escritura y su justificación, para luego mencionar algunas implicaciones de evaluar para demostrar la efectividad del CPE; posteriormente, se presentarán algunos pasos y modelos posibles para abordar la evaluación de CPE y se terminará con algunas implicaciones para estos programas en la región. El objetivo no es presentar *la* estrategia de evaluación que encaje con todos los programas en todos los contextos institucionales, sino relevar la necesidad de la evaluación y contribuir con algunos elementos para el diseño de las diferentes modalidades de evaluación para cada CPE.

La Evaluación de los CPE

Hablar de evaluación en contextos educativos (de procesos, autoevaluación, curricular, de la institución, etc.) puede ser un desafío por las connotaciones que dicho término implica. Por muchos años, la evaluación, en todos los niveles educativos, ha sido vista como una carga adicional, más que como una oportunidad de revisar si se están cumpliendo las metas y encontrar formas más efectivas de lograrlo. La mayoría de los profesores, incluyendo los directores de CPE, no cuentan con una experiencia o capacitación especializada sobre evaluación y sienten que es algo que está fuera de su área de expertiza, por lo tanto, lo debería hacer "otro", o tal vez no lo consideran necesario. Además, para muchos docentes el llamado a hacer evaluación genera hostilidad al contener "un insulto implicado" (Harrington, 2013, p.163), cuando se asume que los profesores no trabajan para el cumplimiento de los estándares comunes o que ellos son simplemente perezosos y/o enfrascados en viejas e ineficaces formas de hacer las cosas.

Ahora bien, el promedio de los CPE en Latinoamérica tiene alrededor de 4 años, todavía está definiendo su misión en relación con la misión institucional; en este periodo probablemente ha tenido dos directoras, ambas con formaciones académicas diferentes, y está lidiando con los recortes presupuestales impuestos por la institución (Molina-Natera, 2018). Por lo tanto, plantear una evaluación del programa simplemente es una carga más que la directora no tiene tiempo de hacer en medio de las 15 responsabilidades (en promedio) que son parte de su plan de trabajo. Debido a que en esta región no hay una tradición de evaluación de CPE, ni formación especializada para ello, es necesario considerarla no solo como parte de la cotidianidad de la administración, sino como una forma de responder a las narrativas que afirman que la educación superior no prepara a los estudiantes para el mundo real (Adler-Kassner & O'Neill, 2010). Una forma de entenderla puede ser considerar que "la evaluación nos permite plantar semillas en las discusiones más amplias en el campus" (Harrington, 2013, p.161), de manera que podamos tener una mirada profunda sobre lo que sucede en el CPE, pero también extensiva para verlo en relación con el contexto que la rodea.

La evaluación es solo una de las actividades de administración de un CPE, por lo que es necesario enmarcarla dentro de este concepto. La administración de programas de escritura (campo conocido como *Writing Program Administration*) corresponde a las dinámicas que los directores o coordinadores ponen en juego para planear, organizar, ejecutar y evaluar todo el trabajo que se lleva a cabo en un programa de escritura. En Latinoamérica se ha utilizado el término gestión, en lugar de administración, pues este último concepto es concebido como "una tradición autoritaria o verticalista de la gestión" (Casassus, 2000, p.6). Es así como la gestión educativa, según el Ministerio de Educación Nacional de Colombia (2013), "está constituida por cuatro áreas de gestión: área de gestión directiva, área de gestión pedagógica y académica, área de gestión de la comunidad y área de gestión administrativa y financiera." Estas áreas conforman la administración de programas de escritura y se utiliza este término debido a que así se ha denominado al campo de estudios especializados en el que se basa este escrito.

Este campo de estudios sobre administración de programas de escritura se ha venido desarrollando en los últimos años en Estados Unidos, para estudiar y reflexionar sobre las prácticas que realizan los CPE y cómo estas prácticas influyen y modelan la forma en la que se enseña escritura en las universidades (Janangelo, 2013). Uno de los aspectos que más se destacan en este campo de estudios es el referente a la evaluación, que incluye tanto la evaluación de la escritura, en los cursos que la contemplan como eje central (Broad, 2003; Huot, 2002; Tchudi, 1997), como la evaluación de los programas y la consiguiente revisión de los procesos de administración (Harrington, 2005; McLeod *et al.*, 2001; White *et al.*, 2015; Witte & Faigley, 1983).

Existen diferentes definiciones de la evaluación de un CPE, pero en este escrito se asumirá que es "el proceso de documentar y reflexionar sobre el impacto de los esfuerzos coordinados del programa" (White *et al.*, 2015, p.3). Este proceso puede tener diversos abordajes, los cuales dependerán del objetivo de la evaluación y de las características del programa. Lannin *et al.* (2017) proponen el uso de variados métodos de evaluación para mostrar la efectividad de los distintos niveles de trabajo del programa. Por su parte, Harrington (2005) sugiere que la evaluación regular y reflexiva es la mejor forma para que el programa se (re)invente a sí mismo: "solo si comprendemos lo que ya hemos hecho, podremos ver al futuro en una forma organizada" (p. 152). Para esta autora la evaluación está compuesta por tres principios centrales y complementarios: administración, investigación y reflexión, como se puede ver en la Figura 1.1. Por lo tanto, una evaluación reflexiva de los CPE hace que estos programas se conviertan en agentes que pueden aprender del pasado y planear el futuro.

Otros autores también han propuesto que la evaluación de un CPE tiene componentes que deben tenerse en cuenta independientemente de la modalidad o estrategia. Witte & Faigley (1983) establecieron que la evaluación incluye cinco componentes:

1. El contexto cultural y social
2. El contexto institucional
3. La estructura del programa y su administración
4. El contenido o currículo
5. El método de instrucción.

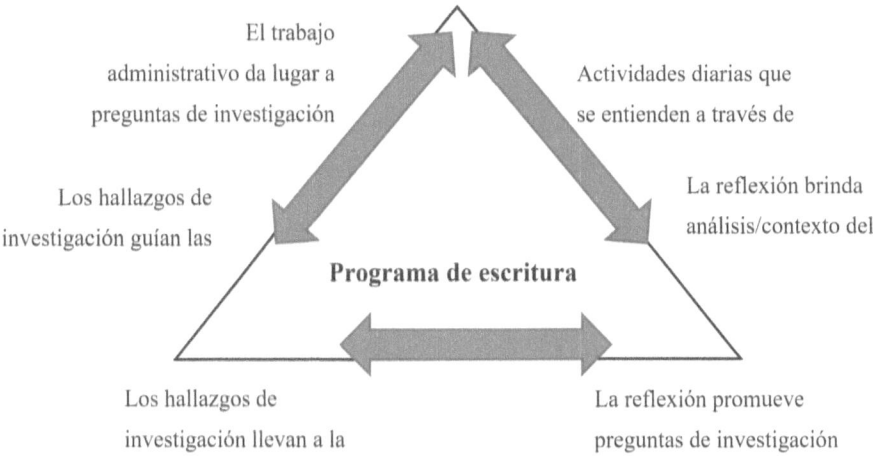

Figura 1.1. Principios fundamentales de la evaluación de un programa de escritura. Fuente: Elaborado a partir de Harrington (2005, p. 144).

Al considerar estos componentes, se hace evidente que la evaluación es un proceso único y particular para cada CPE. Por lo tanto, no podría plantearse un modelo único de evaluación que pueda seguirse al pie de la letra en todos los casos. Estos componentes implican un diálogo permanente entre el programa y su contexto, con el fin de establecer las relaciones bidireccionales entre, por un lado, el trabajo que adelanta el CPE para fortalecer las prácticas de lectura y escritura (y muchas veces oralidad) académicas y, por otro lado, el apoyo que la institución brinda al CPE, el cual es un indicador del lugar que se le otorga a dichas prácticas (ver Figura 1.2). De igual forma, existen elementos intrínsecos y únicos en cada CPE, como su estructura, su directora, las concepciones teóricas que le subyacen y los modos de instrucción particulares, que implican evaluaciones igualmente únicas si se pretenden poner en evidencia el nivel de desarrollo de cada componente.

Figura 1.2. Relación del contexto institucional en la evaluación. Fuente: Elaboración propia.

Del mismo modo que se plantean unos componentes, Schendel & Macauley (2012) proponen los siguientes principios de una buena evaluación de un centro de escritura:

1. Es una especie de investigación, al posibilitar la indagación sobre preguntas que permitan hacer mejor nuestro trabajo y entender cómo es percibido.
2. Es retóricamente sensible en dos vías: los planes de evaluación, en función de conversaciones internas y externas sobre nuestro trabajo, y los informes de evaluación, como oportunidades de diálogo con la administración central.
3. Es colaborativa porque obtiene información de otros, pero debe contribuir al logro de objetivos y a un mayor entendimiento sobre su trabajo tanto a nivel interno como externo.
4. Conduce a un cambio positivo, ya que no termina en el análisis de datos, sino que permite ver posibilidades para el futuro a fin de diseñar planes estratégicos.
5. Es una invitación abierta a obtener mayor relevancia, en el sentido de que es una oportunidad para mostrar a otros qué es un centro de escritura y qué se considera buena escritura y buena enseñanza y aprendizaje.

De esta forma, la evaluación se concibe como un fenómeno complejo y sistémico que establece relaciones con elementos sustantivos como el currículo, la investigación, la administración y el contexto. Un CPE no solo debe tener como objetivo "mejorar", "potenciar" o "fortalecer" la lectura y la escritura en la universidad. También debe reflexionar sobre los modos en los que lo está haciendo, revisar cómo lo está logrando (o no) y definir formas de hacerlo mejor, aun si esto supone dejar de hacer, o hacer de manera distinta, lo que suponen que está haciendo bien.

La Evaluación para Demostrar la Efectividad del CPE

En algún momento todo CPE pasa por la solicitud de algún directivo de evidenciar el impacto del programa en el aprendizaje o en el desempeño de los estudiantes. Como se mostró anteriormente, los modos de evaluación de los CPE en Latinoamérica buscan indicadores que poco se adentran en conocer las transformaciones que ocurren en los estudiantes con quienes se adelantan las estrategias de intervención propias de cada programa. En el panorama global, los programas de apoyo institucional (como los CPE) están bajo la constante presión de justificar su existencia para sobrevivir a los permanentes recortes presupuestales. Sin importar el tamaño del CPE, el director(a) tiene que justificar su existencia para diferentes fines y en diferentes momentos de su desarrollo (McCracken, 1979).

Por las anteriores razones, es necesario tener la visión del contexto institucional para establecer un plan que responda las siguientes preguntas:

- ¿Qué queremos saber?
- ¿Por qué necesitamos saberlo?
- ¿Cómo lo vamos a saber?
- ¿Cómo lo vamos a comunicar cuando lo sepamos?

En primer lugar, la necesidad de información puede ser planteada por los directivos, pero debe reformularse desde el área de los estudios de escritura, definiendo su situación retórica y delimitando el problema de investigación; es decir, es necesario que se relacione con las metas y misión de la universidad, pero también con nuestras teorías y valores. Un mismo aspecto de evaluación puede tener distintos propósitos investigativos. Por ejemplo, conocer los géneros que se trabajan en las disciplinas que se benefician del servicio puede guiar a los tutores o profesores que los orientan sobre qué géneros deben conocer. Ese mismo aspecto para directivos puede ser un indicador de los textos que se promueven en las carreras y la relación que esto puede tener con el perfil del egresado. Por ello, es indispensable tener clara la razón por la cual se evaluará un determinado aspecto, y, si hay más de una, alinearlas para la recolección de información y diferenciarlas claramente cuando se comuniquen los resultados a las diferentes audiencias.

Con relación a las anteriores preguntas y al requerimiento institucional que, en muchos casos, impulsa la evaluación de un CPE, un referente que vale la pena analizar son los trabajos de Neal Lerner sobre evaluación de centros de escritura. En pocas ocasiones se puede encontrar una historia académica con moraleja, en la que un autor reflexiona sobre su escrito anterior y reconoce sus errores para proponer una nueva vertiente hacia donde se puede orientar la indagación o, en este caso, la evaluación.

Lerner (1997) presenta los resultados de una evaluación de un centro de escritura, que buscaba saber si los estudiantes del curso de composición de primer semestre que visitaron el centro de escritura obtenían mejores calificaciones que los que no fueron. Para ello, contrastó los registros de visita al centro de escritura con las calificaciones de todo el semestre. Para superar el obstáculo de obviar las diferencias en las habilidades de escritura preexistentes y situar a los estudiantes en un punto de partida similar, Lerner dividió grupos de estudiantes según el resultado de la prueba verbal del SAT[1], agrupándolos

---

[1] Examen que mide el estado de preparación para el ingreso en las universidades de Estados Unidos.

según el dominio de las habilidades de escritura que tenían antes del curso. Lerner (1997) buscaba obtener datos que fueran accesibles, pero también convincentes para su audiencia institucional, esa que desea datos y números en lugar de los reportes anecdóticos con percepciones, que son más fáciles de presentar. Sus resultados mostraron que las calificaciones fueron similares entre los que visitaron el centro de escritura y los que no. Sin embargo, los que tenían bajos puntajes en la prueba SAT se beneficiaron más porque la calificación promedio fue cinco puntos por encima de los que venían con bajo puntaje y no visitaron el centro de escritura. El otro resultado significativo fue el mayor número de visitas por parte de los estudiantes con bajo puntaje SAT, es decir, que los estudiantes que más se benefician del centro de escritura son los que vienen con una preparación deficiente al momento del ingreso a la universidad. Estos números, concluye el autor, son la forma de asegurar la supervivencia institucional, por lo cual insiste en la importancia de una evaluación que vaya mucho más allá de dar cuenta de la sensación que el centro de escritura influye positivamente en el desempeño de los estudiantes.

Cuatro años después de este estudio, que contó con buena aceptación en la comunidad académica, Lerner (2001) publica un nuevo artículo en el que declara abiertamente: "Quiero revelar una vergonzosa verdad: mi estudio fue fallido tanto estadística como lógicamente" (p.1). Su intención en este siguiente artículo fue persuadir a los directores para que fueran más allá de simplemente contar números y traer a la evaluación la experticia con la que se cuenta al hablar de los resultados que ubican al centro de escritura en un lugar central para la enseñanza y aprendizaje en la universidad. Esta vez Lerner demuestra que, en contraste con la publicación anterior, existe poca relación entre el puntaje de ingreso de la prueba SAT y las calificaciones del curso de composición, por lo que no se puede esperar que un estudiante con bajo puntaje de ingreso obtenga bajas calificaciones en el curso de primer semestre. También señala que las calificaciones finales no necesariamente son indicadores de las habilidades de escritura de un estudiante. Del mismo modo, plantea que las calificaciones de una clase no son un indicador de investigación confiable. A partir de este análisis, Lerner (2001) hace un llamado a la evaluación como "una actividad que todos podemos y, de hecho, debemos hacer si los centros de escritura van a continuar desarrollándose individualmente y como campo académico" (p.3). La clave está en que la indagación sea más científica y menos narrativa y anecdótica.

Posteriormente, Lerner (2003) presenta un nuevo trabajo en el que recoge los aprendizajes de estos dos estudios, para mostrar que no se requiere un título de posgrado adicional para evaluar, ni tampoco un ejército de "expertos" en evaluación; sino que, a través de la colaboración con otras áreas de la universidad como estadística o estudiantes de posgrado, se puede "capitalizar la experticia local y enviar el mensaje de que el centro de escritura se toma en serio la evaluación" (p. 73). Para ello, el autor sugiere un marco para investigar los efectos o el impacto de los centros de escritura, que incluye lo siguiente:

1. *Llevar registro de los que participan.* Contabilizar las poblaciones específicas que son atendidas (estudiantes en riesgo académico, de primer semestre, becarios, en situación de discapacidad, etc.) da un número más significativo que el número total.
2. *Medir las necesidades de los estudiantes.* Es decir, conocer lo que los estudiantes que nos visitan, y los que no lo hacen, necesitan, esperan y desean. Para ello es necesario buscar formas para obtener sus voces y puntos de vista.
3. *Medir la satisfacción de los estudiantes.* Como se mostró antes, esta suele ser una de las estrategias más usadas en Latinoamérica cuando se quiere evaluar un CPE. Por lo general, una encuesta de satisfacción luego de recibir algún servicio de un CPE es altamente satisfactoria, pero a veces puede ser difícil saber si están genuinamente satisfechos o si quieren apoyar a la persona que les prestó el servicio. Una manera de averiguarlo puede ser solicitando esta información semanas o incluso meses después de recibir el servicio. También puede medirse encuestando a los profesores sobre su percepción o siendo parte de encuestas sobre servicios institucionales, que podrían ofrecer una mirada un poco más amplia.
4. *Medir el ambiente del campus.* Conocer la percepción de los estudiantes sobre el ambiente académico, dentro y fuera de las aulas, permite ir más allá del "impacto" para entender el contexto en el que transcurre el CPE. En los casos en los que hay espacios, conocer la percepción sobre el espacio, cómo es utilizado por los estudiantes y por el personal, qué incide en el flujo o tráfico o qué tan inclusivo es para grupos no tradicionales de estudiantes.
5. *Medir los resultados.* Estos deben ir más allá del manejo de unas destrezas específicas por parte de los estudiantes y, en cambio, incluir el desarrollo como escritores y el éxito como estudiantes universitarios, al igual que la contribución que se hace en el desarrollo profesional de sus tutores o profesores. De esta forma, los resultados pueden presentarse en términos que sean comprendidos y valorados por directivos, profesores y estudiantes.
6. *Encontrar evaluaciones comparables entre instituciones.* Aunque los contextos individuales de cada institución son únicos y, por lo tanto, sus resultados, los datos de instituciones similares pueden ofrecer argumentos convincentes a los directivos. En nuestra región es muy

poco lo que hay en cuanto a estudios comparativos de CPE; sin embargo, un punto de inicio puede ser la investigación de Molina-Natera (2018), cuyo fin no fue comparar instituciones, sino brindar un panorama dentro del cual cada institución puede ubicarse.

7. *Usar estándares nacionales aceptados para medir.* Aunque este aspecto puede ser muy diferente de un país a otro, o incluso inexistente, se refiere al desarrollo de las competencias que buscan la excelencia profesional. Cuando se buscan estos indicadores nos alejamos del discurso remedial, aunque se trabaje con los estudiantes con menor preparación, y nos enfocamos en el desarrollo de los procesos de escritura de los estudiantes y del desarrollo profesional de los tutores y profesores.

8. *Medir el costo-efectividad.* Los directivos de las instituciones siempre se están preguntando si el CPE cuesta lo que está costando y si vale la pena esa cantidad o si se puede disminuir. Una evaluación que tenga en cuenta los aspectos que se han mencionado le dará al director(a) los argumentos para demostrar los beneficios de su programa y las contribuciones que hace a la institución.

Como se ha visto en este apartado, la evaluación siempre buscará establecer un diálogo con las directivas institucionales, no solo para "probar" la efectividad del programa, sino para demostrar el lugar que el CPE tiene, o debe tener, en la institución. Con los resultados de una sólida evaluación, este puede constituirse como el lugar que la universidad decide darles a las prácticas de lectura y escritura académica. Si bien debe buscarse la forma de mostrar indicadores que satisfagan a la administración, como fue el caso de Lerner (1997), debemos ir más allá de los datos para hacer que estos nos lleven a preguntas no formuladas, a terrenos inexplorados; a salir de la comodidad de lo que consideramos que está bien y a plantear nuevas formas de hacer lo que hemos venido haciendo.

Algunos Pasos para una Evaluación para la Acción

Hasta ahora se ha presentado la evaluación de los CPE como un camino para buscar la manera de entender las prácticas que se adelantan según las particularidades de cada programa y de cada institución. Se ha visto que la evaluación es la forma inevitable de darle un lugar relevante a nuestro trabajo. Aunque se ha insistido en la necesidad de formular preguntas propias y definir maneras de responderlas que obedecen a los recursos y a los intereses particulares, en este apartado se mostrarán cuatro pasos que pueden orientar un proceso de evaluación enfocado en tomar acciones que conduzcan a transformaciones y desarrollos en un CPE. Estos pasos se plantean a partir de Adler-Kassner (2008) y pueden resumirse en el siguiente esquema en la Figura 1.3.

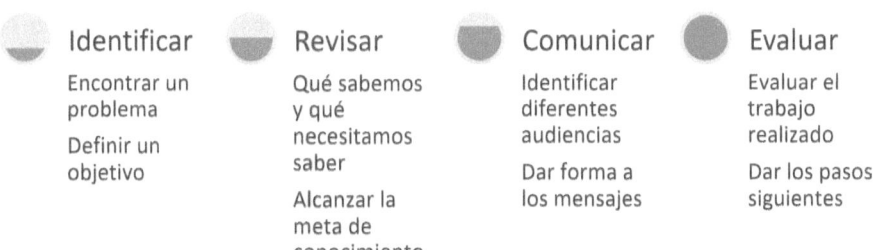

Figura 1.3. Pasos para una evaluación para la acción. Fuente: Elaboración propia.

Identificar

El primer paso que propone Adler-Kassner (2008) en la evaluación es identificar un tema (no un problema), al tiempo que se organiza una lista de colaboradores con los que se va a trabajar. Esto puede hacerse de diferentes formas: por ejemplo, hacer un taller con el equipo de trabajo para que establezcan grupos de temas de interés en los que hay que trabajar, armar los grupos de personas que se encargarán de cada tema de la evaluación y liderar estos esfuerzos brindando apoyo a cada grupo.

A manera de ejemplo, Fullmer (2009) identifica los temas de interés en un programa a través de un análisis DOFA (Debilidades, Oportunidades, Fortalezas y Amenazas). Al ser insuficiente el análisis DOFA para una autoevaluación del programa, se creó un plan de acción que utilizara las fortalezas identificadas para tomar ventaja de las oportunidades y enfrentar las debilidades y amenazas del programa. En esta evaluación se modificó el esquema DOFA agregando un cuadro para el plan de acción que incluía la identificación de las mejores prácticas basadas en evidencias que pudieran orientar la acción a seguir (ver Tabla 1.1). Esto llevaba a que los tutores investigaran para formular el plan de acción en el tema que estaban trabajando. Estos planes de acción fueron revisados por el director, teniendo en cuenta la compatibilidad con los objetivos y misión institucional y de las instancias superiores en las que se encuentra adscrito el programa.

Tabla 1.1. Análisis DOFA y Plan de Acción.
Fuente: Basado en Fullmer (2009)

Debilidades ¿Qué puede mejorarse?	**Oportunidades** ¿Qué oportunidades están abiertas?
Fortalezas ¿Qué se ha hecho bien?	**Amenazas** ¿Cuáles son los obstáculos?
Mejoramiento Acciones a tomar	**Basado en esta evidencia** Referencias y puntos principales

En una evaluación en la que los actores involucrados participan en la identificación de los temas que se van a analizar, se asegura contar con un equipo comprometido con esta tarea. Además, cuando estos aspectos salen del mismo equipo, como en el ejemplo de Fullmer (2009), y no son impuestos por estándares nacionales o por funcionarios institucionales que no conocen el programa, los resultados de la evaluación reflejarán los valores y la filosofía del CPE.

Revisar

Una vez identificados los aspectos en los que se quiere indagar, es necesario revisar el conocimiento con el que se cuenta, con el fin de determinar lo que sabemos y lo que necesitamos saber para lograr el objetivo. Cuando esto se concibe como un plan (o proyecto) de investigación, los actores involucrados pueden establecer un proceso con unas fases que tendrán un tiempo establecido. Existen tres razones que justifican la revisión del conocimiento, según Sen (2003) (citado en Adler-Kassner, 2008):

- Los organizadores necesitan datos sólidos para documentar la experiencia que están representando y los efectos de esas experiencias.
- Los datos ayudan a "contrarrestar las campañas de desinformación de los oponentes" al programa (Sen, 2003, p.116).
- La investigación puede servir como base para una campaña de publicidad o información para cambiar la historia que se tiene.

En este contexto, se concibe que la indagación que se aplica para una evaluación de un CPE sí se debe asumir con el rigor de una investigación, aunque, como señaló Lerner (2003), no requiere una formación especializada ni la contratación de "expertos" en evaluación. Conviene entonces diseñar la investigación con los criterios RAD establecidos por Haswell (2005): "Replicable, Agregable y basada en Datos" (p. 201). El diseño entonces podrá ajustarse a las necesidades de información, al recurso humano disponible y al objetivo que se persiga, pudiendo enfocarse en enfoques cualitativos, enfoques cuantitativos o mixtos.

Un ejemplo de un diseño mixto es el de Lannin *et al.* (2017), quienes, en un esfuerzo por convencer a directivos sobre la efectividad de su programa, adelantaron dos estudios de caso con metodologías mixtas. Estos estudios de caso se llevaron a cabo en dos cursos de escritura intensiva, con el objetivo de indagar las percepciones de estudiantes y profesores en la experiencia de estos cursos. Estos autores, que se enfrentaron con la necesidad de demostrar que su programa funciona, al usar metodologías cualitativas y cuantitativas buscaban obtener datos con los que pudieran hablarle a una audiencia de formaciones variadas, como son los directivos institucionales. Los instrumentos que utilizaron incluían entrevistas a profundidad con los profesores y algunos estudiantes, programas de asignaturas, consignas o tareas de escritura, trabajos de los estudiantes y encuestas. Este tipo de diseño puede utilizarse cuando se necesita un volumen mayor de datos porque se busca tener una comprensión más completa del programa, saber cómo está funcionando dentro de la institución, en sus diferentes niveles, y cómo funcionará la evaluación cuando se presenta en una conversación en las altas jerarquías institucionales.

Comunicar

El tercer paso en la evaluación para la acción consiste en: (a) identificar las audiencias a las que se va a comunicar y (b) adecuar los mensajes, considerando las características de dichas audiencias. Una vez que sabemos los asuntos en los que queremos impactar, también necesitamos determinar las audiencias que queremos alcanzar para lograr un trabajo que conduzca a cambios. Además, necesitamos establecer cómo queremos posicionarnos, dependiendo de las audiencias y los mensajes. Adler-Kassner (2008) sugiere posicionarnos como activistas y no como intelectuales "porque ese rol facilita el tipo de diálogo a través del cual se construyen bases y se desarrollan alianzas" (p.136).

Cada CPE tiene un estatus jerárquico diferente, lo cual incide en las audiencias y los mensajes que se deben determinar. En la muestra que se estudió en Latinoamérica solo uno es una unidad académica independiente, mientras que la mayoría está vinculado a un departamento de lenguas (34%) y a las vicerrectorías académicas (31%), como puede verse en la Figura 1.4 (Molina-Natera, 2018).

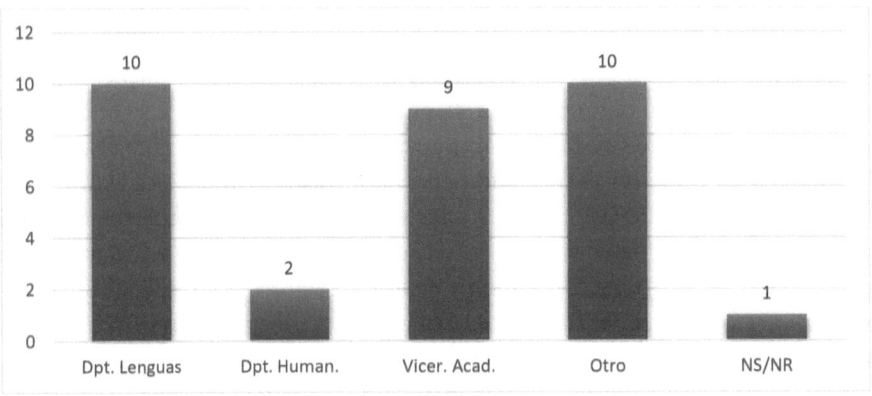

Figura 1.4. Vinculación administrativa del CPE. Fuente: Molina-Natera (2018)

Esta vinculación administrativa influye en el tipo de riesgos que podemos asumir al identificar posibles audiencias para contar nuestra historia y al desarrollar mensajes para comunicarnos con esas audiencias. No será lo mismo dirigirse a la vicerrectoría académica para una directora de CPE recién nombrada y con un contrato inestable que para un profesor titular con años de vinculación a la institución. Aunque se trate de un profesor respetado en la institución, es posible que el directivo en cuestión no crea en el programa, o que sea alguien poco amable e inaccesible, cuyo deseo (u obligación) es recortar presupuesto empezando por estos programas, entre muchos otros posibles escenarios. Ante estas situaciones, se requiere descubrir los valores y propósitos que compartimos con estos directivos, indagando sobre los planes de acción que han trazado para encontrar en ellos el nicho donde nuestro CPE tenga lugar.

Es así como las conversaciones e indagaciones, además de conocer los intereses y necesidades de nuestra audiencia, buscan conectar los nuestros con los de ellos. Simpson (2010) recuerda algunos puntos que son de utilidad para esto:

- El CPE no es independiente de su institución.
- La administración central no es inherentemente malévola, omnipotente ni caprichosa.
- Aunque sean (ex) profesores, los administrativos no están generalmente bien informados sobre los CPE.
- Los administrativos enfrentan restricciones impuestas por leyes y políticas, supervisores, precedentes, expectativas públicas y presupuesto.
- Los valores y expectativas de los administrativos corresponden con las de los CPE
- Los administrativos están abiertos al cambio, pero no a la subversión
- Los administrativos responden negativamente a las quejas
- Los administrativos no perdonan los esfuerzos por saltarse la cadena de mando.

Cuando se ha establecido y reconocido la audiencia, se puede dar inicio a la formulación del mensaje. Estamos tan familiarizados con el discurso académico que suele ser difícil comunicarnos alejándonos de él, y el discurso académico *no* suele ser el más adecuado para trasmitir mensajes claros a los administrativos. En ocasiones no somos capaces de explicar nuestro mensaje con los que no comparten nuestros antecedentes, y esto se debe principalmente al lenguaje que elegimos. Un mensaje de una directora de CPE a un directivo debería ser conciso, con un vocabulario de conocimiento común para lograr claridad, en el que haya, o al menos se busque, relación entre los intereses de ambas partes y se comuniquen los principios y valores del CPE de manera sistemática. Adicionalmente, el mensaje es más poderoso localmente, incluso si se trata de un programa prestigioso con reconocimiento internacional, lo que implica la necesidad de un discurso enfocado en lo particular.

Ahora bien, un mismo mensaje, como podría ser el resultado (o parte) de la evaluación, puede tener propósitos distintos, pero también podría tener implicaciones distintas. Son muchos los casos en los que se ha concebido como evaluación a un estudio diagnóstico que refleja lo mal que están los estudiantes y todas sus carencias. Este "discurso del déficit" (ver discusión al respecto en Ávila Reyes et al., 2021) se ha utilizado para plantear la necesidad de un CPE en una institución, pero hay que evitar que este discurso se devuelva en contra cuando el directivo asuma que el mismo departamento que viene a hacer una solicitud no está logrando los propósitos que se le han encomendado.

Como se ha visto, la comunicación adecuada a los diferentes propósitos y audiencias requiere una estrategia de planeación que presentará los aspectos del CPE que son pertinentes, lo cual a su vez conducirá a resultados más efectivos. Dicha planeación debe incluir no solo el mensaje que se desea compartir, sino también dónde se circulará (contexto interno o externo), en qué momento es pertinente (cuando lo requieran, cuando se termine la recolección y análisis de datos, en una crisis, cuando se elabore el informe anual, etc.), por parte de quién (director, coordinador, equipo completo, directivos académicos), a través de qué medios (oral, escrito, audiovisual, multimodal, etc.) y con qué propósito.

Evaluar

La última fase de este proceso implica medir el éxito de la(s) estrategia(s) puestas en juego para responder si se logró o no el objetivo. Esta vez no se trata de hacer otra evaluación a la evaluación, sino de medir los resultados alcanzados para saber si el proceso funcionó o no. Si se cumplió la primera fase y se identificó un problema, habría que preguntarse en esta fase si se encontró la respuesta o el "remedio" que permita cambiar la situación, pues toda evaluación debe conducir a un cambio. Adler-Kassner (2008) se refiere al éxito en la evaluación como algo que debe poder medirse tanto en el corto como en el largo plazo. En el corto plazo, podría medirse con la evaluación de los asistentes a un taller de formación docente, por ejemplo. Y en el largo plazo podría tratarse de una investigación transversal en la que se midió el impacto del programa durante los años de formación de una cohorte de estudiantes.

Es importante destacar que el éxito es relativo dependiendo de la audiencia. De esta forma, cualquier indicador debe leerse con prudencia y de acuerdo con el contexto. Por ejemplo, el aumento del número de usuarios de un centro de escritura en un año puede ser positivo para el equipo que ideó estrategias para convocar mayor participación con los mismos recursos disponibles, pero para las directivas eventualmente podría ser insuficiente pues el desempeño de los estudiantes continúa sin justificar la inversión en el recurso humano dispuesto para este programa. Por esto es necesario que el alcance de la evaluación se conserve a nivel local, en el problema identificado, pues entre más grande sea el problema, más difícil será establecer si se alcanzó o no el éxito. En esta etapa la audiencia es el mismo equipo que condujo la evaluación, aunque en algunos casos podrían decidir incluirla dentro del informe que se presenta a los directivos.

Durante esta fase podría verificarse la realización de los pasos que White et al. (2015) incluyen en el ciclo de evaluación de un programa de escritura (ver Figura 1.5). Para estos autores, es fundamental que se alineen las fuerzas externas a la institución con la misión, lo cual puede verificarse antes, durante y después de la evaluación del programa. De igual forma, como se sugiere involucrar personas de todos los niveles en la evaluación, desde directivos académicos hasta estudiantes, podrían ser incluidos también en la revisión de todo el proceso.

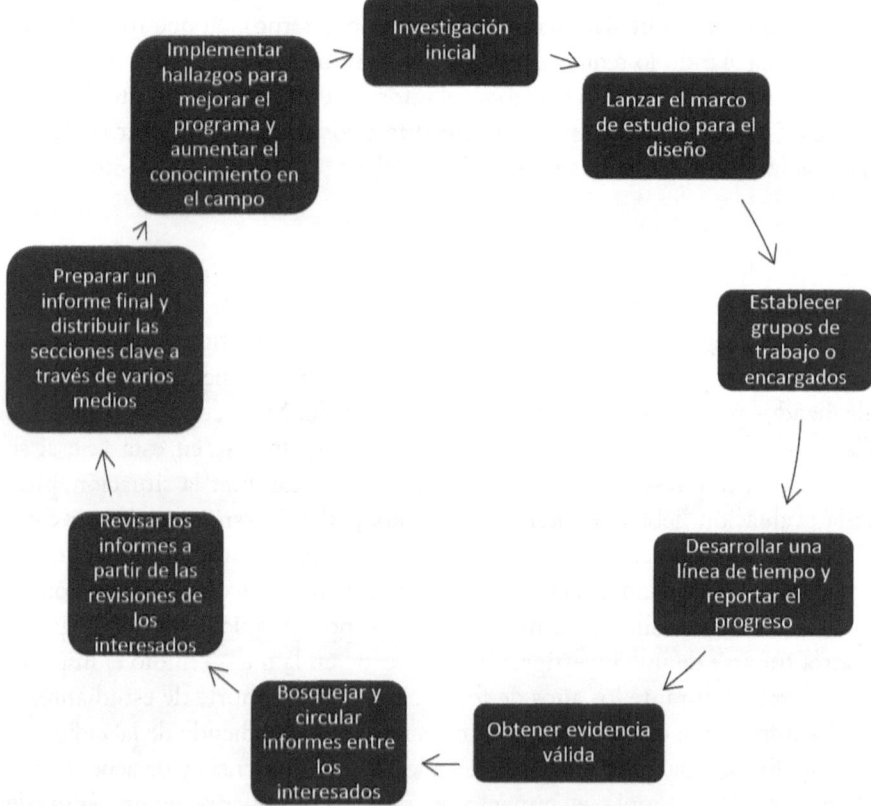

Figura 1.5. Ciclo de evaluación de un programa de escritura.
Fuente: Elaborado a partir de White et al. (2015, p.107).

Algunas preguntas que Adler-Kassner (2008) sugiere para esta etapa son: ¿Alcanzaron el resultado? Si la respuesta es positiva: ¿qué salió bien?, ¿qué lecciones pudieron aprender?, ¿qué pueden llevarse de la experiencia? Si la respuesta es negativa: ¿qué no salió bien?, ¿qué podrían haber hecho diferente?, ¿qué podría haber sido más exitoso?, ¿qué pueden usar para repensar la estrategia? Si, como se señaló al principio, la evaluación se convierte en parte esencial para el funcionamiento de un CPE, la última fase debería brindar la información necesaria para emprender un nuevo ciclo que una vez más busque evidencias de qué tan acertado se puede considerar el trabajo.

Discusión y Conclusiones

La evaluación de los CPE es la única manera de conocer a profundidad, pero de manera tangible, cómo y qué tan bien funcionan. Se trata de un proceso único para cada programa, que solo puede ser diseñado por los que lo conocen y están en capacidad de identificar las necesidades y aspectos por mejorar. Si bien puede enfocarse en un solo aspecto específico, también puede ampliarse el foco de atención para tener una mirada periférica que vaya más allá de las prácticas internas del programa, esas que nos dan una visión de túnel (McKinney, 2013), y se consideren las relaciones entre las diferentes instancias universitarias, entre las diferentes modalidades textuales, entre las diversas poblaciones de la comunidad académica y entre los diferentes mundos que coexisten en la universidad.

Es importante que un CPE muestre resultados, pero estos no pueden quedarse en valoraciones autocomplacientes, como el número de cursos o personas atendidas o las encuestas/evaluaciones de satisfacción o de percepción, que casi siempre son un acto de cortesía por parte de quien recibe el servicio y a cambio lo valora positivamente como muestra de agradecimiento. Se requiere salir de la zona de confort que dan estas valoraciones y asumir una mirada crítica para formularse preguntas tendientes a evidenciar si el nivel de la escritura de los estudiantes ha mejorado o cuáles son las diferencias en la escritura después de recibir el servicio, incluso la manera en que el CPE contribuye concretamente con la misión y la planeación institucional.

Si la falta de apoyo institucional o los recortes presupuestales son la principal amenaza, se requiere buscar los argumentos y las evidencias que posibiliten un diálogo fluido con los directivos. Por eso la evaluación no debe arrojar solamente resultados de orden práctico dirigidos al interior del programa. En lugar de ello, debe permitir que el director pueda comunicar no solo datos, sino la filosofía y los valores del programa, usualmente desconocidos por los niveles administrativos superiores. Cuando se comparten los resultados de una evaluación seria no solo se encuentra la forma de demostrar cómo nuestro trabajo se articula con la misión institucional, sino también con el campo disciplinar de los estudios de la escritura (Schendel & Macauley, 2012). Además, al comunicar los resultados el director del CPE se posiciona como un líder a nivel institucional y a nivel de la comunidad académica.

Una dificultad mayor para los CPE radica en tener una mirada sistémica y reflexiva de las diferentes iniciativas del programa. Por ello, es necesario documentar y también reflexionar sobre los esfuerzos coordinados del programa. Esta dificultad puede superarse si se establece que la administración y la investigación son dos pilares interdependientes para el programa que se encuentran al mismo nivel. De esta forma, la evaluación deja de ser un esfuerzo adicional o una serie de actividades que implican una agenda alterna y se convierte en parte esencial del funcionamiento de un CPE, de manera expansiva e inclusiva.

Pensar en la evaluación como una manera de investigar el programa mantiene una mirada crítica en las actividades que se desarrollan de manera cotidiana. Esto conlleva la apertura para estar dispuestos a asumir que los procesos y las prácticas pueden tener deficiencias que ameritan cambios. Adicionalmente, la evaluación reflexiva siempre debe conducir a tomar decisiones que conduzcan al mejoramiento de las actividades del programa (Harrington, 2013), es decir, a estar en constante transformación. Esto no implica que todos los años hay que empezar todo de cero, sino que cada proceso de evaluación llevaría a ajustar una práctica que se analizó particularmente. Así como escribir involucra pensar, investigar y repensar en una forma que se desarrolla a lo largo de la vida de manera no lineal, evaluar un CPE nos invita a pensar, investigar y repensar nuestras prácticas. Cuando esta evaluación reflexiva, además de compartirse con directivos institucionales y los mismos colaboradores del programa, se comparte con colegas que tienen las mismas inquietudes, estamos plantando semillas que generarán discusiones cada vez más amplias y profundas a nivel institucional y también a nivel de la comunidad académica de los CPE.

Así, la evaluación de un CPE es un proceso formativo que supone una visión expansiva en constante cambio. Esta es una visión que, a su vez, requiere definir con claridad específica nuestros modos de proceder: "Ideales con estrategias; estrategias con ideales—esas son las claves para cambiar las historias que dan forma al trabajo que hacemos" (Adler-Kassner, 2008, p.163). Vista de esta forma, la evaluación no es algo a lo que hay que temer; es algo que debemos emprender porque se trata de un proceso riguroso que contiene la promesa de ayudar a descubrir el potencial del CPE y a mostrar la forma de superarlo. Finalmente, es necesario evaluar antes de que nos evalúen a nosotros.

Referencias

Adler-Kassner, L. (2008). *The activist WPA. Changing stories about writing and writers*. Utah State University Press. https://doi.org/10.2307/j.ctt4cgqss.

Adler-Kassner, L. & O'Neill, P. (2010). *Reframing writing assessment to improve learning and teaching*. Utah State University Press.

Ávila Reyes, N., Navarro, F. & Tapia Ladino, M. (2021). "My abilities were pretty mediocres": Challenging deficit discourses in expanding higher education systems. *Journal of Diversity in Higher Education*. https://doi.org/10.1037/dhe0000366.

Ávila Reyes, N., González-Álvarez, P. & Peñaloza Castillo, C. (2013). Creación de un programa de escritura en una universidad chilena: Estrategias para promover un cambio institucional. *Revista Mexicana de Investigación Educativa, 18*(57), 537–560.

Broad, B. (2003). *What we really value: Beyond rubrics in teaching and assessing*. Utah State University Press. https://doi.org/10.2307/j.ctt46nxvm.

Calle Arango, L., Pico, A. L. & Murillo, J. H. (2017). Los centros de escritura: Entre nivelación académica y construcción de conocimiento. *Cadernos de Pesquisa, 47*(165), 872–895. https://doi.org/10.1590/198053143882.

Casassus, J. (2000). *Problemas de la gestión educativa en América Latina (la tensión entre los paradigmas de tipo A y el tipo B)*. Unesco. https://eduvirtual.cuc.edu.co/moodle/pluginfile.php/546118/mod_resource/content/1/GE.JUAN.pdf.

Fullmer. P. (2009). The assessment of a tutoring program to meet CAS standars using SWOT analysis and action planning. *Journal of College Reading and Learning, 40*(1), 51–76. https://doi.org/10.1080/10790195.2009.10850324.

González Pinzón, B. Y. & Vega, V. (2013). Lectura y escritura en la educación superior colombiana: Herencia y deconstrucción. *Revista Interacción, 12*, 195–201.

Harrington, S. (2013). What is Assessment? En R. Malenczyk, (Ed.), *A rhetoric for writing program administrators* (pp. 156–168). Parlor Press.

Harrington, S. (2005). The place of assessment and evaluation in writing program administration. En S. McGee & C. Handa (Eds.), *Discord and direction. The postmodern writing program administrator* (pp. 140–157). Utah State University Press.

Harris, M. (1988). *The concept of a writing center*. The National Council of Teachers of English. http://writingcenters.org/resources/starting-a-writing-cente/writing-center-concept/.

Haswell, R. (2005). CCCC/NCTE's recent war on scholarship. *Written Communication, 22*(2), 198–223. https://doi.org/10.1177/0741088305275367.

Huot, B. (2002). *(Re)articulating writing assesment for teaching and learning*. Utah State University Press.

Janangelo, J. (2013). What is the intellectual work of writing program administration? En R. Malenczyk, (Ed.), *A rhetoric for writing program administrators* (pp. 371–380). Parlor Press.

Lannin, A., Cisco, J., Philbrook, J. & Philbrook, M. (2017). "How do you know that works?": A mixed methods approach to writing program assessment. *WPA: Writing Program Administration, 40*(2), 52–76.

Lerner, N. (2003). Writing center assessment: Searching for the "proof" of our effectiveness. En M. Pemberton & J. Kinkead (Eds.), *The center will hold: Critical perspectives on writing center scholarship* (pp. 58–73). NCTE.

Lerner, N. (2001). Choosing beans wisely. *The Writing Lab Newsletter, 26*(1), 1–4.

Lerner, N. (1997). Counting beans and making neans count. *The Writing Lab Newsletter, 22*(1), 1–4.

López-Bonilla, G. (2013). Prácticas disiciplinares, prácticas escolares: Qué son las disciplinas académicas y cómo se relacionan con la educación formal en las ciencias y las humanidades. *Revista Mexicana de Investigación Educativa, 18*(57), 383–412.

McCracken, N. (1979). Evaluation/accountability for the witing lab. *The Writing Lab Newsletter, 3*(6), 1–2.

McKinney, J.G. (2013). *Peripheral visions for writing centers*. Utah State University Press.

McLeod, S. (2007). *Writing program administration*. Parlor Press; The WAC Clearinghouse. https://wac.colostate.edu/books/referenceguides/mcleod-wpa/.

McLeod, S., Miraglia, E., Soven, M. & Thaiss, C. (Eds). (2001). *WAC for the new millenium. Strategies for continuing writing-across-the-curriculum programs*. NCTE.

Molina-Natera, V. (2018). *Teorías, prácticas y administración de los centros y programas de escritura de Latinoamérica* [Tesis doctoral, Universidad Pedagógica Nacional]. http://catalogo.upn.edu.co/cgi-bin/koha/opac-detail.pl?biblionumber=204323.

Molina-Natera, V. (2015) (Ed.). *Panorama de los centros y programas de escritura en Latinoamérica*. Sello Editorial Javeriano. https://doi.org/10.2307/j.ctvt6rnd6.

Moyano, E. I. & Giudice, J. (2016). Un programa de lectura y escritura universitario: Lineamientos teóricos, características y resultados de aplicación. *Revista Grafía, 13*(1), 33–59. https://doi.org/10.26564/16926250.655.

Schendel, E. & Macauley, W. (2012). *Building Writing Center Assessments That Matter*. University Press of Colorado. https://doi.org/10.2307/j.ctt4cgkdp.

Schwalm, D. (2002). Writing program administration as a preparation for an administrative career. En S. Brown & T. Enos. (Eds.), *The writing program administrator's resource: A guide to reflective institutional practice* (125–135). Erlbaum.

Sen, R. (2003). *Stir it up: Lessons in community organizing and advocacy*. Jossey-Bass.

Simpson, J. (2010). Managing encounters with central administration. En C. Murphy & B. Stay (Eds.), *The Writing center director's resource book* (pp. 199–214). Routledge.

Simpson, J. (1985). What lies ahead for writing centers: Position statement on professional concerns. *Writing Center Journal, 6*(1), 35–39.

Tapia-Ladino, M., Ávila Reyes, N., Navarro, F. & Bazerman, C. (2016). Milestones, disciplines and the future of initiatives of reading and writing in higher education: An analysis from key scholars in the field in Latin America. *Ilha do Desterro, 69*(3), 189–208.

Tchudi, S. (Ed.). (1997). *Alternatives to grading students writing*. NCTE.

Villagrán, A., Reyes-Angona, S., Garciamoreno, D. & Ochoa, M. (2020). Centro y programas de escritura: Una relación dinámica. *Boletín RLCPE, 1*(2), 21–25.

White, E., Elliot, N. & Peckham, I. (2015). *Very like a whale: The Assessment of Writing Programs*. Utah State University Press.

Witte, S. & Faigley, L. (1983). *Evaluating college writing programs*. Southern Illinois University Press.

2

Creando Valor en la Negociación: La Gestión Estratégica de los Centros y Programas de Escritura y su Influencia en la Generación de Nuevos Modos de Enseñar a Leer, Escribir y Hablar desde las Disciplinas

Pablo Lovera Falcón
Departamento de Pregrado—Universidad de Chile

Fernanda Uribe Gajardo
Departamento de Pregrado—Universidad de Chile

Resumen

Este capítulo propone una lectura sobre la negociación y la gestión estratégica de los centros y programas de escritura, a partir de la experiencia de un programa creado en 2014 en una universidad estatal tradicional chilena. La influencia de los procesos de negociación en la implementación de estos programas ha sido un tema poco estudiado por la literatura, y lo que se busca en este capítulo es visibilizar cómo la negociación ha permitido diversificar y ampliar las líneas de acción del programa, sobre todo cuando se trata de implementar acciones transversales en instituciones organizacionalmente complejas como la estudiada, cuyas facultades, escuelas o institutos cuentan con altos grados de autonomía. Del análisis de esta experiencia, se concluye que los imaginarios organizacionales y la cultura institucional deben ser estratégicamente considerados por los programas, lo que a su vez posibilita la construcción de alianzas en distinto nivel y motiva una mayor implicación de los actores locales en la transversalización de estas iniciativas, contribuyendo así a reforzar el carácter situado de las prácticas

DOI: https://doi.org/10.37514/INT-B.2023.1749.2.02

letradas. En este sentido, los procesos colaborativos potencian además el desarrollo de comunidades de práctica al interior de las instituciones (Wenger, 2001), creando valor entre los miembros de la propia organización (Gleiser, 2010).

Abstract

This chapter proposes a reflection on negotiation and strategic management of writing centers and programs, based on the experience of a program created in 2014 in a traditional Chilean state university. The influence of negotiation processes in the implementation of these programs has been an understudied topic. The objective of this chapter is to identify how negotiation has made it possible to diversify and broaden the program's lines of action, especially when it comes to implementing transversal actions in organizationally complex institutions. From the analysis of this experience, it is concluded that organizational imaginaries and institutional culture should be strategically considered by the programs, which in turn enables the construction of alliances at different levels and motivates greater involvement of local actors in the mainstreaming of these initiatives, thus contributing to reinforce the situated focus of literacy practices. In this sense, collaborative processes also enhance the development of communities of practice within institutions (Wenger, 2001), creating value among the members of the organization itself (Gleiser, 2010).

El desarrollo de los centros y programas de escritura en la universidad ha estado marcado por la diversidad de sus enfoques de enseñanza, así como por la importancia atribuida a las distintas dimensiones de la práctica escritural. Por ejemplo, mientras que algunas iniciativas se han centrado en el dominio de los aspectos más formales de la escritura, otras han puesto el énfasis en su función epistémica o social.

Para una mejor comprensión de este panorama, las distintas miradas sobre la enseñanza de la escritura en la universidad pueden ser comprendidas desde tres enfoques (Lea & Street, 1998). Por un lado, está el modelo centrado en las "técnicas o habilidades de estudio", que concibe la escritura como un conjunto de habilidades atomizadas que se deben saber aprender y comunicar en distintos contextos, atendiendo sobre todo a aquellos aspectos normativos o de superficie (como la ortografía o la gramática), dando cuenta de un enfoque remedial de la escritura; ejemplo de ello fueron los primeros centros y "laboratorios de escritura" que surgen en Estados Unidos durante la segunda mitad del siglo veinte, los que se caracterizaron por implementar iniciativas de apoyo a la escritura dirigidas solo a aquellos estudiantes que presentaban más dificultades, por lo que la enseñanza de estas prácticas tenía más bien un carácter "paliativo" (Waller, 2002).

Una segunda perspectiva, denominada "modelo de socialización", considerará que lo esencial es que el estudiantado logre familiarizarse con los discursos prototípicos de las disciplinas; en este enfoque se tenderá a asumir cierta homogeneidad de la cultura académica, por lo que la escritura tenderá a concebirse como un reflejo de dicha cultura. Un hito relevante para el desarrollo de este enfoque fue la aparición en el Reino Unido a fines de los años 60' del movimiento "Lenguaje a través del currículum" (LAC)—que posteriormente pasaría a Estados Unidos como "Escritura a través del currículum" (WAC)—, momento a partir del cual la escritura en la universidad comienza a ser comprendida y valorada como medio de representación y comunicación del conocimiento experto, favoreciendo en su enseñanza tanto la construcción de los saberes disciplinares como la inmersión del estudiantado en las culturas académicas (Carlino, 2007; Marinkovich & Moran, 1998).

Por último, desde el modelo de "alfabetizaciones académicas", la escritura es concebida como una práctica heterogénea y situada, donde confluyen múltiples factores, como la cultura, los imaginarios institucionales, las representaciones sobre la escritura o la creación de sentido en el ejercicio de escribir. Con ello se busca una comprensión que logre trascender el modelo de enseñanza de habilidades o el modelo de socialización.

Las líneas de acción implementadas por los programas y centros de escritura se han visto influenciadas en distinta medida por dichos enfoques, conformando así un panorama complejo y diverso. Sin embargo, y sobre todo desde los últimos 30 años, los centros y programas en el contexto global han tendido a diversificar sus líneas de acción hacia enfoques más situados, partiendo de la base de que los modos de buscar, construir y comunicar conocimiento en las disciplinas no son iguales en todas las áreas (Carlino, 2003; Russell *et al.*, 2009), por lo cual se hace necesario convocar tanto a especialistas en alfabetización académica como a los representantes de las propias disciplinas (Gavari & Tenca, 2017). Si la enseñanza de la escritura es también un proceso de enculturación a las comunidades de práctica, resulta fundamental que dichos actores se involucren activamente en este proceso, dado que la escritura es también un reflejo de las identidades y modos de ser de las comunidades (McLeod, 1987; Prior & Bilbro, 2012).

En el contexto latinoamericano, si bien los centros y programas de escritura han tenido una aparición mucho más reciente, han experimentado un significativo desarrollo durante la última década, lo que se ha visto impulsado por iniciativas como la creación de la Red Latinoamericana de Centros y

Programas de Escritura, las cátedras UNESCO para la lectura y la escritura, la conformación de la Asociación Latinoamericana de Estudios de la Escritura en Educación Superior y Contextos Profesionales, entre otras. De este modo, se ha ido conformando un campo de acción e investigación propio, el cual se ha ido nutriendo de múltiples enfoques teóricos y metodológicos (Calle-Álvarez, 2016; Navarro *et al.*, 2016).

Entre las líneas de acción implementadas en Latinoamérica para apoyar la escritura disciplinar, destacan el desarrollo de programas de tutorías, la creación de recursos web, el acompañamiento a docentes de las disciplinas por parte de profesores de lengua o la implementación de cursos de escritura complementarios (Molina-Natera, 2015). Del mismo modo, se suelen fomentar otras iniciativas como el apoyo directo a las asignaturas de las disciplinas, o a través de aquellos cursos de lengua que se dictan al inicio de algunas carreras universitarias (Molina-Natera & López, 2019).

Es en este contexto en que se crea, en 2014, el Programa de Lectura, Escritura y Oralidad Académicas (LEA) de la Universidad de Chile, iniciativa liderada por el Departamento de Pregrado de la Vicerrectoría de Asuntos Académicos. Fundada en 1842, la Universidad de Chile es la institución estatal y laica más antigua del sistema universitario chileno, que abarca tanto la docencia como la creación y la extensión en todas las áreas del conocimiento, con especial énfasis en la investigación y el postgrado. Actualmente, la universidad cuenta con una matrícula de más de 43 mil estudiantes, tanto de pregrado como postgrado (Universidad de Chile, 2022a).

El Programa LEA surge a raíz de un proyecto financiado por el Ministerio de Educación de Chile, cuyo propósito inicial era mejorar las habilidades de lectura y escritura en estudiantes de primer y segundo año de la universidad, a partir de los resultados de una prueba de lectura y escritura que en aquellos años rendían las nuevas cohortes de ingreso. Si bien este proyecto se gestó como una iniciativa de carácter remedial (por los lineamientos del financiamiento otorgado), desde 2015, a medida que el programa comenzó a vincularse con las necesidades y expectativas de las distintas facultades e institutos, las líneas de trabajo se fueron ampliando y diversificando.

En cuanto a los principios que orientan el desarrollo de sus líneas de trabajo, el programa asume un enfoque centrado tanto en el reconocimiento de las culturas y saberes de las disciplinas (Bazerman *et al.*, 2005/2016; Becher, 2001; Hyland, 2000) como en la pedagogía de géneros (Martin & Rose, 2008; Painter, 1986). Para ello, las acciones actuales del programa han apuntado al desarrollo de los siguientes objetivos: (i) facilitar y asesorar la implementación de iniciativas que incluyan el desarrollo de habilidades de lectura, escritura y oralidad del estudiantado; (ii) desarrollar, en conjunto con los equipos locales, recursos y estrategias para incluir el desarrollo de estas prácticas en las asignaturas; (iii) generar recursos de autoaprendizaje centrados en las necesidades de las y los estudiantes, para favorecer que implementen autónomamente estrategias que posibiliten el desarrollo de sus prácticas letradas en el contexto académico. Para alcanzar estos objetivos, el programa ha desarrollado tres líneas de trabajo paralelas y articuladas: tutorías de escritura, acompañamiento docente y recursos para el aprendizaje.

En el contexto de la Universidad de Chile, la instalación de este programa ha debido ser capaz de dialogar con una larga tradición institucional, por tratarse de la primera institución de educación superior creada en el país. Es así como, desde su fundación, la universidad ha cumplido un importante rol acompañando la conformación del Estado a través de la adhesión a los valores democráticos y a un "sistema político fundado en la soberanía popular y el desarrollo económico basado en la revolución científica y técnica" (Serrano, 1994, p. 16).

Estos principios se siguen observando en la defensa del pluralismo y la participación en la toma de decisiones a través de los diversos estamentos de la universidad, razón por la cual la autonomía organizacional de sus unidades académicas y facultades sigue siendo altamente valorada. Este factor influye también en la dinámica de las relaciones que se construyen al interior de la institución, lo que ha derivado en que las iniciativas impulsadas en distintos niveles deban ser capaces de establecer vínculos de cooperación y colaboración con equipos de trabajo muy diversos.

El desarrollo de estas dinámicas también debe ser comprendido en el contexto de la propia cultura organizacional, entendida como el conjunto de valores y creencias que forman parte de la vida de una institución. El funcionamiento de las organizaciones no solo se explica en términos materiales o económicos, sino que también desde los imaginarios simbólicos que regulan los tipos de relaciones que se establecen entre sus integrantes (Orton & Conley, 2016). Por lo tanto, la cultura organizacional no es algo que las instituciones posean o declaren poseer, sino lo que las instituciones realmente son (Álvarez, 2006).

En este contexto, la cultura organizacional de la Universidad de Chile ha favorecido a lo largo de su historia aquellas prácticas consistentes con un cierto "ideal dialógico" (Monarca, 2013), por lo que las situaciones de negociación cobran especial importancia ante la oportunidad de crear valor entre los miembros de la propia organización (Gleiser, 2010). De este modo, más que una estrategia emergente para alcanzar ciertos objetivos, la negociación en este tipo de organizaciones tiende a formar parte de su propia naturaleza institucional (Martínez, 1999). A su vez, y como parte del funcionamiento de los programas y centros de escritura, que por su propia naturaleza deben ser capaces de construir acuerdos en distintos niveles jerárquicos, la negociación constituye una práctica imprescindible para su institucionalización (Moyano, 2017).

El programa LEA depende del Departamento de Pregrado de la Vicerrectoría de Asuntos Académicos, por lo cual las iniciativas que se promueven en este nivel apuntan, en principio, a implementar estrategias centralizadas que visibilicen las orientaciones transversales de la política institucional. Sin embargo, las diferentes facultades e institutos de la Universidad de Chile se encuentran situadas en cinco comunas de la ciudad de Santiago de Chile y, por lo tanto, cada campus posee una autonomía organizacional que desafía las capacidades y las posibilidades de instalación de un programa de carácter central. En este contexto, la generación de acuerdos y alianzas entre los distintos actores tanto del nivel central como local ha permitido descentralizar la instalación de estrategias de apoyo del programa, facilitando el aprendizaje en contexto de estas prácticas de acuerdo a las especificidades de cada área del conocimiento, además de permitir la vinculación estrecha con los equipos docentes y profesionales de las distintas unidades que componen la universidad.

Aunque en principio esta dinámica propia de la cultura organizacional podría verse como un obstáculo para la gestión de los programas desde el nivel central, ha permitido afianzar los compromisos con las facultades e institutos, mediante la incorporación de las demandas específicas de los distintos territorios (Gottschalk, 1997; Martí *et al.*, 2014).

Esta descentralización organizacional, sumada a la necesidad de establecer procesos de negociación que respondan a las necesidades de la comunidad universitaria, ha posibilitado implementar estrategias y líneas de acción más conectadas con los espacios locales. Esto ha permitido no solo formar a las y los estudiantes en el desarrollo de sus prácticas letradas en la universidad, sino también generar alianzas estratégicas al vincular los objetivos del programa con los objetivos y requerimientos específicos de cada unidad académica.

El objetivo central de este capítulo es visibilizar cómo la negociación ha permitido implicar a las distintas unidades en los procesos de alfabetización académica, reforzando así el carácter situado de las prácticas letradas y potenciando, a su vez, el desarrollo de comunidades de práctica en torno a la escritura (Wenger, 2001). Cabe señalar que, dentro del campo de la gestión de los centros y programas de escritura, la influencia de estos procesos ha sido poco estudiada, así como su relación con la cultura de las instituciones que patrocinan estas iniciativas. Por lo tanto, este capítulo busca contribuir al campo de la gestión de los centros y programas de escritura, ofreciendo algunos marcos de referencia para la comprensión de los procesos de negociación al interior de estas organizaciones.

En los siguientes apartados, se explicará la importancia de los imaginarios organizacionales en la universidad y su relación con las prácticas que ha desarrollado el programa LEA de la Universidad de Chile durante su implementación, para luego revisar algunos enfoques teóricos de los procesos de negociación en el contexto organizacional, con el propósito de fundamentar cómo las líneas de acción del programa han podido crecer y diversificarse gracias a la consolidación de estos procesos.

El Aprendizaje de las Prácticas Letradas en el Contexto Universitario

Como se ha señalado, los centros y programas de escritura han experimentado un importante crecimiento en los últimos 30 años, cuyo desarrollo ha ido progresivamente avanzando hacia una etapa de consolidación. Paralelamente, junto con el desarrollo de los enfoques socioculturales en la enseñanza de la escritura, también se refuerza la idea de que estas prácticas solo pueden ser abordadas desde una perspectiva situada y en contexto, considerando los diversos saberes y modos de ser de las comunidades (Cassany, 2005).

Sin embargo, la implementación de iniciativas de alfabetización académica que tengan pertinencia local suele verse dificultada, entre otras variables, por los recursos disponibles, las prioridades institucionales, la falta de flexibilidad en las trayectorias curriculares, los enfoques nivelatorios basados en el déficit (Niemeyer, 2006), la influencia del mercado laboral en la definición de los saberes que las instituciones de educación superior debiesen promover o debido a la influencia de ciertas concepciones más reproductivas del aprendizaje:

> Mientras las universidades ponen el énfasis en el aprendizaje meramente reproductor, centrando las tareas de los estudiantes en exámenes, resúmenes y toma de apuntes, los centros apuestan por la experiencia, la actividad y la razón para la creación de conocimientos. En definitiva, en los centros de escritura se pone en marcha una nueva concepción del aprendizaje. (Gavari & Tenca, 2017, p.13)

Como causa—o a consecuencia—del modelo reproductor, desde un paradigma instrumental del currículum universitario (Grundy, 1991), se ha tendido a promover la construcción de saberes generalizables, replicables y predictivos, inspirados fundamentalmente por una racionalidad técnica de los procesos de aprendizaje.

Lo anterior también ha influido en la sobrevaloración de ciertas dimensiones del discurso escrito por parte de algunas comunidades académicas—como, por ejemplo, el énfasis en los aspectos formales o normativos del discurso—, dejando en un lugar secundario la valoración de los contextos y propósitos que finalmente le otorgan sentido y pertinencia a la práctica escritural.

En cambio, los modelos socioculturales de enseñanza de la escritura en la universidad han concebido el desarrollo de las prácticas letradas como una actividad social que se nutre de las experiencias interpersonales, el diálogo y la colaboración para la construcción de los aprendizajes (Halliday, 1982; Vygotsky, 1979), propiciando el desarrollo de metodologías de enseñanza basadas en el trabajo colaborativo (Vargas, 2015). Desde esta perspectiva, las prácticas letradas se entienden como "una 'invención' humana empleada como un medio para lograr los objetivos de la vida en sociedad" (Wells, 2001, p. 26).

Esto implica que la gestión de estos centros y programas en universidades complejas[1], con diversas miradas y racionalidades acerca de cómo se debería enseñar y evaluar la escritura académica, contempla diversos momentos de discusión y negociación, que no solo influyen en el modo en que las propuestas se ejecutan, sino también en la generación de nuevas líneas de acción. A su vez, estas prácticas de negociación dependerán de los modos en que se relacionan e interactúan los miembros de una organización, lo cual también responderá a los imaginarios que constituyen la cultura institucional.

Imaginarios y Modelos de Cultura Organizacional

Los modelos organizacionales no deben ser vistos solo como estilos de gestión, sino como estructuras que reflejan y reproducen la cultura organizacional, así como los diversos imaginarios de las instituciones. Por lo tanto, no es posible pensar en organizaciones independientes que no sean comprendidas dentro de un espacio y época determinadas, dado que las relaciones sociales entre sus individuos y las comunidades solo es posible que cobren sentido dentro de dichas coordenadas (Freitas, 2000).

El imaginario organizacional corresponde a un dispositivo simbólico "siempre parcial y provisional de las representaciones cognitivas que los agentes tienen sobre la organización y sus cambios posibles" (Fernández, 2007, p. 333). Son precisamente estas representaciones las que originan y configuran la cultura institucional, lo cual puede verse reflejado tanto en aspectos

---

[1] En el contexto local, se entiende por universidad compleja aquella institución que cubre todas las áreas del conocimiento y que, a su vez, cuenta con programas de posgrado (magíster y doctorado), desarrollando tanto docencia como investigación.

manifiestos—como la declaración de la misión institucional o los modelos organizacionales—o mediante otros rasgos menos explícitos pero igualmente observables, como los distintos modos de trabajo o la forma en que se comunican y relacionan los miembros de la organización.

En este sentido, la Universidad de Chile, en su rol como la institución pública de educación superior más antigua del país, se declara como una entidad responsable de promover el "desarrollo espiritual y material de la nación" (Universidad de Chile, 2022b, párr. 1). Si bien las universidades estatales latinoamericanas se han caracterizado por su participación e influencia en el desarrollo de las políticas públicas, en el caso de Chile se ha ido más allá, al encomendarle a la universidad la creación de una parte importante de su institucionalidad e infraestructura, como el Servicio Nacional de Salud, la creación de un sistema público de educación, la electrificación del país, el sistema de monitoreo sismológico o la administración de los dominios que identifican a Chile en Internet, entre otras tareas (Universidad de Chile, 2018).

Como universidad laica, también es parte de su imaginario social el contribuir a la formación de una "ciudadanía crítica, con conciencia social y responsabilidad ética, de acuerdo a los valores de tolerancia, pluralismo y equidad, independencia intelectual y libertad de pensamiento, así como también del respeto, promoción y preservación de la diversidad en todos los ámbitos de su quehacer" (Universidad de Chile, 2022b, párr. 2).

En cuanto a su estructura organizacional, la Universidad de Chile se constituyó a lo largo de su historia como una universidad de carácter nacional conformada por diversas sedes regionales. Sin embargo, este proceso sufre un drástico giro a principios de los años ochenta, con la promulgación de la nueva Ley General de Universidades por parte de la dictadura cívico-militar de aquella época. Esta intervención se tradujo en un nuevo estatuto universitario, y en la pérdida de sus sedes regionales y el Instituto Pedagógico (Vivanco, 2017). Posteriormente, durante la primera década de este siglo, se logra aprobar un nuevo estatuto universitario que consagra el carácter triestamental de la universidad (estudiantes, académicos/as y funcionarios/as), así como una separación entre los distintos poderes de su sistema de gobierno. De este modo, la función ejecutiva queda radicada en el Consejo Universitario[2] y la normativa, en el Senado Universitario[3], además del Consejo de Evaluación,

---

2   El Consejo Universitario está integrado por la Rectoría, las decanaturas, representantes de la Presidencia de la República y representantes de organizaciones de funcionarias/os y académicas/os.

3   Actualmente, el Senado Universitario está conformado por 36 senadoras/es, de los cuales 27 son académicas/os, 7 son estudiantes 2 son representantes del estamento funcionario.

organismo encargado de velar por el cumplimento de los procesos universitarios. Finalmente, el nivel central está conformado por seis vicerrectorías, a lo que se suman las 18 facultades e institutos que componen el nivel local.

Si bien dicha institucionalidad responde a la naturaleza pública y estatal de la universidad, también da cuenta de una cultura organizacional que promueve la participación y autonomía de sus distintos actores, lo que se plasma tanto en los modos de trabajo como en la forma de conducir los procesos formativos.

Según Frigerio et al. (1995), las instituciones educativas pueden ser caracterizadas en torno a tres tipos de cultura organizacional: *el modelo familiar*, *el modelo burocrático* y *el modelo de concertación*. El *modelo familiar* es motivado por lealtades implícitas en torno a determinadas figuras, por lo que las relaciones al interior de la organización están más bien definidas por el parentesco o por los vínculos interpersonales. Además, en estas instituciones se sobredimensionan los vínculos informales por sobre los institucionales, no existe una clara división de las tareas y los componentes de la estructura organizacional son tan ambiguos o dispersos que no alcanzan a conformar un sistema.

El *modelo burocrático*, en cambio, posee una alta jerarquización y diferenciación de tareas. Aquí los conflictos no se resuelven apelando los vínculos afectivos, sino al poder de las jerarquías y el respeto a las normas, por lo que las instituciones que se caracterizan por este modelo suelen ser conservadoras y reacias a los cambios. Este es el caso de aquellas instituciones donde las decisiones se toman de acuerdo a los roles definidos previamente por la estructura organizacional. A diferencia del modelo familiar, en estas instituciones se tienden a desconocer las relaciones informales que se generan entre sus miembros, y gran parte de ellos solo tiene acceso a fragmentos limitados de la información disponible, con lo que se busca evitar la posibilidad de eventuales conflictos.

Por último, el *modelo de concertación* incorpora la diversidad de puntos de vista al interior de la organización educativa y, a partir de este reconocimiento, concibe la gestión de conflictos y la negociación como parte de su propia naturaleza. Estas instituciones encarnan cierto poder "contractual", puesto que los liderazgos se alternarán dependiendo de los roles estratégicos que se asuman para abordar los conflictos, los que son considerados como inherentes a la función institucional. Ello tampoco implica que en este modelo se fomente un "asambleísmo permanente", sino que se trata de generar las mejores condiciones para establecer consensos.

Paralelamente, los modelos organizacionales pueden tender hacia una integración vertical u horizontal, tanto en la gestión como en la toma de decisiones. Las organizaciones que optan por la verticalidad suelen poseer una estructura altamente departamentalizada, la cual se basa principalmente en la administración por niveles jerárquicos. En cambio, en las organizaciones horizontales, las fronteras entre unidades o departamentos tienden a borrarse al ser administradas por equipos multidisciplinarios. Además, se caracterizan por centrarse en los procesos, suprimiendo el trabajo que no agrega valor al producto o servicio (Krajewski *et al.*, 2000).

En la Universidad de Chile, como una institución altamente compleja en términos de su organización y dispersión territorial, tienden principalmente a convivir en su cultura organizacional tanto un *modelo burocrático* como de *concertación*. El primero se visibiliza en su funcionamiento, que, por tratarse de una institución de carácter estatal, se encuentra supeditada a un conjunto de normativas y leyes que regulan la gestión y control de la administración. A este modelo también contribuyen las políticas institucionales derivadas de su sistema de gobierno universitario, así como en la diversidad de estamentos que requieren ser consultados para la validación de las distintas iniciativas, lo cual viene definido por el peso específico que poseen dentro de la estructura jerárquica. El *modelo de concertación*, en cambio, se observa tanto en los modos de trabajo de los organismos colegiados que la componen como en la construcción de alianzas entre sus distintos niveles, donde tienden a primar el respeto a la autonomía y la valoración de los consensos y acuerdos. Por este motivo, el diálogo y consulta permanente con los distintos actores para la toma de decisiones suele ser un modo de trabajo altamente valorado al interior de la organización.

Enfoques Teóricos de los Procesos de Negociación

La negociación es uno de los métodos de resolución de conflictos más utilizados al interior de las organizaciones, ya que logra conciliar los intereses de las partes involucradas con el propósito de obtener un beneficio mutuo, lo que sobre todo cobra gran importancia cuando se trata de estructuras multiestamentales como las universidades.

A grandes rasgos, la negociación constituye un proceso intencionado que difiere del diálogo común tanto en los objetivos como en el tipo de relación que se construye entre los interlocutores, pues allí la competencia está fuertemente presente, por mucho que se declare que la principal motivación es la búsqueda de acuerdos: "no se trata de un diálogo sincero sino encubierto, puesto que la naturaleza del proceso de negociación incluye el disimulo, la persuasión y otros medios" (Antonioli, 1989, p. 139).

Las formas que esta práctica puede adquirir son muy diversas, y hoy existe una vasta bibliografía que las estudia y caracteriza. Una de las distinciones más clásicas de la negociación es la propuesta por Walton y McKersie (1991), quienes proponen dos tipos de estrategias: la *estrategia distributiva*, centrada en las conductas de los negociadores cuando se focalizan en obtener el mayor beneficio individual posible; y la *estrategia integradora*, cuando las partes se enfocan en crear valor a partir del beneficio colectivo, lo que "consiste principalmente en compartir información sobre intereses y prioridades para luego elaborar soluciones de compromiso" (Brett & Thompson, 2016, p. 69).

Druckman y Ormachea (2003) sostienen que, para comprender las dimensiones que entran en juego en las diversas formas de negociar, es importante considerar las metáforas que subyacen a las distintas prácticas de negociación. Dichos autores elaboran cuatro tipos de metáforas que ayudan a visualizar los paradigmas y creencias subyacentes en la acción negociadora:

1. *Metáfora del acertijo*: La resolución de conflictos es entendida en términos de preferencias y opciones, donde las partes eligen entre cooperar o competir (la base teórica para este tipo de negociaciones es la denominada "teoría de juegos"). Dentro de este enfoque, las negociaciones denominadas de "suma cero"—o "negociación competitiva"—plantean que el éxito o el fracaso son las dos únicas vías de resolución, puesto que los interlocutores son vistos principalmente como "adversarios" (las partes desconfían entre sí). En cambio, las negociaciones de "suma positiva" o de "negociación cooperadora" se basan en la satisfacción de intereses comunes a partir de las relaciones de confianza. En la práctica, ambos tipos no son necesariamente excluyentes, pues en distintos momentos de una negociación podrían concurrir ambas vías de manera simultánea.

2. *Metáfora de la administración organizacional*: Propone que el proceso negociador debe centrarse en aspectos relacionados con los roles asumidos dentro de las organizaciones, para lo cual resulta relevante conocer las jerarquías y funciones que allí ejercen las partes involucradas. Por ello, los argumentos de autoridad tanto de manera explícita como velada cobran un peso decisivo en este tipo de escenarios.

3. *Metáfora de identidad*: Pone en valor aquellos aspectos identitarios de las partes o grupos de interés, cuyos principios y valores establecerán cuáles son los límites de lo intransable o "no negociable" dentro de un proceso negociador.

4. *Metáfora del análisis del discurso:* Plantea la importancia de las dimensiones discursivas, sociales y comunicativas dentro del proceso negociador. De este modo, la negociación puede también ser comprendida como un género discursivo, cuyas reglas y convenciones no solo dependen de su estructura retórica, sino que también de la situación y el contexto.

Una manera de comprender discursivamente el desarrollo de un proceso negociador es analizar qué variables participan en él y cómo lo hacen. Según Fairclough (2001), toda práctica discursiva puede ser comprendida a partir de cuatro dimensiones: los contenidos (actividad, tópicos, propósitos), los sujetos (¿quiénes están involucrados?), las relaciones (¿qué relaciones se configuran?) y las conexiones (¿cuál es el rol que cumple el lenguaje en lo que está ocurriendo?). Estas distinciones no solo permiten reconocer las relaciones de poder que operan entre las partes de una negociación, sino que también permiten saber cuáles son las prácticas discursivas que ya han sido naturalizadas por las instituciones, al igual que sus correspondientes componentes ideacionales.

Otras teorías de la negociación destacan la influencia que cumplen en la generación de acuerdos los intereses personales de las partes. Ante ello, se hace necesario considerar las dimensiones psicológicas críticas de los negociadores (creencias, objetivos, afectos), así como los contextos temporales y espaciales que enmarcan una negociación (Brett, 2000; Gunia *et al.*, 2016). En esta línea, es importante también destacar los trabajos de Bazerman y Neale (1993), que develan la presencia de sesgos cognitivos y motivacionales en las conductas que manifiestan los sujetos, lo que también explica el por qué las expectativas son tan importantes en este proceso. Por ejemplo, cuando los negociadores se proponen *a priori* "minimizar las pérdidas" antes de sentarse a conversar, estarán mucho menos dispuestos a realizar concesiones a su contraparte y, por lo tanto, es lógicamente esperable que la cantidad de acuerdos logrados sea finalmente menor.

En cambio, cuando las partes negociadoras llegan con la expectativa de "maximizar las ganancias", se mostrarán mucho más cooperadores con su contraparte, ampliando así las posibilidades de alcanzar mayores acuerdos. Por último, también existe una presencia natural de sesgos egocéntricos en los participantes, lo que ayuda a entender "por qué los negociadores son propensos a verse a sí mismos como con derecho a más recursos que la contraparte" (Brett & Thompson, 2016, p. 71).

Considerando el imaginario y cultura organizacional de la Universidad de Chile, en las prácticas de negociación tienden a primar las *estrategias integradoras* (que crean valor a partir del beneficio colectivo), así como *la negociación cooperadora* (o no competitiva), que busca la satisfacción mutua a partir de las relaciones de confianza, sobre todo cuando se trata de establecer alianzas y articulaciones entre el nivel central y local. De este modo, la metáfora que mejor explica las creencias subyacentes en esta dinámica es la *metáfora del análisis del discurso*, puesto que, para que un proceso de negociación logre sus objetivos, se confía en la lectura adecuada de los contextos y en la estructura retórica de la comunicación, más que en los roles jerárquicos *per se* o las funciones definidas por la estructura organizacional.

La Influencia de los Procesos de Negociación en el Contexto de un Programa de Escritura

Los procesos de negociación en organizaciones complejas, si bien tienden a retrasar la instalación de nuevas iniciativas y los procesos de cambio, pueden convertirse, al mismo tiempo, en instancias de reconocimiento profesional de los equipos; a su vez, esto puede contribuir a generar compromisos más auténticos y duraderos, así como una mayor democratización en la distribución de los liderazgos por sobre las estructuras jerárquicas (Urcola, 2011).

A partir de este contexto, el Programa de Lectura, Escritura y Oralidad Académicas LEA de la Universidad de Chile, como iniciativa dependiente del Departamento de Pregrado de la Vicerrectoría de Asuntos Académicos, ha desarrollado un modelo de gestión basado en la valoración de las dinámicas organizacionales de cada uno de los espacios con los que se vincula, lo que ha implicado alinear los objetivos del programa con las necesidades y objetivos estratégicos de los equipos locales pertenecientes a las distintas facultades o institutos. Específicamente, los objetivos del programa han sido:

1. Facilitar y asesorar la implementación de iniciativas que incluyan el desarrollo de habilidades de lectura, escritura y oralidad del estudiantado;
2. Desarrollar, en conjunto con los equipos locales, recursos y estrategias para incluir este desarrollo de estas prácticas en las asignaturas; y
3. Generar recursos de autoaprendizaje centrados en las necesidades de las y los estudiantes, para favorecer que desarrollen autónomamente estrategias que posibiliten el desarrollo de sus prácticas letradas en el contexto académico.

A continuación, se describen las líneas de trabajo del programa con sus respectivos campos de acción, así como aquellas iniciativas no esperadas y generadas a partir de la negociación y la colaboración.

Acción Tutorial

Los tutores y tutoras son estudiantes de años superiores, egresados, titulados o alumnos de posgrado que han sido capacitados por el equipo tras un proceso anual de selección para realizar labores de acompañamiento y retroalimentación en habilidades de escritura disciplinar. De acuerdo con el enfoque del programa, los tutores y tutoras deben provenir de distintas unidades académicas, ya que se espera que luego apoyen a sus pares en sus respectivos contextos de origen.

La coordinación del acompañamiento tutorial se encarga de establecer los vínculos con las unidades, para asegurar la inserción del tutor o tutora de escritura en un curso regular de primer año o años superiores en el que el dominio de las prácticas escriturales resulte más problemático. Estas decisiones se toman tras un proceso de consulta y negociación con los encargados locales de los programas tutoriales al inicio de cada semestre, apelando a una estrategia integradora que promueva el beneficio de las partes (*modelo de concertación*), ya que se hace necesario alinear estratégicamente las acciones del programa con la agenda y proyectos específicos que eventualmente se estén implementando en la respectiva facultad o instituto.

Por lo general, el apoyo tutorial se focaliza en asignaturas críticas que el encargado local logra identificar, las cuales pueden pertenecer al primer año, al ciclo intermedio o al ciclo terminal. En estas decisiones, se ha procurado flexibilizar los criterios de electividad en virtud de priorizar las necesidades de cada unidad local. Cabe señalar que, además del Departamento de Pregrado del nivel central y del cual depende el programa LEA, en todas las facultades e institutos existen direcciones de pregrado locales que han levantado centros o programas de apoyo a la docencia y el aprendizaje y, de hecho, la mayoría de los encargados con los que se vincula el programa pertenecen a estas unidades. La consideración de estas variables ejerce una influencia decisiva en las estrategias y modos de trabajo del programa, ante la necesidad de compatibilizar los intereses entre equipos de profesionales que, a pesar de realizar tareas similares, muchas veces difieren tanto en agenda como en prioridades.

Posteriormente al proceso de selección e instalación de los tutores y tutoras en las distintas facultades e institutos, se realiza un acompañamiento permanente del equipo. Lo anterior implica llevar un registro de las actividades de cada tutoría, levantar necesidades emergentes de formación y/o generar materiales específicos de apoyo. Además, las tareas actuales incluyen la coordinación entre tutores de diferentes áreas para realizar acciones colaborativas, el monitoreo del desarrollo de materiales didácticos para las disciplinas y las tutorías personalizadas con estudiantes, así como la generación de otros materiales de apoyo, como videos de carácter instruccional.

Las tareas que cumplen los tutores y tutoras varían de acuerdo con las necesidades de la unidad y con los espacios que en cada una de ellas se facilitan para realizar acciones de apoyo presencial a estudiantes. De manera general, sus actividades regulares han sido las siguientes:

- Formación teórica y práctica en metodologías de enseñanza y didáctica de la escritura que se lleva a cabo a través de un curso de formación general, el que también se encuentra abierto a estudiantes que no necesariamente son tutores o tutoras. Este curso es dictado por profesionales a cargo del programa.

- Generación de materiales didácticos para apoyar la escritura de géneros académicos de formación en cada disciplina, con apoyo de la coordinación de la línea de Recursos para el Aprendizaje.
- Apoyo en la escritura de textos en cursos específicos de cada carrera, mediante el modelo de tutorías con inserción disciplinar. En este caso, y en coordinación con los equipos de apoyo al aprendizaje en el nivel local, se priorizan aquellas asignaturas críticas en las que se ha reportado una mayor necesidad de acompañamiento. Nuevamente, estas decisiones se abordan concertadamente entre las partes, por lo que no siempre se implementará de la misma manera en las distintas facultades o institutos.

Igualmente, en las reuniones de planificación del trabajo tutorial para cada año académico surgen espacios de negociación entre la coordinación central y los espacios locales. Estas instancias resultan esenciales para poder reconocer puntos en común entre las distintas agendas para cada año académico y articular las acciones para promover una alta pertinencia con las necesidades de la unidad académica. Las autoridades que participan de estas negociaciones varían de unidad a unidad, pero usualmente corresponden a directores de bienestar estudiantil, directores de escuela, responsables de los centros de aprendizaje y profesionales de las unidades locales de apoyo a la docencia y el aprendizaje, entre otros; estos actores asumen el rol de Encargado Local, es decir, es el profesional que articula las iniciativas centrales y su aplicación local. En estos espacios, se plantean nuevas propuestas y objetivos de acuerdo con las realidades y contextos específicos de cada unidad, proceso que ha permitido que el programa explore con sus tutores y tutoras nuevas líneas de acción, como las que se describen a continuación:

- Apoyar el trabajo en comisiones de innovación curricular en el contexto del desarrollo de competencias escritas u orales: en este proceso, y en coordinación con los encargados locales de innovación curricular, los tutores y tutoras han tenido la oportunidad de participar en la generación de propuestas que contribuyan a mejorar la formación de dichas competencias, tanto en lo relacionado con el tipo de actividades como en lo que respecta a la caracterización de géneros específicos (en estas mesas también han participado profesionales de apoyo y académicos).
- Desarrollar talleres de escritura de géneros específicos: en algunas unidades académicas, ha surgido la necesidad de profundizar en la enseñanza de ciertos géneros académicos, por lo cual algunos tutores y tutoras en coordinación con los equipos docentes han realizado apoyos específicos en esta línea. Si bien estas actividades han sido de carácter optativo y

complementario, en algunas asignaturas también han sido reconocidas dentro del tiempo de aprendizaje autónomo de los estudiantes.
- Funcionamiento de las tutorías en períodos de paralización estudiantil: se han establecido vínculos con la federación de estudiantes, con el objeto de asegurar la continuidad de las tutorías en períodos de paralización estudiantil.

Finalmente, desde 2019 se ha conformado un equipo especial de tutores dedicado exclusivamente a asesorar a estudiantes tesistas de todas las carreras, con énfasis en aquellas disciplinas que presentan menores tasas de titulación oportuna, cuyos indicadores suelen tributar tanto a la gestión interna como a los procesos de acreditación.

Recursos para el Aprendizaje

El programa cuenta además con una plataforma de recursos para el aprendizaje, que, junto con apoyar el trabajo tutorial mediante recursos específicos para el desarrollo de la escritura y la oralidad en diversas disciplinas, constituye una herramienta de libre disponibilidad para las y los estudiantes, quienes acceden a ella mediante su cuenta universitaria. Si bien existe una orientación hacia estudiantes de primer y segundo año, los materiales están también pensados para ser un apoyo en los ciclos medio y terminal. En este último caso, se han generado recursos específicos para el desarrollo de trabajos de titulación desde un enfoque disciplinar, así como una línea de trabajo que contempla asesorías para tesistas, talleres y campañas intensivas de escritura.[4]

El desarrollo de estos recursos está a cargo de los profesionales de esta línea, aunque también los tutores y tutoras han contribuido a la elaboración de estos materiales desde el contexto específico de sus disciplinas. En cuanto a la metodología, este trabajo consiste en un análisis de ejemplares de estos trabajos en diversas disciplinas, una planificación de los posibles materiales a generar, su desarrollo concreto y su posterior transformación en recursos de aprendizaje.

Los materiales didácticos se han basado en enfoques teóricos acerca del aprendizaje de la escritura como un proceso de reflexión metalingüística (Tolchinsky, 2000), el desarrollo de estrategias para la lectura y de la conciencia retórica (Sánchez et al., 2002) y la concepción de la escritura como herramienta epistémica (Scardamalia & Bereiter, 1992). De manera general, estos recursos se han centrado en promover las siguientes habilidades (González-Álvarez, 2018):

---

4   El portal de Recursos para el Aprendizaje se encuentra disponible para toda la comunidad en el sitio web: https://aprendizaje.uchile.cl/

- Uso estratégico de herramientas de búsqueda y selección de fuentes académicas de calidad.
- Aplicación de estrategias de lectura para acceder a la información académica.
- Generación de productos de la lectura para optimizar los procesos de trabajo con fuentes académicas en contextos universitarios.
- Comprensión de la escritura como un proceso con pasos y etapas recursivas y progresivas.
- Valoración de los contextos en los que se produce la escritura y las expectativas sociales sobre los géneros producidos.
- Identificación de convenciones académicas para la escritura de textos en diferentes áreas disciplinares.
- Manejo de estrategias de intertextualidad y citación académicas para favorecer el desarrollo de una voz propia en los textos producidos.
- Revisión de aspectos formales y normativos de la escritura para adaptar las producciones a las expectativas de la comunidad académica y disciplinar.
- Desarrollo de habilidades de autorregulación del aprendizaje.

Asimismo, la construcción de alianzas con las distintas unidades académicas ha permitido diversificar los usos de esta plataforma, como, por ejemplo, combinando su uso con cátedras presenciales, como ha ocurrido en la Facultad de Ingeniería y en la Facultad de Ciencias Químicas y Farmacéuticas. En ambos casos, se implementaron cursos de apoyo al desarrollo de las prácticas letradas, los cuales contaron con la presencia de tutores del programa.

Estos acuerdos han permitido conferirle una mayor pertinencia al desarrollo de estos recursos, al estar pensados en áreas específicas del conocimiento, lo que se ha ampliado al desarrollo de cursos en modalidad virtual. Hasta la fecha, y en alianza con la Vicerrectoría de Tecnologías de la Información, se han impartido los cursos de "Leer y escribir para aprender en la universidad" (destinado a estudiantes de primer año de todas las carreras), "Comunicación escrita y oral en Ciencias Experimentales y de la Salud" (destinado a estudiantes de las facultades de Odontología y de Ciencias Químicas y Farmacéuticas), "Diseño de materiales didácticos" (destinado a tutores y tutoras del programa LEA y TIP[5]) y "Taller de escritura de tesis/AFE" (destinado a estudiantes de posgrado en la Facultad de Ciencias Agronómicas).

---

5   El programa TIP (Tutoría Integral Par) es un programa tutorial focalizado en el apoyo en asignaturas críticas del currículum de primer año universitario.

Acompañamiento Docente

El objetivo de esta línea de trabajo ha consistido en promover el desarrollo de las competencias de lectura, escritura y oralidad académicas a través del currículum de las carreras, mediante acciones de asesoramiento y formación a los equipos docentes.

Los equipos docentes eran invitados a través de una convocatoria abierta, que priorizaba aquellas facultades o institutos que contaban con escaso apoyo local para el acompañamiento en este tipo de saberes. Al igual que en el trabajo tutorial, la asesoría se planificaba considerando las diferentes realidades de las unidades académicas, ya que, debido a la estructura organizacional de la universidad, no todas las localías cuentan con las condiciones ideales para implementar este tipo de iniciativas.

La metodología de esta asesoría consideraba las siguientes etapas (Lovera & Uribe, 2018):

- *Diagnóstico*. Las y los docentes acompañados por el asesor en comunicación académica identifican algún resultado de aprendizaje donde las habilidades de lectura, escritura y oralidad de sus estudiantes resulten relevantes para el desarrollo do los saberes que se requieren promover.
- *Trabajo Colaborativo*. En conjunto con los equipos docentes, se planifica una innovación didáctica y/o evaluativa vinculada al resultado de aprendizaje que se abordará. Este trabajo considera tanto acciones de retroalimentación presencial o virtual con los equipos como el desarrollo de nuevos recursos didácticos o el mejoramiento de los ya existentes.
- *Formación*. Según lo requerido por cada equipo docente, se realizan eventuales inducciones temáticas con propósitos específicos para las y los estudiantes (búsqueda y selección de la información, modos de argumentación escrita, intertextualidad, etc.), las cuales pueden ser desarrolladas dentro del horario regular de la clase o durante el tiempo de trabajo autónomo. En ocasiones, dichas iniciativas procuraban acomodarse a los objetivos estratégicos del espacio local, como aquellos relacionados con los procesos de acreditación de las carreras o con el desarrollo e implementación de proyectos para el mejoramiento de la docencia y el aprendizaje (estos proyectos cuentan con financiamiento externo o con recursos de la propia universidad).
- *Evaluación*. Una vez implementadas las innovaciones acordadas, se evalúan sus resultados y eventuales proyecciones para las futuras versiones de la asignatura.

Cabe señalar que la asesoría se proyectó inicialmente como un trabajo conjunto entre los profesionales del programa y los profesionales a cargo de las unidades de apoyo a la docencia y el aprendizaje de las distintas facultades o institutos, a quienes se esperaba formar como asesores en comunicación académica en sus respectivos espacios. Sin embargo, pronto se evidenció que en la mayoría de los casos dichos actores estaban sobre demandados por otras prioridades en sus respectivos territorios, lo que a su vez dificultaba la posibilidad de comprometerlos con los objetivos del programa, por lo que se hacía difícil que asumieran la responsabilidad de una tarea tan específica en la cual tampoco se sentían profesionalmente habilitados.

Por tal motivo, se decidió realizar un trabajo directo entre los profesionales del programa y los equipos docentes. Esta iniciativa resultó bien valorada por dichos equipos, destacando sobre todo las acciones de codocencia y el trabajo interdisciplinario (Lovera & Uribe, 2018; Moyano, 2010; Natale, 2020; Natale *et al.*, 2012). Estas colaboraciones contribuyeron a ampliar las miradas de los académicos y académicas disciplinares en torno a la enseñanza de las prácticas letradas en la universidad, al igual que la mirada del especialista en comunicación académica respecto de aquellas prácticas más representativas de cada disciplina.

Si bien el objetivo central de esta línea de trabajo ha sido implementar un modelo de acompañamiento basado en los objetivos y metodología propuesta, también se ha terminado por desarrollar una estrategia basada en el *modelo de concertación*, con el fin de generar una mayor sinergia entre el nivel local y el central a través de una negociación *integradora*. De este modo, la instalación de mesas de trabajo con docentes, equipos directivos y profesionales de apoyo a la docencia han permitido ampliar el campo de acción del programa hacia iniciativas que no estaban originalmente consideradas, como por ejemplo:

- *Sistematización de Prácticas Docentes*. El trabajo de asesoría derivó en el interés de algunos académicos y académicas por sistematizar las innovaciones realizadas en el contexto de este acompañamiento (esto ha ocurrido en las facultades de Medicina, Ciencias Agronómicas y Ciencias Sociales). Algunos de estos trabajos fueron expuestos en congresos, publicaciones o formaron parte de proyectos de investigación en docencia universitaria liderados por los propios docentes asesorados.
- *Desarrollo Curricular*. Además de la generación de cursos de formación general desarrollados a través de la plataforma del programa, en algunas unidades académicas se ha prestado asesoría en la creación de cursos de comunicación académica dentro del currículum mínimo del plan de estudios (esto ha ocurrido en la carrera de Ingeniería en Alimentos, las carreras de pregrado de primer año de la Facultad de Ciencias Sociales y en un programa de magíster). Asimismo, en la Facultad de Humanidades se implementó una asesoría que sistematizó con los

claustros académicos los objetivos de aprendizaje relacionados con lectura, escritura y oralidad a lo largo del currículum de dos planes de estudio (en esta asesoría a la facultad, participaron todos los profesionales del programa LEA).
- *Formación Situada*. La interacción con los equipos docentes ha derivado en el diseño e implementación de talleres de formación en didáctica de la lectura y la escritura en distintas unidades académicas. Igualmente, esto ha derivado en el desarrollo de iniciativas más generales y masivas para las y los académicos, como ha ocurrido con la inclusión de un módulo específico sobre comunicación académica dentro de uno de los diplomados regulares de formación docente, así como talleres masivos de alfabetización académica dirigidos tanto a académicos y académicas de la universidad como de otras instituciones de educación superior.
- *Estudios*. Dentro de una de las etapas de la asesoría, se han levantado colaborativamente con los equipos docentes algunos estudios para identificar las trayectorias y prácticas letradas de los estudiantes, con el propósito de ajustar las expectativas de enseñanza a partir del conocimiento de los diversos contextos de aprendizaje. Asimismo, se ha desarrollado un ejercicio similar con los propios docentes: en la Facultad de Artes, y a partir de una asesoría destinada a levantar insumos didácticos que pudiesen apoyar la escritura de trabajos de grado o titulación, se implementó un estudio destinado a conocer las expectativas de la comunidad académica respecto de los procesos de titulación en pregrado y cuáles deberían ser los géneros escritos u orales más adecuados para acompañar esta etapa.

Actualmente, si bien las acciones de codocencia y asesoría en el contexto disciplinar se han descontinuado para focalizarse en el acompañamiento estudiantil, se aspira a generar nuevas iniciativas de formación docente con énfasis en primer año y en el acompañamiento a la escritura de tesis y trabajos de titulación.

En síntesis, las dinámicas de trabajo desarrolladas por el programa en sus distintas líneas no solo se explican desde la planificación inicial, los objetivos estratégicos o desde aquellas experiencias o modelos de acompañamiento ya probados en el campo disciplinar. Dichas prácticas también han debido adecuarse tanto a la cultura como la estructura organizacional, apelando a distintas estrategias de negociación.

Alcances y Proyecciones Finales

La política institucional de cualquier institución de educación superior no puede estar ajena a las transformaciones sociales que viven sus comunidades educativas. Por ello, durante los últimos años la Universidad ha vivido un proceso de actualización de su modelo educativo, cuyas transformaciones se han visto especialmente impulsadas por la aprobación de las políticas de equidad e inclusión por parte del Senado Universitario, además de la agenda de género promovida por diversos organismos pertenecientes tanto al nivel central como aquellos anclados en las distintas facultades e institutos.

Uno de los factores en común en estas transformaciones y que hacen posible que estos cambios se incorporen a la cultura institucional de la universidad es una forma de relacionarse centrada en la generación de acuerdos, donde la diversidad y el pluralismo se conciben como valores que se fortalecen en distintos niveles, "a través de la generación de instancias de colaboración entre todos sus integrantes" (Universidad de Chile, 2021, p. 19). En este sentido, su modelo educativo explícitamente promueve la generación de espacios para la participación social, política, profesional y académica de sus estudiantes.

En este contexto, el programa LEA ha funcionado como una estrategia transversal que busca orientar y apoyar las iniciativas locales, impulsando a que las facultades e institutos lideren sus propios proyectos de apoyo a la lectura, escritura u oralidad académicas a través del currículum. Para ello, desde el Departamento de Pregrado de la universidad se ha incentivado un modelo de trabajo basado en la construcción de redes y alianzas entre el nivel central y el nivel local, cuya dinámica se ha centrado en el diálogo y en la generación de acuerdos.

A partir de los modelos y enfoques presentados en este trabajo, es posible concluir que el programa LEA ha desarrollado un modelo de gestión centrado en la *negociación cooperadora*, cuyas interacciones entre el nivel central y local tienden a explicitar los intereses de las partes con el objetivo de establecer compromisos comunes que las beneficien, privilegiando así la colaboración por sobre la competencia.

En este sentido, el ya referido *modelo de concertación* logra explicar con mayor fidelidad las dinámicas negociadoras entre el programa y las distintas unidades académicas, principalmente por la aceptación tácita de las diferencias, sin que las posiciones jerárquicas de las partes ejerzan una influencia decisiva sobre los disensos. A su vez, la estructura organizacional descentralizada de la Universidad de Chile ha facilitado la conformación de equipos de trabajo interdisciplinarios y autónomos, cuyo valor reside en las propias competencias profesionales o académicas, más allá de los roles o jerarquías.

Como suele ocurrir en las organizaciones de profesionales, la autonomía y la iniciativa propia suelen ser altamente valoradas, por lo que son las competencias individuales las que definen el alcance de lo que se hará en cada uno de los espacios:

La preparación intelectual, la capacidad de iniciativa y el deseo de realización profesional de la mayoría de sus personas son tan notables, que hay que dejar que cada uno gestione su territorio y lo menos aconsejable es 'cortarles las alas' para que no vuelen más de la cuenta. . . . Un bufete de abogados, o una empresa de consultoría, o una universidad son organizaciones de profesionales y, efectivamente, son muy complicadas de organizar y de gobernar. (Cortadellas & Jorge, 2012, p.13)

Aunque el modelo de gestión basado en redes se ha ido incorporando a través del tiempo en la cultura institucional, también debe convivir con un *modelo burocrático* de la gestión que, al normativizar ciertos procesos en función de los roles y jerarquías, ha influido en el desarrollo de los equipos de profesionales que en ocasiones sienten que sus capacidades y experticia no son siempre consideradas en la toma de decisiones. En cambio, los denominados *modelos de gestión basados en las personas*, al colocar el énfasis en el factor humano, la independencia laboral y el bienestar socioafectivo, podrían ayudar a promover un desarrollo profesional mucho más equilibrado en este tipo de organizaciones (Urcola, 2011).

La dinámica organizacional basada en la construcción de acuerdos y alianzas le ha permitido al programa consolidar y diversificar sus líneas de acción, gracias a la participación de actores clave en los territorios e interesados en promover la enseñanza y aprendizaje de las prácticas letradas al interior de sus comunidades académicas.

Aunque algunas de las líneas de acción del programa no hayan sido contempladas como objetivos estratégicos dentro de la planificación inicial, han permitido igualmente mejorar la cobertura y especificidad en la generación de distintos modelos y recursos de apoyo tutorial, así como nuevas estrategias de apoyo docente o de desarrollo curricular, propiciando así una mayor articulación entre el nivel central y el local.

El pilotaje de estrategias de acompañamiento en modalidad *b-learning* o *e-learning* y el apoyo en el diseño de cursos de escritura en coordinación con las acciones de asesoría y tutoría han sido resultados no esperados de este proceso, los que su vez han permitido dar cuenta de las oportunidades de crecimiento que ha tenido para el programa la construcción de mesas de trabajo con las distintas facultades o institutos.

Uno de los principales desafíos en la actualidad es poder diseñar un plan de trabajo flexible que no caiga en lo discrecional o en la disparidad de criterios, es decir, que permanezca como un programa con un marco teórico y metodológico común, aunque con la suficiente flexibilidad para reconocer los contextos políticos, culturales y disciplinares de cada uno de los territorios. En esta misma línea, se hace necesario fortalecer los canales de comunicación entre la administración central y el nivel local ya que, gracias a la figura mediadora del encargado local de los programas de acompañamiento y la consolidación de las unidades de apoyo a la docencia en las distintas unidades académicas, se han facilitado los procesos de negociación y articulación.

A medida que el programa ha ido instalándose en las unidades académicas, se ha hecho patente la necesidad de mejorar la cobertura y consolidar su escalamiento a cursos superiores y/o procesos de titulación en todas las unidades académicas. En respuesta a esta necesidad, de hecho, se inicia la implementación del Programa de Escritura para Tesistas durante el año 2019 con miras a acompañar los procesos de escritura en la finalización de estudios.

Por último, resulta urgente avanzar al reconocimiento de la tutoría de escritura como una estrategia curricularizada que reporte creditaje a los estudiantes que participan de ella y que, paralelamente, también se le reconozca como un tránsito institucionalizado dentro del currículum formal de las y los estudiantes y en el reconocimiento de este tipo de innovaciones para la carrera docente de todo el cuerpo académico.

Referencias

Álvarez, C. (2006). Una aproximación al concepto de cultura organizacional. *Universitas Psychologica, 5*(1), 163–174.
Antonioli, G. (1989). Tres estrategias interaccionales: la conversación, la negociación, el diálogo. *Lenguas modernas, 16,* 128–142.
Bazerman, M. H. & Neale, M. A. (1993). *La negociación racional.* Paidós.
Bazerman, C., Little, J., Bethel, L., Chavkin, T., Fouquette, D. & Garufis, J. (2016) *Escribir a través del Currículum. Una guía de referencia.* (F. Navarro, Ed.). Universidad Nacional de Córdoba.
Becher, T. (2001). *Tribus y territorios académicos.* Gedisa.
Brett, J. (2000). Culture and negotiation. *International journal of psychology, 35*(2), 97–104. https://doi.org/10.1080/002075900399385.
Brett, J. & Thompson, L. (2016). Negotiation. *Organizational Behavior and Human Decision Processes 136,* 68–79.
Calle-Álvarez, G. Y. (2016). Cartografía de los centros de escritura: un estado del arte. *[Con]textos, 5*(17), 29–39.
Carlino, P. (2003). Alfabetización académica: Un cambio necesario, algunas alternativas posibles. *Educere, 6*(20), 409–417.
Carlino, P. (2007), ¿Qué nos dicen hoy las investigaciones internacionales sobre la escritura en la universidad? *Cuadernos de psicopedagogía, 4,* 21–40.

Cassany, D. (24 de agosto de 2005). *Investigaciones y propuestas sobre literacidad actual: multiliteracidad, internet y criticidad* [Plenaria]. Congreso Nacional Cátedra UNESCO para la lectura y la escritura, Concepción, Chile. http://www2.udec.cl/catedraunesco/05CASSANY.pdf

Cortadellas, J. & Jorge, A. (2012) *La mejor universidad del mundo: claves para la imprescindible y urgente reconversión de las universidades*. Profit.

Druckman, D. & Ormachea, I. (2003). *Negociación : de la teoría a la práctica*. Fondo Editorial PUCP.

Fairclough, N. (2001). *Language and power*. Pearson Education. https://doi.org/10.4324/9781315838250.

Fernández, C. (2007). *Vigilar y organizar : una introducción a los "Critical Management Studies."* Siglo XXI.

Freitas, M. E. (2000). Contexto social e imaginário organizacional moderno. *Revista de Administração de Empresas, 40*, 6–15. https://doi.org/10.1590/S0034-75902000000200002.

Frigerio, G., Poggi, M.; Tiramonti, G. (1995). *Las instituciones educativas. Cara y Ceca. El Troquel Educación, elementos para su comprensión*. Troquel Educación.

Gavari, E. & Tenca, P. (2017). La evolución histórica de los centros de escritura académica. *Revista de Educación, 378*, 9–29. https://doi.org/10.4438/1988-592X-RE-2017-378-359.

Gleiser, D. (2010). Innovación en situaciones de negociación: herramientas inventivas para crear valor. *Estudios gerenciales, 26*(116), 83–100. https://doi.org/10.1016/S0123-5923(10)70124-8.

González-Álvarez, P. (2017). Diseño de una plataforma virtual de autoaprendizaje de la escritura académica: fundamentación teórica y decisiones pedagógicas en la Universidad de Chile. *Álabe, 17*. https://doi.org/10.15645/Alabe2018.17.7.

Gottschalk, K. (1997). Putting—and keeping—the Cornell Writing Program in its place: Writing in the disciplines. *Language and learning across the disciplines, 2*(1), 22–45. https://doi.org/10.37514/LLD-J.1997.2.1.03.

Grundy, S. (1991). *Curriculum, product or praxis?* The Falmer Press. https://doi.org/10.4324/9780203058848.

Gunia, B., Brett, J. & Gelfand, M. (2016). The science of culture and negotiation. *Current Opinion in Psychology, 8*, 78–83. https://doi.org/10.1016/j.copsyc.2015.10.008.

Halliday, M. (1982). *El lenguaje como semiótica social*. Fondo de Cultura Económica.

Hyland, K. (2000) *Disciplinary Discourses: Social Interactions in Academic Writing*. Longman.

Krajewski, L., Ritzman, L. & Malhotra, M. (2000). *Administración de operaciones: estrategia y análisis*. Pearson educación.

Lea, M. R. & Street, B. V. (1998). Student writing in higher education: An academic literacies approach. *Studies in Higher Education, 23*(2), 157–172. https://doi.org/10.1080/03075079812331380364 .

Lovera Falcón, P. & Uribe Gajardo, F. (2018). Hacia una didáctica crítico-reflexiva en la enseñanza de la escritura en la educación superior. *Lenguas Modernas, 50*, 91–108.

Marinkovich, J. & Morán, P. (1998). La escritura a través del currículum. *Revista Signos*, 31(43), 165–171. https://doi.org/10.4067/S0718-09341998000100014.

Martí, J., Martí, O., Vargas, O. & Mocayo, J. (2014). Reflexión sobre los discursos en la educación superior: una mirada desde la psicología social crítica. *Revista de la educación superior*, 43(172), 33–55.

Martin, J. & Rose, D. (2008). *Genre relations. Mapping culture*. Equinox.

Martínez, J. (1995). ¿Tiene el alumnado posibilidad o derecho a realizar innovaciones? En P. Manzano (Ed.), *Volver a pensar la educación* (96–118). Morata.

McLeod, S. (1987). Defining writing across the curriculum. *WPA: Writing Program Administration*, 11 (1–2), 19–24.

Molina-Natera, V. (Ed.) (2015). *Panorama de centros y programas de escritura en Latinoamérica*. Sello Editorial Javeriano. https://doi.org/10.2307/j.ctvt6rnd6.

Molina-Natera, V. & López, K. (2019). Estado de la cuestión de los centros y programas de escritura en Latinoamérica. *Revista Colombiana de Educación*, 1(78), 97–119. https://doi.org/10.17227/rce.num78-8066.

Monarca, H. (2013). Participación dialógica en la universidad: condición para el desarrollo
del pensamiento crítico y el compromiso social. *Revista iberoamericana de educación superior*, 4(9), 53–62. https://doi.org/10.1016/S2007-2872(13)71916-4.

Moyano, E. (2010). Escritura académica a lo largo de la carrera: un programa institucional.

Revista Signos, 43(74), 465–488. https://doi.org/10.4067/S0718-09342010000500004.

Moyano, E. I. (2017). Diseño e implementación de programas de lectura y escritura en el nivel universitario: principios y estrategias. *Lenguas Modernas*, 50, 47–72.

Natale, Lucía (Ed.) (2012). *En carrera: escritura y lectura de textos académicos y profesionales*. Universidad Nacional de General Sarmiento.

Natale, L. (2020). La co-docencia para el abordaje de la alfabetización académica: efectos en la formación del profesorado disciplinar. *Tendencias Pedagógicas*, 36, 104–116. https://doi.org/10.15366/tp2020.36.08.

Navarro, F. Ávila Reyes, N., Tapia-Ladino, M., Cristovão, V., Moritz, M., Narváez, E. & Bazerman, C. (2016). Panorama histórico y contrastivo de los estudios sobre lectura y escritura en educación superior publicados en América Latina. *Revista Signos*, 49 (Supl.1), 78–99. https://doi.org/10.4067/S0718-09342016000400006.

Niemeyer, B. (2006) El aprendizaje situado: una oportunidad para escapar del enfoque del déficit. *Revista de educación*, 341, 99–121.

Orton, H. & Conley, S. (2016). University organizational culture through insider eyes: A case study of a writing program. International Journal of Educational Leadership and Management, 4(1), 48–71. https://doi.org/10.17583/ijelm.2016.1687.

Painter, C. (1986). The role of interaction in learning to speak and learning to write. En C. Painter & J. R. Martin (Eds.), *Writing to mean: Teaching genres across the curriculum* (62–97). ALAA Occasional Papers 9.

Prior, P. & Bilbro, R. (2012). Academic enculturation: Developing literate practices and disciplinary identities. En M. Castelló & C. Donahue (Eds.), *University writing: Selves and texts in academic societies* (pp. 19–31). Emerald. https://doi.org/10.1163/9781780523873_003.

Russell, D., Lea, M., Parker, J., Street, B. & Donahue, T. (2009). Exploring notions of genre in "academic literacies" and "writing across the curriculum": Approaches across countries and contexts. En C. Bazerman, A. Bonini & D. Figueiredo (Eds.), *Genre in a changing world* (295–423). The WAC Clearinghouse; Parlor Press. https://doi.org/10.37514/PER-B.2009.2324.2.20.

Sánchez, E.; González, A. & García, R. (2002). Competencia retórica. Una propuesta para interpretar las dificultades de comprensión. *Psicothema*, 14(1), 77–85.

Scardamalia, M. & Bereiter, C. (1992). Dos modelos explicativos de los procesos de producción escrita. *Infancia y aprendizaje*, 58, 43–64.

Serrano, S. (1994) Universidad y nación: Chile en el siglo XIX. Universitaria.

Tolchinsky, L. (2000). Distintas perspectivas acerca del objeto y propósito del trabajo y la reflexión metalingüística en la escritura académica. En M. Milian y A. Camps (Eds.), *El papel de la actividad metalingüística en el aprendizaje de la escritura* (39–66). Homo Sapiens.

Universidad de Chile (2018). *Una Universidad única: comprometida con Chile y su gente*. Vicerrectoría de Extensión y Comunicaciones. https://doi.org/10.34720/h7j4-h997.

Universidad de Chile (2021). *Modelo educativo de la Universidad de Chile*. Vicerrectoría de Asuntos Académicos. https://doi.org/10.34720/de4p-1k12

Universidad de Chile (2022a, 1 de abril). *Hechos y Cifras*. https://www.uchile.cl/hechosYCifras .

Universidad de Chile. (2022b, 1 de abril). *Presentación*. https://uchile.cl/presentacion/institucionalidad/presentacion.

Urcola, J. (2011). *La revolución pendiente. Las personas en el centro de las organizaciones.* ESIC.

Vargas, A. (2015). *Escritura académica e identidad en la educación superior. Un enfoque sociocultura*l. Fondo Editorial Instituto Técnico Metropolitano.

Vivanco Torres, H. (2017). Gestación del senado universitario. *Anales de la Universidad de Chile*, *11*, 181–188. https://doi.org/10.5354/0717-8883.2016.45236.

Vygotsky, L. (1979). *El desarrollo de los procesos psicológicos superiores*. Grijalbo.

Waller, S. (2002). A Brief history of university writing centers: Variety and diversity. *New Foundations*. https://www.newfoundations.com/History/WritingCtr.html.

Walton, R. & Mckersie, R. (1991). *A behavioral theory of labor negotiations: An analysis of a social interaction system.* Cornell University Press.

Wells, G. (2001). *Indagación dialógica: hacia una teoría y una práctica socioculturales de la educación.* Paidós.

Wenger, E. (2001). *Comunidades de práctica: Aprendizaje, significado e identidad.* Paidós.

3 Opciones Teóricas y Didácticas en el Programa PLEA para la Enseñanza de la Alfabetización Disciplinar Inicial

Karen Urrejola Corales
PONTIFICIA UNIVERSIDAD CATÓLICA DE CHILE

Margarita Vidal Lizama
PONTIFICIA UNIVERSIDAD CATÓLICA DE CHILE

Resumen

Este capítulo discute de manera crítica los principios teóricos y metodológicos involucrados en el diseño de un programa de enseñanza de la lectura y la escritura académicas, en el contexto de una universidad tradicional chilena. En esta discusión, se presenta el recorrido teórico del Programa de Lectura y Escritura Académicas (PLEA) de la Pontificia Universidad Católica de Chile, considerando dos diferentes momentos de integración de marcos teóricos de naturaleza pedagógica y lingüística. El primero de estos se centra en la producción textual desde bases sociocognitivas, integrando el Modelo de Producción Textual del Grupo Didactext, la lectura y escritura epistémicas y la teoría de género de Swales (1990, 2004). El segundo momento involucra la consideración de una perspectiva especializada sobre el lenguaje, de corte sociosemiótico, informada por la lingüística sistémico funcional (LSF). La manera en que estas fundamentaciones teóricas configuran el diseño de las estrategias del Programa es ejemplificada con el caso de rediseño de uno de sus cursos. El capítulo busca visibilizar la importancia de la observación crítica de la práctica y de la búsqueda de marcos teóricos adecuados y productivos para la tarea de enseñanza de la lectura y la escritura académica, que permitan abordar esta tarea de manera explícita y respondiendo a la complejidad del uso del lenguaje especializado. El capítulo busca argumentar la importancia de integrar en las bases teóricas de los programas de enseñanza de lectura y escritura académicas teorías pedagógicas y lingüísticas explícitas.

Abstract

The chapter critically discusses the theoretical and methodological foundations that inform the design of a programme focused on the teaching of academic reading and writing, in a traditional Chilean university. This discussion presents the theoretical path followed by the Academic Reading and Writing Program (PLEA by its Spanish initials) from the Pontifical Catholic University of Chile, taking into account two different stages in the integration of pedagogical and linguistic theoretical foundations. The first stage involves textual production frameworks from socio-cognitive approaches, particularly the Textual Production Model designed by Didactext Group, the notion of epistemic reading and writing and genre theory derived from Swales (1990, 2004). The second stage pertains a highly specialized, sociosemiotic approach to language, namely Systemic functional linguistics (SFL). The role these theoretical frameworks have played in the design of the diverse strategies developed by the Program is exemplified with one case involving the redesign of a unit's syllabus. The chapter aims to make visible the significance of critically observing our teaching practice, in order to identify the most adequate theoretical frameworks that will enable a program to undertake the teaching of academic reading and writing accounting for the particular nature of academic language. The chapter advances the relevance of an integrated theoretical framework—involving both pedagogical and linguistic theories—as the foundations of any academic reading and writing teaching program.

La enseñanza de la escritura académica ha alcanzado gran relevancia en el contexto latinoamericano en los últimos diez años. Su emergencia, en la primera década del siglo XXI (Molina Natera, 2014), se señala por la aparición de diferentes centros y programas de escritura en el ámbito de universidades latinoamericanas, que tienen como propósito fundamental el desarrollo de habilidades de lectura y escritura académica en los estudiantes. En la mayoría de los casos, además, se observa un interés importante en desarrollar estas habilidades en aquellos grupos con mayores necesidades, ya sea por su procedencia escolar, geográfica, o por su pertenencia a grupos sociales más desaventajados.

En el marco latinoamericano, un antecedente e influencia relevante para el desarrollo de centros y programas de escritura proviene del trabajo en universidades norteamericanas (Castelló, 2014) y, en particular, de los movimientos *Escribir a través del curriculum* (*Writing Across the Curriculum, WAC*) y *Escribir en las disciplinas* (*Writing in the Disciplines, WIC*). Estas orientaciones ofrecen perspectivas de corte didáctico general, que buscan proponer la forma más adecuada en la que debe organizarse el trabajo de alfabetización académica para lograr que los estudiantes desarrollen las habilidades de lectura y escritura. Dos puntos centrales surgen de estas propuestas: la importancia de desarrollar habilidades a lo largo de la formación académica de los estudiantes (y no solo en la forma de cursos iniciales), y la necesidad de considerar las especificidades disciplinares de cada ámbito especializado para lograr un desarrollo de habilidades de lectura y escritura adecuado a las exigencias de las diferentes disciplinas.

Las orientaciones WAC y WID resultan interesantes puntos de partida para organizar y diseñar el trabajo de alfabetización en el ámbito académico. Además de sus propuestas didácticas generales, es necesario también plantearse dos preguntas clave: *qué se debe enseñar* y *cómo debe enseñarse*. Existe, en general, un acuerdo en el campo de la alfabetización académica sobre la necesidad de enseñar géneros académicos, propios de cada disciplina; sin embargo, no existe homogeneidad respecto de la noción de género que fundamenta la enseñanza de la escritura y la lectura académica. Este es un punto crucial porque, tal como plantean Hood (2011) y Hyland (2015), la forma en que se conceptualiza un género tiene un enorme impacto en la manera en que este es enseñado. Por ejemplo, Bazerman (2015) plantea que la identificación de un género se produce por reconocimiento y uso de los hablantes, más que por sus características de lenguaje inherentes. En cambio, otras orientaciones, como las planteadas por Swales (1990), Hyland (2017), Martin (2015) y Dreyfus, Humphrey, Mahboob y Martin (2016), proponen concepciones de género diferentes, en donde los patrones de lenguaje juegan un rol más o menos preponderante y, por lo tanto, pueden y deben ser enseñados. Por ello, es crucial para un programa o centro de escritura tomar decisiones no solo de gestión académica o institucional para su desarrollo, sino que, por sobre todo, decisiones teóricas que permitan decidir qué se enseñará y cómo se realizará el proceso de enseñanza.

En el ámbito latinoamericano, la reflexión sobre las consecuencias de definir los fundamentos teóricos sobre los que se construyen centros y programas de escritura es relativamente reciente (Montes & Vidal Lizama, 2017; Moyano, 2017). Sin embargo, es posible identificar una creciente preocupación por integrar teorías del campo de la lingüística al trabajo de alfabetización académica, en especial teniendo en cuenta que los centros y programas de escritura en Latinoamérica han considerado generalmente propuestas didácticas específicas, muchas veces desde orientaciones disciplinares disímiles, como la sicología o la educación (Ávila Reyes *et al.*, 2013).

Este capítulo tiene como propósito ofrecer una mirada crítica al proceso de creación y desarrollo de un programa de alfabetización académica, focalizándose en las decisiones teóricas y metodológicas asumidas en este proceso y en las implicancias de estas decisiones para la práctica docente. En este sentido, el capítulo describe el recorrido teórico del Programa de Lectura y Escritura Académicas (PLEA) de la Pontificia Universidad Católica de Chile, considerando las diferentes aproximaciones pedagógicas que han fundamentado el diseño de este Programa a lo largo del tiempo, así como la reciente integración de una teoría de lenguaje en su diseño y las consecuencias de esta nueva fundamentación teórica para la práctica de alfabetización. Para esto, primero se introduce el Programa, sus objetivos y áreas de acción, con el fin de contextualizar la propuesta. En segundo lugar, se dará cuenta de las bases teóricas que sustentan el marco pedagógico detrás del Programa, y finalmente, se reflexionará sobre el rol de la teoría lingüística en las propuestas de los centros y programas de escritura en Chile.

El Programa de Lectura y Escritura Académicas (PLEA)[1]

El PLEA se origina el año 2007, con el Programa Virtual de Habilidades Comunicativas Escritas, que ofrece cursos optativos en modalidad online para todos los estudiantes de pregrado, para constituirse como PLEA de manera oficial el año 2011. La conformación de PLEA señala un hito importante, ya que supone un reconocimiento institucional de la relevancia de enseñar habilidades de comunicación académica de manera organizada y sistemática. Este reconocimiento oficial refleja la coordinación entre la institución educativa y el programa o centro de escritura, lo que es fundamental para el correcto funcionamiento de la implementación de la alfabetización académica en una universidad (Ávila Reyes *et al.*, 2013; Montes & Vidal Lizama, 2017; Moyano, 2017; Moyano & Giudice, 2016). Como señal del crecimiento de esta área en términos de su contribución a la universidad, el año 2015 se crea el Programa de Discurso Académico en la Facultad de Letras. Este macroprograma integra tres programas diferentes: PLEA, cuya misión es diseñar y enseñar cursos mínimos y de formación general para la formación de estudiantes dentro de la universidad; el Programa de Apoyo a la Comunicación Académica (PRAC), que ofrece tutorías entre pares y

---

[1] Para una revisión detallada sobre la historia del programa, véase Ávila Reyes *et al.* (2013), Sánchez y Hugo (2015) y Sánchez y Montes (2017).

recursos de autoaprendizaje para estudiantes; y el Programa de Escritura Disciplinar (PED), cuyo propósito es realizar intervenciones curriculares para el desarrollo de la escritura académica a lo largo del currículum a partir del trabajo con docentes disciplinares.

El PLEA organiza su docencia en dos líneas principales: cursos mínimos en las mallas curriculares de algunas unidades y cursos de formación general. Los cursos mínimos son de naturaleza presencial y son parte de los primeros semestres de formación de la Facultad de Ingeniería, la Escuela de Derecho, la Facultad de *College* Ciencias Sociales y *College* Ciencias Naturales, la Facultad de Filosofía y, próximamente, la Facultad de Matemática, particularmente en relación con la recientemente creada Licenciatura en Estadística. Los cursos de formación general son dictados en modalidad *online* o *e-learning*, y se organizan en tres grandes *ámbitos* disciplinares: Ciencias Sociales, Artes y Humanidades; Ciencias Naturales y Matemáticas; y Ciencias de la Salud.

La trayectoria institucional del PLEA a lo largo del tiempo ha involucrado, entre otros aspectos, la identificación de una necesidad, el crecimiento del apoyo institucional, la coordinación con las diferentes unidades académicas, la creación de propuestas pedagógicas desde una línea teórica y la creación de un equipo de docentes especializados en el área. Este proceso refleja una experiencia compartida entre otras entidades similares dentro de Latinoamérica (p. ej. Montes & Vidal 2017, Moyano, 2010, 2017, 2018). Hacer visible los devenires teóricos que se implican en la generación de un programa, las consecuencias de esto para la enseñanza y la importancia de contar con fundamentaciones teóricas para la labor de alfabetización resultan contribuciones importantes para el desarrollo de este campo en Latinoamérica. Estos puntos constituyen el foco de las siguientes secciones.

Principios Teóricos de la Propuesta Pedagógica de PLEA

Dos grandes momentos se observan en el desarrollo de los sustentos teóricos de PLEA: el primero, centrado en la producción textual desde bases sociocognitivas, y el segundo, integrando una perspectiva especializada sobre el lenguaje, de corte sociosemiótico. El primero se organiza alrededor de la propuesta del Modelo de Producción Textual del Grupo Didactext (2003), los postulados de la Lectura y Escritura Epistémicas de Miras y Solé (2007) y la teoría de género de Swales (1990, 2004). Posteriormente, con la creación del Programa de Discurso Académico, se da paso a la integración de la lingüística sistémico funcional (LSF) (Dreyfus *et al.*, 2016; Martin & Rose, 2007, 2008; Rose & Martin, 2012). A continuación, se da cuenta de ambos momentos, enfatizando de qué manera cada uno de estos marcos ha impactado en decisiones pedagógicas en el Programa.

Un Primer Momento: Modelos de Producción Textual

Modelo de Producción Textual del Grupo Didactext (2003)

El Modelo de Producción Textual (2003) considera la interacción de tres dimensiones representadas como tres círculos: el ámbito cultural, los contextos de producción y el individuo. El ámbito cultural comprende las distintas prácticas culturales en las que está inmerso el escritor al momento de la composición de un texto, como las creencias, los valores, los ritos, las convenciones sociales, los géneros discursivos y tipos de textos y los diferentes lenguajes y voces en estos textos. El círculo del contexto de producción se refiere a los factores externos inmediatos de la escritura del texto, como el contexto social, contexto situacional, contexto físico, la audiencia y el medio específico de producción. Finalmente, el círculo del individuo considera tres dimensiones: la memoria, la motivación y las emociones (que contemplan el horizonte de expectativas, los objetivos, la afectividad, la creatividad, el cálculo entre el coste y el beneficio, las creencias y actitudes, entre otros), y las estrategias cognitivas (acceder al conocimiento previo, hacer inferencias, seleccionar ideas, entre otras) y metacognitivas del escritor (establecer una meta, seleccionar las estrategias adecuadas para la tarea, entre otras). La sistematización de estas estrategias cognitivas y metacognitivas da paso a cuatro unidades funcionales o fases que actúan en recursividad: acceso al conocimiento, planificación, producción textual y revisión. A continuación, se muestran estas cuatro fases y sus respectivas estrategias cognitivas y metacognitivas, en la Tabla 3.1.

Finalmente, el modelo incorpora en su arquitectura, por un lado, el rol de la **creatividad** y, por otro, el rol de la **competencia comunicativa**, compuesta a su vez por subcompetencias: competencia discursiva, competencia gramatical, competencia sociolingüística, competencia referencial o enciclopédica, competencia estratégica o relacional y competencia literaria. Todos estos factores, funcionando a la vez y de manera recursiva, dan cuenta del modelo propuesto, que considera múltiples factores que influyen en el proceso de producción. Esto permite un estudio y enseñanza de la escritura de manera holística, considerando al escritor, y en este caso al estudiante, como un ser inmerso en una cultura, sociedad y situación comunicativa específica, en la que se conjugan distintos elementos cognitivos al momento de producir. PLEA, al compartir esta visión, considera todos estos elementos y, a partir de las distintas fases propuestas por los autores, genera los programas que dan forma a los cursos que imparte, como se verá en el siguiente apartado.

Tabla 3.1. Estrategias Cognitivas y Metacognitivas del Proceso de Producción de Textos (Didactext, 2003)

Fases	Estrategias cognitivas	Estrategias Metacognitivas
Acceso al conocimiento (Leer el mundo)	-Buscar ideas para tópicos -Rastrear información en la memoria, en conocimientos previos y en fuentes documentales -Identificar al público y definir la intención -Recordar planes, modelos, guías para redactar, géneros y tipos textuales -Hacer inferencias para predecir resultados o completar información	-Reflexionar sobre el proceso de escritura -Examinar factores ambientales -Evaluar estrategias posibles para adquirir sentido y recordarlo -Analizar variables personales
Planificación. (Leer para saber) **Producto:** esquema y resúmenes	-Seleccionar la información necesaria en función del tema, la intención y el público -Formular objetivos -Clasificar, integrar, generalizar y jerarquizar la información -Elaborar esquemas mentales y resúmenes -Manifestar metas de proceso	-Diseñar el plan a seguir (prever y ordenar las acciones) -Seleccionar estrategias personales adecuadas -Observar cómo está funcionando el plan -Buscar estrategias adecuadas en relación con el entorno -Revisar, verificar o corregir las estrategias
Producción textual (Leer para escribir) **Producto:** borradores o textos intermedios	-Organizar según: géneros discursivos; tipos textuales; normas de textualidad (cohesión, coherencia, intencionalidad, aceptabilidad, situacionalidad, informatividad, intertextualidad); mecanismos de organización textual; marcas de enunciación, adecuación; voces del texto, cortesía, modalización, deixis, estilo y creatividad. -Desarrollar el esquema estableciendo relaciones entre ideas y / o proposiciones; creando analogías; haciendo inferencias; buscando ejemplos y contraejemplos. -Textualizar teniendo en cuenta el registro adecuado según el tema, la intención y el público destinatario. Elaborar borradores o textos intermedios.	Supervisar el plan y las estrategias relacionadas con la tarea, lo personal y el ambiente.

Fases	Estrategias cognitivas	Estrategias Metacognitivas
Revisión (Leer para criticar y revisar) **Producto:** texto producido	-Leer para identificar y resolver problemas textuales (faltas orto-tipográficas, faltas gramaticales, ambigüedades y problemas de referencia, defectos lógicos e incongruencias, errores de hecho y transgresiones de esquemas, errores de estructura del texto, incoherencia, desorganización, complejidad o tono inadecuados) mediante la comparación, el diagnóstico y la supresión, adjunción, reformulación, desplazamiento de palabras, proposiciones y párrafos. -Leer para identificar y resolver problemas relacionados con el tema, la intención y el público.	Revisar, verificar o corregir la producción escrita

Lectura y Escritura Epistémica: Modelo de Producción Textual

El modelo anterior se articula con las propuestas basadas en la enseñanza desde la lectura y escritura epistémica (Miras, 2000; Miras & Solé, 2007). Las autoras toman como base los postulados de Bereiter y Scardamalia (1987), que se refieren a cómo se acercan al conocimiento los escritores expertos y principiantes al momento de llevar a cabo la producción escrita. Así, distinguen dos tipos de procesos, conceptualizados en dos modelos: el modelo de Decir el Conocimiento (*Knowledge-Telling Model*), que da cuenta del proceso de escritura de escritores principiantes, y el modelo de Transformar el Conocimiento (*Knowledge-Transforming Model*), que refleja el proceso de escritura de escritores expertos. El modelo de "decir el conocimiento" considera un escritor que no ha realizado una planificación previa y la escritura termina una vez que este ha expuesto todo lo que sabía sobre el tema. Así, hay una especial preocupación por el contenido y la generación de ideas, pero no se considera el problema retórico sobre cómo elaborar la información de acuerdo con el lector o los propósitos de la tarea, por lo que sería una "reproducción del conocimiento" (Bereiter & Scardamalia, 1987). El modelo de "transformar el conocimiento", en contraposición, refleja el proceso de producción realizada por escritores expertos. Este considera que el sujeto escribe en pos de objetivos específicos de la tarea de escritura, considerando a su audiencia y problematizando el contenido. Así, no está centrado solo en el conocimiento mismo, sino en cómo comunicarlo de manera eficiente según los aspectos retóricos que envuelven la tarea. De esta manera, existe una planificación previa y preocupación por la organización de la información. Este proceso considera, por tanto, no solo "reproducir el conocimiento", sino "transformarlo" de acuerdo con el contexto de producción (Bereiter & Scardamalia, 1987).

La concepción de que es necesario buscar que el estudiante "transforme el conocimiento" y no solo lo "reproduzca", será retomada por distintas propuestas de la alfabetización académica, ya que se ha establecido que uno de los aspectos más difíciles en la inserción académica es que es necesario "transformar" el conocimiento, no solo reproducirlo (Molina & Carlino, 2013). Posteriormente, Kellogg (2008), retomando los postulados de Bereiter y Scardamalia (1987), indicaría que no basta con transformar conocimiento, sino que, en el ámbito académico, se refiere a una "orfebrería o creación del conocimiento" (*knowledge-crafting*). De esta manera, enfocar la enseñanza de la escritura desde esta mirada concuerda con los fundamentos de la lectura y escritura en el ámbito académico. Así, para que una lectura y escritura sean epistémicas, es decir, generen aprendizaje, es necesario que el conocimiento sea transformado, y no solo reproducido (Miras & Solé, 2007). La importancia de este punto da base a la propuesta de PLEA, que contempla como uno de sus objetivos lograr que el estudiante transforme y genere conocimiento en el ámbito académico.

Las autoras identifican tres tipos de lectura y escritura epistémica, cuyo énfasis varía en las distintas fases del proceso de elaboración de cualquier texto científico o académico: lectura y escritura exploratoria, lectura y escritura de elaboración, y lectura y escritura de comunicación. **La lectura y escritura exploratorias** hacen referencia a la búsqueda y registro de información, mediante una vasta lectura por parte del estudiante, en que se incorporan distintos textos y voces, que ayudan a reflexionar y delimitar el tema que se está tratando. Así, para escribir ciencia es necesario leer ciencia. En esta fase, es necesario ayudar al estudiante a delimitar su tema, enseñarle cómo buscar información, cómo leer los textos, realizar fichas de lectura, resúmenes, apuntes, etcétera. De este modo, se busca pasar de una exploración intuitiva, que suelen hacer los estudiantes, a una exploración guiada, en conjunto con el docente (Miras & Solé, 2007).

La lectura y escritura de elaboración implica la reflexión del estudiante en torno a lo leído y la construcción de su propia voz. Es una escritura más bien personal, aún no pensada en comunicar a otro, conceptualizada por Flower (1979) como prosa basada en el escritor (centrada más en el proceso que en los objetivos de la tarea). En otras instancias, con otros objetivos, y considerando a los lectores más allá del propio escritor, se entiende esta escritura como prosa basada en el lector—pensada para comunicar a otro y crear un contexto en común con el lector. La prosa basada en el escritor puede ser antecesora de la basada en el lector, es decir, un mismo sujeto puede partir en la primera y, una vez establecidas algunas ideas principales, comenzar a considerar al lector. En otras palabras, se trata de dos "etapas" de un mismo proceso. Así, el escritor aventajado podrá utilizar ambos tipos de prosas según sus objetivos (Flower, 1979).

La lectura y escritura de comunicación será entonces la instancia en que el estudiante ya comienza a contemplar al lector en su texto, al, por ejemplo, reflexionar en el conocimiento compartido con este, reformular ideas con el fin de que sean mejor comprendidas, considerar el sistema de citación y aspectos formales relacionados, entre muchos otros (Miras & Solé, 2007). Es importante destacar que las autoras proponen que se debe guiar a los estudiantes en estas distintas fases que, destacan, son recursivas y se solapan entre sí, pues un escritor puede estar ya en una lectura y escritura comunicativa, ordenando y cambiando algunas ideas para que sean mejor comprendidas por el lector, y considerar que debe realizar otra lectura o incorporar otra idea para enriquecer su texto, y volver a la fase de exploración (Miras & Solé, 2007).

Estos distintos tipos de lectura y escritura, en conjunto con el modelo del grupo Didactext (2003), dan la base teórica al Programa. En el siguiente apartado, se refleja la articulación de los cursos de PLEA con estas propuestas, considerando además los postulados de Swales (1990, 2004) en el trabajo con los géneros disciplinares y las comunidades discursivas en que estos se insertan.

Modelos Textuales en Cursos de PLEA: De la Teoría a la Práctica Pedagógica en un Curso de Desarrollo de Habilidades Comunicativas

A partir de las bases teóricas expuestas, PLEA sistematizó prácticas pedagógicas concretas para la creación y funcionamiento de los cursos realizados en las distintas facultades. El trabajo con cada facultad involucró una inmersión en la disciplina, a partir de la realización de entrevistas y *focus groups* a docentes disciplinares, y análisis de textos para la preparación de material específico. En concreto, los cursos trabajan en torno a uno o más géneros específicos, propios de la disciplina de la carrera. En este punto, la comprensión del concepto de género se sustenta en Swales (1990, 2004), quien enfatiza la importancia de la comunidad discursiva en que se inserta un género y las movidas retóricas (*moves*) que le dan forma, lo que permite su levantamiento, enseñanza y producción. Así, durante el semestre los estudiantes revisan diversos textos disciplinares y trabajan en la producción de géneros especializados de la carrera, siempre guiados por el o la docente. Desde esta práctica es que se revisan aspectos textuales y discursivos en el proceso de escritura.

Opciones Teóricas y Didácticas

La Tabla 3.2 se muestra un ejemplo del trabajo con un curso de Ingeniería, en que se trabaja el género *policy brief*, centrado en la presentación de un problema y una propuesta de solución por parte de los estudiantes. En la tabla se hace especial énfasis en cómo las propuestas teóricas ya revisadas guían las prácticas pedagógicas asociadas al proceso y la articulación del curso.

Tabla 3.2. Propuesta Pedagógica de los Cursos de PLEA desde las Bases Teóricas Revisadas, a Partir del Curso de "Desarrollo de habilidades comunicativas para ingenieros"

Lectura y escritura epistémicas (Miras & Solé, 2007)	Modelo Didactext (2003)	Programa de lectura y Escritura Académicas: ejemplo de un curso de Ingeniería
Lectura y escritura de exploración	Acceso al conocimiento	**1.1 Acceso al conocimiento** -Lectura de un texto basal sobre el tema que se problematizará en el curso -Reflexión sobre el tema del curso -Estrategias para la comprensión de textos académicos del área de Ingeniería, asociados al tema del curso -Discusiones grupales sobre los textos revisados **1.2 Delimitación de tema de proyecto de curso** -Delimitación conjunta e individualmente de las propuestas de los estudiantes de los problemas que tratarán en su proyecto **1.3 Búsqueda de fuentes y registro** -Aprender a realizar búsqueda de textos académicos del área de Ingeniería -Identificación de textos académicos versus textos de divulgación -Actividades grupales e individuales de búsqueda de fuentes en buscadores especializados de la Universidad y dirigidos a la carrera de Ingeniería -Realización de fichas de lectura con el fin de sistematizar la búsqueda **1.4 Levantamiento de género del proyecto de curso (Swales, 1990, 2004)** - Identificar la estructura, movidas retóricas y propósito social del género a trabajar, en este caso el policy brief. Esto se realiza con ejemplos reales en el contexto de Ingeniería y se basa en la teoría planteada por Swales (1990, 2004).

Lectura y escritura epistémicas (Miras & Solé, 2007)	Modelo Didactext (2003)	Programa de lectura y Escritura Académicas: ejemplo de un curso de Ingeniería
Lectura y escritura de exploración	Planificación	**2.1 Planificación del texto** -Delimitar el objetivo del proyecto, centrado en la solución del problema identificado -Clasificar, integrar, generalizar y jerarquizar la información revisada considerando en todo momento el objetivo del proyecto y las especificaciones del género
Lectura y escritura de elaboración	Producción textual	**3.1 Escritura de borradores** -Producción de borradores del trabajo del curso. En este punto se hace énfasis en que la escritura considera varios borradores antes de una entrega final, por lo que se trabaja en clases con las distintas versiones de los estudiantes de sus policy brief. -Revisión entre pares y monitorización por parte del docente, con el fin de retroalimentar los distintos borradores, como parte del proceso de escritura del policy brief.
Lectura y escritura de comunicación	Revisión	**4.1 Escritura académica** -Revisión de aspectos de escritura relacionados con la norma y estilo académicos en el área de Ingeniería, que se ven reflejados, posteriormente, en el trabajo de los estudiantes con el policy brief. -Revisión entre pares y por parte del docente. En este punto se hace énfasis en la importancia de la revisión por parte del propio estudiante, de sus pares y la retroalimentación directa del docente. - Presentación del trabajo final por parte del estudiante, entendido como la entrega final del policy brief. **4.2 Exposición oral** - Finalmente, el estudiante debe presentar al curso el trabajo realizado. La unidad de oralidad trabaja con los postulados de Jean Luc Doumont (2009), ingeniero especializado en presentaciones orales en esta área. Esto se hace a través de la presentación de la teoría del autor, la práctica de aspectos kinésicos y proxémicos de presentaciones orales, ejemplos de exposiciones de videos de años anteriores y modelamientos (práctica de la exposición real) con retroalimentación en clases.

La Tabla 3.2 presenta un ejemplo de la propuesta pedagógica que guía la mayoría de los cursos de PLEA. La propuesta articula las fases descritas en los distintos tipos de lectura y escritura epistémicas y las fases propuestas por el modelo del grupo Didactext (2003): acceso al conocimiento, planificación, producción textual y revisión, con sus respectivas estrategias cognitivas y metacognitivas. La división que se muestra no es absoluta; por el contrario, las distintas fases son recursivas y se solapan entre sí durante el proceso de lectura y escritura. De la misma manera, aspectos relacionados con el género tratado y las especificidades propias de cada disciplina, de acuerdo con la carrera a la que se dicte el curso, se integran en esta propuesta al momento de implementar el curso. Así, las distintas fases y estrategias pueden variar de un curso a otro de acuerdo con el género, pero se mantiene la perspectiva teórica en la base de los cursos.

Un aspecto esencial de los cursos dictados por PLEA es la explicitación de instrucciones, expectativas de las tareas solicitadas y criterios de evaluación a los estudiantes (en distintos momentos del proceso de escritura). Las rúbricas del Programa han sido creadas y trabajadas por parte del equipo (algunos de ellos expertos en evaluación), y son actualizadas todos los años de acuerdo con los requerimientos de los cursos y las nuevas propuestas teóricas asociadas. La concepción de que la escritura es un proceso, sostenida en la articulación de las propuestas teóricas utilizadas en el trabajo con los cursos, se refleja también en las evaluaciones realizadas: estas no buscan evaluar el producto en sí, sino el proceso. Esto se traduce en varias entregas, que el estudiante debe ir mejorando a partir de la retroalimentación constantes del docente, y en donde incorpora cada vez más los contenidos y logra apropiarse de su propio texto.

A partir de lo anterior, la propuesta del curso busca generar en el estudiante una representación de la escritura como un proceso de revisión y búsqueda constante, que involucra tanto lectura como escritura disciplinar y especializada en su área en torno a un objetivo específico. El uso de diversas estrategias cognitivas y metacognitivas en el desarrollo del curso, así como la comprensión de la existencia de diversos géneros y de tipos de escritura en el ámbito académico, entrega al estudiante herramientas y conocimientos, que potencialmente puede aplicar en sus otros cursos disciplinares. De la misma manera, conocer el lenguaje especializado de su carrera y los géneros específicos dentro de esta apoyan la inserción académica de los estudiantes y pueden impactar, junto con otros elementos, en su rendimiento general en la Universidad.

Un Segundo Momento: la Implementación de una Teoría Sociosemiótica del Lenguaje para la Alfabetización Académica

Las propuestas teóricas revisadas en los apartados previos resultaron útiles para enfrentar la tarea de alfabetización en un primer momento en el marco del programa PLEA, pero también dejaron entrever algunos aspectos que requerían aún mayor especificidad y elaboración teórica y pedagógica. En particular, resultó evidente la necesidad de contar con un marco teórico específico sobre el lenguaje, que ofreciera herramientas analíticas y un metalenguaje sistemático para analizar los textos académicos y describir sus características de manera adecuada para poder enseñarlos de manera explícita. De esta forma, desde el año 2015 se comienza con un proceso de integración al diseño de PLEA de una teoría de lenguaje específica: la lingüística sistémico funcional (LSF) (Halliday & Matthiessen, 2004; Martin & Rose, 2007, 2008).

La elección de esta teoría como sustento para el diseño del Programa se basa en dos criterios fundamentales. Por una parte, la LSF resulta relevante en este contexto debido a que entiende al lenguaje como una semiótica social (Halliday, 1978), es decir, como un fenómeno orientado a la creación de significados en contextos sociales. Esta semiótica social se organiza además a partir de las funciones que cumple en la vida de los hablantes y las comunidades (Eggins, 2002). De esta forma, ofrece un marco adecuado y sistemático para abordar la práctica de escritura y lectura académica en integración con su contexto social específico y con las funciones que estas cumplen en él. Por otro lado, desde esta teoría de lenguaje se propone una pedagogía específica, Leer para Aprender (Rose & Martin, 2012), que ofrece herramientas didácticas detalladamente diseñadas para la enseñanza de la lectura y la escritura. De este modo, la LSF provee al mismo tiempo una comprensión pormenorizada y especializada del lenguaje en contextos académicos y una didáctica orgánica con una perspectiva funcional sobre el lenguaje. Estas dimensiones le ofrecen al programa PLEA un sustrato conceptual más amplio respecto de la alfabetización académica y más especializado en su comprensión del lenguaje para el trabajo de enseñanza de la lectura y la escritura académicas.

El Modelo Lingüístico y su Aplicación General en el Diseño del Programa

La LSF ofrece una serie de principios teóricos sobre el lenguaje que resultan muy productivos para diseñar y organizar la tarea de alfabetización académica. En primer lugar, la LSF entiende al lenguaje como íntimamente ligado al *contexto* y, por lo tanto, como un fenómeno semiótico y social, que sirve para hacer cosas en la vida social. En el contexto se identifican dos niveles o estratos diferentes: el *registro*, que organiza las variables sociales vinculadas a la actividad institucional que se realiza—conocidas como *campo*—; a las relaciones sociales que se establecen entre los participantes—conocida como *tenor*—; y al papel que juega el lenguaje en la actividad social, ya sea acompañándola (como en los comentarios de un partido de fútbol) o constituyéndola (como en una clase, por ejemplo). Esta variable se conoce como *modo* (Eggins, 2002; Martin & Rose,

2007). El segundo nivel en el contexto es el *género*, entendido en el marco de esta teoría como "un proceso social, orientado a un propósito y organizado en etapas" (Martin & Rose, 2008, p.6). El género implica una configuración recurrente de significados que encarnan las prácticas sociales de diferentes culturas (Martin & Rose, 2008), es decir, patrones de significados que son estables en ciertas prácticas sociales, como, por ejemplo, en las interacciones en salas de clases o en la difusión de resultados de una investigación. Junto con esto, la noción de género implica también una cierta estructura esquemática recurrente—compuesta por etapas—alrededor de la cual se organizan estos patrones de significado. En el lenguaje, la LSF también distingue diferentes estratos con diversos grados de abstracción. El primero y menos abstracto es el *estrato fonológico-grafológico*, vinculado a sonidos y grafías; le sigue el *estrato léxico-gramatical*, cuya unidad es la cláusula; y finalmente, en el nivel más abstracto del lenguaje, el *estrato semántico-discursivo*, cuyo objeto corresponde al texto como una unidad de significado complejo (Martin & Rose, 2007, 2008).

Los estratos en el contexto y el lenguaje se vinculan entre sí a través de una relación de *realización*. De esta manera, las variaciones en el registro (es decir, en el campo, el tenor y el modo) permiten a los hablantes crear géneros con un mismo propósito y estructura, pero en diferentes modos (oral o escrito), sobre diferentes temas (biología o literatura) y considerando diferentes relaciones sociales entre los participantes (de jerarquía o igualdad). Un ejemplo de esta variación puede ser una solicitud para alguna actividad. Esta solicitud puede realizarse de manera oral o escrita, dependiendo del grado de formalidad o institucionalidad del contexto; además, puede referirse a diferentes temas, por ejemplo, una solicitud de permiso para un viaje o para organizar una actividad. Finalmente, la solicitud puede establecer una relación jerárquica entre los participantes (por ejemplo, *Estimado señor decano*) o una relación de relativa igualdad (por ejemplo, *Querida Soledad*). Sin embargo, independientemente de estos aspectos inmediatos del contexto, el propósito de la solicitud será siempre el mismo: pedir autorización o apoyo para llevar a cabo alguna actividad. El contexto es realizado en el lenguaje y el lenguaje, a su vez, constituye el contexto. Las diferencias descritas en términos de diferentes posibles variaciones en el campo, tenor o modo de un género son percibidas por los participantes de una actividad social por las diferentes opciones de significado que estos pueden hacer en el lenguaje.

El principio de estratificación aplicado al lenguaje y contexto que ofrece la LSF resulta muy productivo para el diseño y aplicación de actividades de alfabetización. Por una parte, esta perspectiva estratificada permite determinar el foco más adecuado para la enseñanza en diferentes momentos de un currículo/programa de alfabetización; por otra, permite considerar e integrar, de manera sistemática y organizada, la enseñanza de aspectos de lenguaje ubicados en diferentes estratos, teniendo en cuenta el papel que juegan en el proceso de construcción de significado como un todo. Desde esta teoría, es posible asumir entonces como punto de partida para la alfabetización académica no la enseñanza de aspectos gramaticales aislados (como el uso de formas verbales impersonales o concordancia gramatical), sino los géneros a través de los que los espacios académicos y disciplinares construyen conocimiento especializado y evalúan el proceso de aprendizaje de los estudiantes. La mirada integrada que esta teoría propone sobre el lenguaje y el contexto permite además dar sentido al proceso de alfabetización académica a partir de la reflexión sobre el rol que juega el lenguaje en diferentes contextos académicos y la manera en que las diversas disciplinas encarnan sus actividades de investigación y evaluación en diferentes tipos de géneros. Esta forma de concebir el género y su enseñanza complementa de manera positiva la perspectiva propuesta por Didactex, que constituye uno de los pilares teóricos del diseño del programa PLEA.

La perspectiva sistémico funcional ha permitido complementar el trabajo de descripción de géneros, inicialmente realizado desde la lingüística textual en el Programa. La LSF ha contribuido con herramientas para la identificación de patrones específicos en los géneros de formación académica propios de las diferentes disciplinas en las que PLEA realiza su tarea docente. Estos géneros se han integrado a los cursos dictados en distinta medida para hacer más coherentes los contenidos revisados en el curso con las demandas de escritura que se encuentran los estudiantes en sus cursos disciplinares. Ejemplos de esto son el trabajo con el informe de práctica en Ingeniería o la solemne oral en Derecho. Por otra parte, considerar como punto de partida el género hace indispensable la enseñanza de recursos de significado definidos que constituyen a un género particular y que encuentran en él un sentido explícito. Si bien la enseñanza de géneros ha sido una orientación clara en los diferentes centros y programas de alfabetización, el marco teórico de la LSF permite contar con criterios explícitos para determinar qué tipo de recursos de significado en el lenguaje son más críticos y en qué estrato debe ponerse el foco para comprender cómo se construye un género específico y lograr producirlo de manera efectiva.

Para abordar los patrones de significado en el lenguaje, otro principio teórico fundamental que ofrece la LSF es la noción de *metafunción*. Las metafunciones son las grandes funciones que cumple el lenguaje en la vida social. Se distinguen, de esta manera, la *metafunción ideacional*, relacionada con la forma en que el lenguaje construye la experiencia (tanto interna como externa) de manera semiótica; la *metafunción interpersonal*, a través de la que se establecen relaciones sociales con otros mediante el lenguaje; y la *metafunción textual*, que se orienta a organizar los significados ideacionales e interpersonales en la forma de textos coherentes (Eggins, 2002; Martin & Rose, 2008). Las metafunciones, en conjunto con la noción de estratificación, permiten organizar en el modelo de lenguaje los diferentes recursos de significado disponibles en la lengua para crear textos. De esta manera, es posible distinguir sistemas de significado ideacional en diferentes estratos (IDEACIÓN y CONEXIÓN en el estrato semántico discursivo; TRANSITIVIDAD en el léxico-gramatical), sistemas de significado interpersonal (VALORACIÓN y NEGOCIACIÓN en el estrato semántico discursivo; MODO en el léxico-gramatical) y sistemas de significado textual (PERIODICIDAD e IDENTIFICACIÓN en el estrato semántico discursivo; TEMA en el léxico-gramatical) (Hao, 2020 Hood, 2010; Martin & Rose, 2008).

La distinción de estos sistemas permite, en la descripción de géneros, abordar su análisis de manera compleja, considerando patrones diversos de significación; por otra parte, la enseñanza de estos géneros provee un marco organizador, de modo de abordar un conjunto de significados a la vez, pero también de integrarlos de manera orgánica. Mediante la distinción de recursos de diferente naturaleza en los textos, es posible hacer visible a los estudiantes las características de los géneros que deben escribir, considerando, por ejemplo, la manera en que se construye la tecnicalidad en su disciplina, el tipo de relaciones lógicas que se esperan en un género particular o la importancia de hacer uso de un lenguaje evaluativo adecuado en su escritura (véase Dreyfus *et al.*, 2016; Martin, 2017; Martin *et al.*, 2010, para más detalles). La contribución específica de este marco a la tarea de enseñanza de la alfabetización académica en el marco del programa PLEA será detallada más adelante.

El Modelo Pedagógico y su Aplicación Inicial en la Reorientación del Programa

La enseñanza de los diferentes géneros de formación disciplinar que los estudiantes deben escribir a lo largo de su trayectoria académica se alimenta de manera casi natural de la lectura de textos especializados en sus áreas. En este sentido, resulta muy relevante considerar, en el marco de la alfabetización, la enseñanza de la escritura *integrada* de manera orgánica con la lectura. La pedagogía Leer para Aprender (o LPA) (Dreyfus *et al.*, 2016; Rose & Martin, 2012;) ofrece herramientas didácticas específicas para llevar a cabo este trabajo. Si bien este modelo ha sido desarrollado en el marco de la enseñanza en la escuela secundaria, recientes aplicaciones de LPA se han llevado a cabo en la educación terciaria con gran éxito (por ejemplo, Dreyfus *et al.*, 2016; Moyano, 2017).

El ciclo pedagógico de este modelo comienza con el trabajo de lectura, que se desarrolla en tres niveles de profundidad diferentes. El primer nivel corresponde a *preparación a la lectura*. En este nivel el docente prepara a los estudiantes para el texto que se leerá, haciendo una síntesis de sus puntos fundamentales, trabajando palabras o conceptos previos que puedan contribuir a la comprensión y contextualizando el texto de manera general. Un segundo nivel en el trabajo de lectura es el de *lectura detallada*. En él, el docente guía la lectura de los textos especializados, apuntando a los patrones de significado relevantes desde "arriba hacia abajo", es decir, considerando patrones semántico-discursivos y léxico-gramaticales de manera integrada. El objetivo de este nivel es 'deconstruir' la lectura y desempaquetarla en términos más cercanos al sentido común, para que los estudiantes puedan comprenderla a cabalidad. La comprensión profunda del texto que se produce a partir de la lectura detallada—es decir, el contenido disciplinar deconstruido—es utilizado luego como la base para las siguientes etapas del ciclo, *construcción conjunta* y *construcción individual*. En estas etapas se trabaja la escritura de diferentes géneros a partir del trabajo de lectura realizada y considerando el tipo de tareas a las que los estudiantes se enfrentan en sus contextos académicos (para más detalle véase Rose & Martin, 2012).

En el marco del programa PLEA, la pedagogía de LPA ha sido puesta en funcionamiento particularmente en cursos de nivelación para estudiantes de primer ingreso a la universidad. Un número importante de los estudiantes que asisten estos cursos provienen de contextos socioeconómicos vulnerables, por lo que, en términos generales, requieren de mucho apoyo para hacer la transición desde la escuela a la universidad. El trabajo de lectura de textos especializados, a los que no se han enfrentado antes, resulta fundamental para facilitar su inserción en la vida académica. Las lecturas para el trabajo pedagógico se seleccionan a partir de la revisión de programas de cursos mínimos en diferentes carreras, y corresponden generalmente a, por una parte, informes descriptivos o informes taxonómicos y, por otra, a explicaciones históricas o relatos históricos que se leen en cursos introductorios sobre diferentes materias. Estos géneros son secuenciados en el currículum del curso considerando su grado de dificultad relativa (es decir, informes primero y relatos y explicaciones históricas después) y enseñados a partir del ciclo de enseñanza propuesto. Esto permite aproximar a los estudiantes progresivamente al tipo de géneros a los que se enfrentarán en el contexto universitario, y les da además la oportunidad de trabajar algunos de los textos que encontrarán más adelante en sus cursos.

La integración de la LSF y de la pedagogía LPA al diseño del programa PLEA ha sido una importante contribución al desarrollo de la tarea de alfabetización de este Programa. Esta integración se ha llevado a cabo de manera paulatina, a través de diferentes actividades docentes y de investigación que han permitido acercar al cuerpo de profesores del programa PLEA a esta teoría y desarrollar su interés en ella, cuestión fundamental para poder desarrollar un conocimiento relevante sobre este marco. A continuación, se describen brevemente algunas de las estrategias utilizadas para la implementación del modelo teórico de la LSF en el marco del programa PLEA.

Integrando Teoría de Manera Orgánica: Docencia e Investigación

El proceso de integración del modelo teórico de la LSF en el programa PLEA se ha llevado a cabo a partir de tres estrategias principales. La primera dice relación con el rediseño de uno de los cursos de nivelación impartido por PLEA durante la temporada de verano; la segunda, con la formación docente progresiva; y la tercera, con el desarrollo de investigación relacionada con los cursos dictados por PLEA en diferentes unidades. En conjunto, estas estrategias han permitido introducir paulatinamente los principios teóricos y pedagógicos de la LSF al Programa. Se detallan a continuación aspectos de la primera y la tercera estrategia.

El rediseño de curso se llevó a cabo al inicio del periodo de integración de la teoría en el Programa. En este proceso, se propuso un nuevo programa para el curso de nivelación de habilidades comunicativas, impartido a estudiantes recién matriculados en la Universidad, a partir de los principios teóricos y pedagógicos presentados en la sección anterior. De esta manera, los objetivos planteados para el curso fueron desarrollar habilidades de lectura y escritura de textos propios de los campos especializados de las ciencias sociales, artes y humanidades y conocer herramientas básicas para la lectura y escritura de textos especializados, como la organización de la información (PERIODICIDAD), la intertextualidad (VALORACIÓN), el uso de lenguaje especializado y las relaciones de conexión (CONEXIÓN). Los contenidos del curso incluían una reflexión sobre las diferencias entre el lenguaje de la escuela y el lenguaje de la universidad, la deconstrucción y lectura de los géneros más comunes en el nivel inicial de formación universitaria en las áreas de Ciencias sociales, Artes y Humanidades y el trabajo de escritura de respuesta a pregunta abierta, a partir de la que se trabajaron varios géneros elementales (Martin & Rose, 2008). Se propuso además en el programa del curso, como parte de la metodología de enseñanza, las tres etapas del ciclo de enseñanza-aprendizaje (cf. Rose & Martin, 2012): deconstrucción conjunta, construcción conjunta, construcción individual. La nueva propuesta de programa fue socializada con los docentes, quienes evaluaron positivamente los cambios.

La integración del modelo teórico ha involucrado también el desarrollo de investigación en docencia. Gracias a fondos disponibles en la institución (Fondo de Desarrollo Docente, FONDEDOC), el Programa pudo desarrollar dos proyectos de investigación durante el periodo 2016-2017. Estos proyectos se realizaron en el marco de dos cursos impartidos por PLEA, "Desarrollo de habilidades comunicativas para abogados" y "Desarrollo de habilidades comunicativas para ingenieros." En el primero, se realizó una descripción inicial del género *solemne oral*, que no estaba incluido en el programa del curso pero que aparecía como una de las tareas más complejas que los estudiantes de primer año de Derecho debían abordar en sus cursos disciplinares, por lo que se consideró necesario incluir este género como contenido del curso.

En el curso de Ingeniería se realizó un trabajo de mayor magnitud, que tenía como objetivo el rediseño del programa del curso. El corpus de esta investigación se compuso de informes de práctica escritos por los estudiantes de Ingeniería en el primer año de su carrera e informes de proyecto de Ingeniería básica, escritos en octavo semestre. Estos géneros fueron señalados por los docentes de Ingeniería como claves en la formación y desarrollo de escritura disciplinar de sus estudiantes. Los datos fueron analizados con el objetivo de describir los géneros a los que correspondían, en términos de sus propósitos, su estructura esquemática (organización en etapas) y los patrones de significado ideacional, interpersonal y textual desplegados en ellos. El análisis fue realizado por los docentes de PLEA participantes del proyecto, quienes tuvieron así la posibilidad de especializarse en al menos uno de los sistemas semántico-discursivos relevantes. Este análisis fue guiado de cerca por la jefa del Programa, quien apoyó a los docentes durante todo el proceso. La interpretación de los análisis se realizó de manera conjunta, de modo de modelar con los docentes la manera de entender la implicancia de los patrones de significado para la determinación del género.

A partir de los resultados de este trabajo de investigación, los profesores de PLEA diseñaron actividades pedagógicas orientadas a la enseñanza de los géneros identificados, las que fueron integradas a su práctica docente progresivamente, durante el año 2017. En general, el grado de integración de estas actividades pedagógicas varía entre los diferentes docentes. Si bien no todos han asumido la enseñanza de los géneros identificados, algunos han integrado parte de las nuevas estrategias pedagógicas en el ciclo de enseñanza que realizaban en torno al *policy brief*. Esta integración se representa en la siguiente tabla, que sintetiza los pasos pedagógicos planteados inicialmente a partir de las bases teóricas antes presentadas.

La investigación en el marco del curso de Ingeniería permitió identificar ciertos patrones de significado relevantes para la construcción del género informe, que son aplicables para el *policy brief*. En términos ideacionales, se identificó la relevancia de la descripción de un estado de cosas o problema técnico en términos apropiados a la disciplina (*la necesidad de construir una barrera de contención*—metafunción ideacional), aspecto que permitió especificar aún más la enseñanza de la escritura de este género; en términos interpersonales, se identificó la función que cumplía el lenguaje evaluativo en este género, el que se orientaba principalmente a valorar posibles soluciones al problema identificado, determinar cuál de estas es la mejor, en interacción sistemática con recursos ideacionales de CONEXIÓN.

Opciones Teóricas y Didácticas

Tabla 3.3. Integración de Estrategias Pedagógicas de LPA en la Enseñanza del Género 'Policy Brief' en Ingeniería

Lectura y escritura epistémicas (Miras & Solé, 2007)	Modelo Didactext (2003)	Reading to Learn (Rose y Martin, 2012)	Programa de lectura y Escritura Académicas: ejemplo de un curso de Ingeniería
Lectura y escritura de exploración	Acceso al conocimiento	Preparación para la lectura Lectura detallada Deconstrucción del género	**1.1 Acceso al conocimiento** -Lectura de un texto basal sobre el tema que se problematizará en el curso -Reflexión sobre el tema del curso -Estrategias para la comprensión de textos académicos del área de Ingeniería, asociados al tema del curso -Discusiones grupales sobre los textos revisados […] **1.4 Levantamiento de género del proyecto de curso** - Identificar la estructura, patrones discursivos principales y propósito social del género a trabajar, en este caso el policy brief. Esto se realiza con ejemplos reales en el contexto de Ingeniería
	Planificación	Deconstrucción del género	**2.1 Planificación del texto** -Delimitar el objetivo del proyecto, centrado en la solución del problema identificado -Clasificar, integrar, generalizar y jerarquizar la información revisada considerando en todo momento el objetivo del proyecto y las especificaciones del género
Lectura y escritura de elaboración	Producción textual	Construcción conjunta (guiada por el docente) Construcción conjunta (entre pares)	**3.1 Escritura de Borradores** -Producción de borradores del trabajo del curso. En este punto se hace énfasis en que la escritura considera varios borradores antes de una entrega final, por lo que se trabaja en clases con las distintas versiones de los estudiantes de sus policy brief -Revisión entre pares y monitorización por parte del docente, con el fin de retroalimentar los distintos borradores, como parte del proceso de escritura del policy brief

Lectura y escritura epistémicas (Miras & Solé, 2007)	Modelo Didactext (2003)	Reading to Learn (Rose y Martin, 2012)	Programa de lectura y Escritura Académicas: ejemplo de un curso de Ingeniería
Lectura y escritura de comunicación	Revisión	Construcción individual Edición conjunta (Moyano, 2017)	4.1 Escritura académica -Revisión de aspectos de escritura relacionados con la norma y estilo académicos en el área de Ingeniería, que se ven reflejados, posteriormente, en el trabajo de los estudiantes con el policy brief -Revisión entre pares y por parte del docente. En este punto se hace énfasis en la importancia de la revisión por parte del propio estudiante, de sus pares y la retroalimentación directa del docente [...]

La identificación de estos patrones de significado permite especificar la enseñanza del género, sobre todo respecto de la fase de Deconstrucción del género—que se lleva a cabo en las fases de acceso al conocimiento y planificación del modelo Didactex y de la lectura y escritura de exploración y elaboración, como se observa en la Tabla 3.3—así como también entregar herramientas lingüísticas más específicas en las etapas pedagógicas de Construcción conjunta y Construcción individual, realizadas en las fases de Producción textual y Revisión del modelo Didactex, y en la lectura y escritura de elaboración y comunicación, respectivamente. De esta manera, se observa cómo ambas propuestas didácticas logran integrarse de manera orgánica y potenciar el aporte que cada una de ellas puede hacer para el proceso de enseñanza.

La integración de una teoría específica de lenguaje ha permitido especializar y consolidar el trabajo de enseñanza de la lectura y escritura académica en el contexto del programa PLEA. A diferencia de orientaciones teóricas anteriores, que tenían como foco aspectos orientados a la dimensión didáctica de la alfabetización, la LSF proveyó al Programa una mirada más amplia y, por lo tanto, compleja de la naturaleza del lenguaje en contexto y en particular de la manera en que se desenvuelve en el espacio académico. Este marco teórico lingüístico y pedagógico ha permitido, por una parte, darle unidad a los diferentes Programas que constituyen el Programa de Discurso Académico y construir una identidad más definida respecto de la tarea de alfabetización. Por otro lado, ha permitido actualizar programas y actividades pedagógicas, para alcanzar aún más relevancia respecto del contexto de cada una de las unidades académicas en donde el Programa se inserta.

Conclusión

Los centros y programas de escritura en América Latina han tendido a basar teóricamente su labor en propuestas didácticas, en general, de orientaciones disciplinares disímiles, como la sicología o la educación (Ávila Reyes *et al.*, 2013). Resulta fundamental que los programas de escritura integren en sus sustentos teóricos tanto teorías pedagógicas o propuestas didácticas como teoría lingüística, considerando que el objetivo último de estos programas es el desarrollo del lenguaje académico en los estudiantes. La integración de teorías pedagógicas y lingüísticas permite que la práctica pueda "llenarse" de contenido relevante a los propósitos de la enseñanza de la lectura y la escritura académica y que, por lo tanto, los objetivos de aprendizaje del programa o centro de escritura se alcancen de mejor manera. La teoría lingüística escogida debiera brindar herramientas explícitas para abordar de manera sistemática las diferencias disciplinares en el uso del lenguaje en el contexto académico y las diversas tareas de escritura a las que se enfrentan los estudiantes en su formación. Una teoría de lenguaje como la lingüística sistémico funcional permite abordar el lenguaje académico en su complejidad, tanto para su comprensión especializada como para su enseñanza. Esta teoría puede potencialmente articularse con orientaciones didácticas de diferente origen para la enseñanza de la lectura y la escritura académica; sin embargo, no cualquier modelo sobre el lenguaje ofrece una mirada compleja, profunda e integrada sobre el lenguaje en contexto. Es fundamental seleccionar una teoría de lenguaje que permita comprender y explicar cómo funciona el lenguaje en contexto de la manera más explícita posible para alcanzar los propósitos del centro o programa de escritura.

 El capítulo aquí presentado ha ofrecido una discusión que busca evidenciar el impacto de la teoría en las decisiones pedagógicas que se toman en el centro de escritura. La discusión ha comenzado con los marcos teóricos que han fundamentado el programa PLEA, para luego señalar cómo estos principios didácticos y lingüísticos han informado las prácticas docentes del Programa. Presentar primero la teoría y luego describir su aplicación persigue enfatizar que es necesario que las prácticas en el aula sean diseñadas desde un cimiento teórico sólido, y no solo desde la experiencia particular con casos específicos. Esto se refuerza, además, con la presentación de un ejemplo de un curso del programa PLEA, dirigido a estudiantes de Ingeniería. Allí se da cuenta de los contenidos y actividades generales realizadas, pero señalando claramente qué aspectos de la organización del curso emergen desde cuál marco teórico particular y cómo estos marcos teóricos se integran para generar no solo un programa de curso, sino también actividades pedagógicas particulares. En última instancia, el ejemplo busca evidenciar que cada una de las decisiones prácticas que llegan al aula provienen de un conjunto de principios teóricos definidos.

El establecimiento de bases teóricas explícitas para la generación de lineamientos de un programa o centro de escritura no es una tarea fácil, tal como queda evidenciado en este capítulo. Es probable que estas decisiones teóricas explícitas en un centro puedan ser tomadas en cierto punto de su proceso natural de evolución, cuando se ha alcanzado una cierta estabilidad en el marco institucional. Ciertamente, la experiencia señala que muchas veces los centros y programas de escritura en el contexto latinoamericano surgen como respuestas relativamente inmediatas a necesidades planteadas por la institución, lo que deja poco espacio para la planificación y la reflexión teórica. Además, en general, los primeros pasos de un centro suelen estar focalizados en romper con la representación de que la enseñanza de la lectura y escritura terminan en el ámbito escolar, y en plantear que, al ser estas habilidades situadas, deben ser consideradas en su especificidad en cada esfera social. El trabajo de articulación de esta nueva mirada sobre la alfabetización con la institución es la primera batalla importante de un centro o programa de escritura, porque permite, a largo plazo, su consolidación. Sin embargo, es importante que, luego de alcanzada esta estabilidad, se dé inicio a una etapa formal de reflexión profunda, en que se reevalúen las prácticas pedagógicas de alfabetización desde una o más teorías específicas para los objetivos del programa. En este momento es posible apreciar con mayor claridad que ya la experiencia del docente, por sí sola, no es suficiente para tomar decisiones orgánicas, y se requiere sistematizar prácticas a la luz de la teoría. El programa PLEA, debido a su trayectoria en el tiempo, ha llegado a este punto, y el desarrollo de esta reflexión se manifiesta en la articulación teórica que informa los ejemplos presentados en el capítulo.

Otras complejidades deben considerarse en este proceso de reflexión, discusión e integración teórica. Muchas veces las decisiones teóricas de base dependen en gran medida del conocimiento y formación de las personas a cargo del diseño del centro o programa de escritura, aun cuando este proceso implica también un compartir teórico y práctico entre los diferentes miembros del centro o programa. Cuando los sustentos teóricos de los directivos y del cuerpo docente no se encuentran alineados surge una primera complejidad, que hace necesario tomar decisiones adecuadas para que el equipo docente no solo comprenda los principios teóricos que están a la base del diseño del programa, sino que sea capaz también de llevar esos principios a su práctica. Al mismo tiempo, se requiere que los directivos del centro o programa sean capaces de integrar los conocimientos y experiencias de los docentes, que constituyen un aporte importante para la definición teórica y pedagógica del centro. Este es un proceso que toma tiempo y que requiere de habilidades de gestión particulares para lograr que se integren los cuerpos de conocimiento de todos los miembros del centro, preservando los lineamientos teóricos generales planteados desde los responsables del diseño del programa. La labor del directivo en este caso es que el equipo docente asuma como suya la base teórica propuesta y que ésta pueda integrar de la mejor manera posible el conocimiento ya existente con las líneas que se desean plantear.

Una segunda dificultad dice relación con la integración de orientaciones teóricas de diferente perspectiva. Este proceso resulta más complejo cuando los roles de gestión del centro o programa no comparten marcos teóricos y tienen diferentes perspectivas respecto de qué resulta más eficiente para los objetivos de la estrategia pedagógica. En el caso del programa PLEA, y el Programa de Discurso Académico en general, se han encontrado perspectivas teóricas que podrían estar en oposición, como un paradigma inicial de orden sociocognitivo hacia el lenguaje y luego una teoría sociosemiótica sobre este fenómeno. Sin embargo, si se mantiene como punto de partida la necesidad de entregar herramientas para la alfabetización a los estudiantes, es posible encontrar un punto de equilibrio práctico entre ambos marcos, en donde cada uno pueda ofrecer lo mejor de sí para la tarea de enseñanza. Resulta fundamental que esta integración se haga de manera respetuosa con la historia del programa o centro y que considere un diálogo constante entre sus miembros para que todos se hagan parte de este proceso.

Un último aspecto que debe ser señalado dice relación con la necesidad de que los centros y programas de escritura avancen en la generación de investigación en el área. Si bien inicialmente la investigación en el campo se realizó separada de las prácticas particulares de alfabetización (por ejemplo, Carlino 2003, 2004), se ha desarrollado a lo largo del tiempo un cuerpo de investigación relevante en el contexto latinoamericano (por ejemplo, Lovera & Uribe, 2017; Montes & Vidal Lizama, 2017; Moyano, 2014, 2017; Natale & Stagnaro, 2014; Navarro, 2014). Para que los centros y programas de escritura puedan constituirse en un campo de producción de conocimiento relevante, es necesario ampliar aún más la investigación en el área, particularmente desde los desafíos y necesidades propias de los centros y programas de escritura. La necesidad de generar investigación recalca la importancia de contar con bases teóricas sólidas y clara en los centros y programas de escritura, porque solo desde un marco teórico establecido es posible producir conocimiento acumulativo sobre las prácticas académicas, los géneros especializados y los patrones de lenguaje propios de esta esfera de práctica social. En esta misma línea, la conformación de redes y vínculos entre distintos centros y programas es fundamental, ya que esto dará paso a investigaciones más allá de un centro en particular, dando luces sobre teorías y prácticas a nivel nacional e internacional.

Referencias

Ávila Reyes, N., González, P. & Peñaloza, C. (2013). Creación de un programa de escritura en una universidad chilena: Estrategias para promover un cambio institucional. *Revista Mexicana de Investigación Educativa, 18*(57), 537–560.

Bazerman, C. (1997). Discursively structured activities. *Mind, Culture, and Activity, 4*(4), 296–308. https://doi.org/10.1207/s15327884mca0404_6.

Bazerman, C. (2015). A genre based theory of literate action. En N. Artemeva & A. Freedman (Eds.), *Genre studies around the globe* (pp. 80–94). Trafford.

Bereiter, C. & Scardamalia, M. (1987). *The psychology of written composition.* Lawrence Erlbaum https://doi.org/10.4324/9780203812310.

Bhatia, V. (2004). *Worlds of written discourse. A genre-based view.* Continuum.

Carlino, P. (2003). Alfabetización académica. Un cambio necesario, algunas alternativas posibles. *Educere, 6*(20), 409–417. Carlino, P. (2004). Escribir a través del curriculum: tres modelos para hacerlo en la universidad. *Lectura y Vida, 1*, 16–27.

Castelló, M. (2014) Los retos actuales de la alfabetización académica: estado de la cuestión y últimas investigaciones. *Enunciación 19*(2), 346–365.

Didactext (2003). Modelo sociocognitivo, pragmalingüístico y didáctico para la producción de textos escritos. *Didáctica, 15*, 77–104.

Doumont, J.-L. (2009). *Trees, maps and theorems. Effective communication of rational minds.* Principiae.

Dreyfus, S. J., Humphrey, S., Mahboob, A. & Martin, J. R. (2016). *Genre pedagogy in higher education. The SLATE Project.* Palgrave MacMillan.

Eggins, S. (2002). *Introducción a la lingüística sistemática.* Universidad de La Rioja.

Flower, L. (1979). Writer-based prose: A cognitive basis for problems in writing. *College English, 41*(1), 19–37.

Flower, L. y Hayes, J. (1981). A cognitive process theory of writing. *College Composition and Communication, 32*(4), 365–387.

Halliday, M.A.K. (1978). *El lenguaje como semiótica social. La interpretación social del lenguaje y del significado.* Fondo de Cultura Económica.

Halliday, M. A. K. & Matthiessen, M. I. M. (2004). *An introduction to Functional Grammar* (Third ed.). Oxford University Press. https://doi.org/10.4324/978020 3783771.

Hao, J. (2020). *Analysing scientific discourse from a systemic functional linguistic perspective. A framework for exploring knowledge-building in biology.* Routledge. https://doi.org/10.4324/9781351241052.

Hayes, J. (1996). A new framework for understanding cognition and affect in writing. En M. C. Levy & S. Randsdell (Eds.). *The science of writing. Theories, methods, individual differences and publications* (pp. 1–27). Lawrence Erbaum Associates.

Hayes, J. y Flower, L. (1980). Identifying the organization of writing processes. En L. W. Gregg & E. R. Steinberg (Eds.), *Cognitive processes in writing* (pp. 3–30). Erlbaum.

Hood, S. (2010). *Appraising research: Evaluation in academic writing.* Palgrave Macmillan.

Hood, S. (2011). Does it matter what genre means?: Analysing introductions to research articles within different traditions. *Journal of University of Science and Technology Beijing, 27*(2), 8–16.

Hyland, K. (2004). *Disciplinary discourses. Social interactions in Academic Writing.* Michigan Classics.

Hyland, K. (2015). Genre, discipline and identity. *Journal of English for Academic Purposes, 19,* 32–43. https://doi.org/10.1016/j.jeap.2015.02.005.

Hyland, K. (2017). Learning to write for academic purposes: Specificity and second language writing. En J. Bitchenet, N. Storch, N. & R. Witte (Eds.), *Teaching writing for academic purposes to multilingual students: Instructional approaches* (pp. 24–41). Routledge.

Kellogg, R. (1994). *The psychology of writing.* Oxford University Press.

Kellogg, R. T. (2008). Training writing skills: a cognitive development perspective. *Journal of Writing Research, 1*(1), 1–26. https://doi.org/10.17239/jowr-2008.01.01.1.

Lovera, P. & Uribe, F. (2017). Hacia una didáctica crítico-reflexiva en la enseñanza de la escritura en la educación superior. *Lenguas Modernas, 50* (2017), 91–108.

Manzi, J., Flotts, P. & Preiss, D. (2012). Design of a college-level test of written communication: Theoretical and methodological challenges. En E. Grigorenko, E. Mambrino & D. Preiss (Eds.), *Writing: A mosaic of new perspectives* (pp. 402–412). Taylor and Francis.

Martin, J. R. (2015). One of three traditions: Genre, functional linguistics and the Sydney School. En N. Artemeva & A. Freedman (Eds.), *Genre around the globe: beyond the three traditions* (pp. 31–77). Trafford.

Martin, J. R. (2017). Revisiting field: Specialized knowledge in secondary school science and humanities discourse. *Onomazein, (NE II),* 111–148. https://doi.org/10.7764/onomazein.ne2.05.

Martin, J. R. & Rose, D. (2007). *Working with discourse. Meaning beyond the clause.* Continuum.

Martin, J. R. & Rose, D. (2008). *Genre relations. Mapping culture.* Equinox.

Martin, J.R., Maton, K. & Matruglio, E. (2010). Historical cosmologies: Epistemology and axiology in Australian secondary school. *Revista Signos, 43*(74), pp. 433–463. https://doi.org/10.4067/S0718-09342010000500003.

Miras, M. y Solé, I. (2007). La elaboración del conocimiento científico y académico. En M. Castelló, (Coord.), *Escribir y comunicarse en contextos científicos y académicos* (pp. 83–112). Graó.

Miras, M. (2000). La escritura reflexiva. Aprender a escribir y aprender acerca de lo que se escribe. *Infancia y Aprendizaje, 89,* 65–80. https://doi.org/10.1174/021037000760088099.

Molina Natera, V. (2014). Centros de escritura: una mirada retrospectiva para entender el presente y futuro de estos programas en el contexto latinoamericano. *Legenda, 18*(18), 9–33.

Molina, M. E. & Carlino, P. (2013). Escribir y argumentar para aprender: las potencialidades epistémicas de las prácticas de argumentación escrita. *Texturas*, *13*(1–13), 16–32. https://doi.org/10.14409/texturas.v1i13.4382.

Montes, S. & Vidal Lizama, M. (2017). Diseño de un programa de escritura a través del currículum: opciones teóricas y acciones estratégicas. *Lenguas Modernas*, *50*, 73–90.

Moyano, E. I. (2010). Escritura académica a lo largo de la carrera: un programa institucional. *Revista Signos*, *43*(74), pp. 465–488. https://doi.org/10.4067/S0718-09342010000500004.

Moyano, E. I. (2014). La Discusión en artículos de microbiología: género, compromiso y construcción del conocimiento. *Onomazein* (Número especial IX ALSFAL), 161–185. https://doi.org/10.7764/onomazein.alsfal.4.

Moyano, E. I. (2017). Diseño e implementación de programas de lectura y escritura en el nivel universitario: principios y estrategias. *Lenguas Modernas*, *50*, 47–72. Moyano, E. I. (2018). La enseñanza de la lectura y la escritura académicas mediante programas a lo largo del curriculum universitario: opción teórica, didáctica y de gestión. *DELTA*, *34*(1), 235–267. https://doi.org/10.1590/0102-445074896274115057.

Moyano, E. I. & Giudice, J. (2016). Un programa de lectura y escritura universitario: Lineamientos teóricos, características y resultados de aplicación. *Revista Grafía*, *13*(1), 33–59. https://doi.org/10.26564/16926250.655.

Natale, L. & Stagnaro, D. (2014). Alfabetización profesional durante la carrera universitaria: entre la universidad y la empresa. *Itinerarios educativos*, *7*(7), 11–28. https://doi.org/10.14409/ie.v0i7.4945.

Navarro, F. (Ed.) (2014). *Manual de escritura para carreras de Humanidades*. Editorial de la Facultad de Filosofía y Letras, UBA.

Rose, D. & Martin, J. R. (2012). *Learning to write, Reading to learn. Genre, knowledge and pedagogy in the Sydney School*. Equinox.

Sánchez, V. & Hugo, E. (2015). Programa de Lectura y Escritura Académicas (PLEA), Pontificia Universidad Católica de Chile. En V. Molina (Ed.), *Panorama de los Centros y Programas de Escritura en Latinoamérica* (pp. 117–126). Pontificia Universidad Javeriana.

Sánchez, V. & Montes, S. (2017). El Programa de Lectura y Escritura Académicas de la Pontificia Universidad Católica de Chile: sus aportes para la inserción académica de los estudiantes. En L. Natale (Ed.), *Alfabetización académica: un camino para la inclusión en el nivel superior* (pp. 75–101). Universidad Nacional del General Sarmiento.

Swales, J. M. (1990). *Genre analysis: English in academic and research settings*. Cambridge University Press.

Swales, J. M. (2004). *Research genres. Exploration and applications*. Cambridge University Press. https://doi.org/10.1017/CBO9781139524827.

4. Transformando el Conocimiento a Partir de Tareas de Lectura y Escritura en los Tres Primeros Años Universitarios

Adriana Bono
UNIVERSIDAD NACIONAL DE RÍO CUARTO

Yanina Boatto
UNIVERSIDAD NACIONAL DE RÍO CUARTO

Mariana Fenoglio
UNIVERSIDAD NACIONAL DE RÍO CUARTO

María Soledad Aguilera
UNIVERSIDAD NACIONAL DE RÍO CUARTO

Resumen

Este trabajo presenta la descripción, análisis y resultados de la implementación de una secuencia instruccional realizada en primeros años de universidad, con el propósito de promover en los estudiantes, aprendizajes orientados hacia la transformación del conocimiento, a partir de procesos y tareas complejas de lectura y escritura académica. Se realizó una investigación de diseño (*Design-Based Research*, DBR) atendiendo a la relación entre investigación y práctica educativa, con el objetivo de mejorar dicha práctica y desarrollar conocimiento. Se trabajó con 159 estudiantes a partir de la producción de un escrito monográfico que involucró la construcción de conocimiento de tipo: declarativo, procedimental, condicional y metacognitivo. Los trabajos escritos partieron de discusiones, acuerdos, escrituras colectivas y revisiones, y la secuencia de tareas propuestas respondió a un plan de escritura; la escritura propiamente dicha y revisión del proceso; y la evaluación de las construcciones escritas y las necesarias revisiones. Las producciones escritas finales fueron analizadas a partir de las siguientes dimensiones: a) contextualización de la tarea, b) uso estratégico del conocimiento, c) reestructuración conceptual y d) valoraciones en las producciones textuales. Los resultados muestran que los estudiantes mejoran sus producciones escritas en cuanto a los siguientes aspectos: a) explicitación de destinatarios, reconocimiento de textos fuentes, autores y obras, reelaboración de temas problemas por parte del grupo de trabajo y la identificación de perspectivas teóricas y autores; b) adecuado uso de conectores entre oraciones e ideas, respeto por las fuentes, selección de ideas relevantes y claridad conceptual; c) coherencia textual y precisión y claridad de los procesos centrales; d) valoraciones sobre el contenido de textos fuentes y sobre las propias producciones textuales. Así, esta propuesta que involucró tareas complejas mostró tener potencial epistémico para la transformación del conocimiento y la lectura y escritura crítica.

Abstract

This work presents the description, analysis, and results of the implementation of an instructional sequence developed for undergraduate level courses. The main objective was to promote knowledge-transforming learnings in students through academic writing and reading tasks. A design-based Research (DBR) was implemented, looking for the relation between research and educational practice, with the goal of improving such practices and developing knowledge at the same time. A total of 159 students were asked to write a monograph. The intention of this task was to involve different types of knowledge building, such as declarative, process, conditional and metacognitive. The writing assignments began with classroom discussions, agreements, group writings and peer review. The task proposed followed a sequenced writing plan: the writing process itself, a review process, review of the writing productions and the incorporation of suggestions.

The final drafts were analyzed according to the following dimensions: a) task contextualization, b) strategic use of knowledge, c) conceptual restructuring, and d) writing productions assessment. The results show that students' writing improved in terms of: a) explicitness about the readers, identifying proper information sources and authors, the development of different topics by the groups and the identification of theoretical perspectives and their authors; b) proper use of connectors between sentences and ideas, appropriate citing, selecting main ideas and conceptual clarity; c) writing coherency, precision and clarity about the main processes and d) the review of the sources content and their own writing productions. To conclude, this proposal involved complex tasks and showed epistemic potential for critical reading and writing, and knowledge transformation.

Una de las tareas centrales hacia las cuales se orienta el trabajo en las aulas universitarias es la de promover la apropiación de saberes disciplinares por parte de los estudiantes, de manera que transformen el conocimiento científico superando la mera repetición del mismo, o el mero decir lo que está expuesto en las múltiples fuentes de información que se les ofrecen (Scardamalia & Bereiter, 1992).[1]

Sin embargo, con la misma claridad con la que esta situación puede ser explicitada en los ámbitos investigativos, aparecen las dificultades efectivas que se tienen para promover y gestionar en el aula tareas que, involucrando a profesores y alumnos, efectivamente puedan ir consolidando aprendizajes de carácter autónomo y transformador; particularmente en tareas que incluyan procesos de lectura y escritura (Carlino, 2013) que permitan integrar información de múltiples fuentes con la finalidad de producir un conocimiento cada vez más explícito, complejo y perspectivista (Monereo, 2001).

La investigación empírica sostiene que la implementación de intervenciones instruccionales orientadas a favorecer la explicitación progresiva, la complejidad creciente y el perspectivismo del conocimiento a partir de tareas de lectura y escritura promueven el desarrollo de aprendices estratégicos (Monereo, 2001, 2007). Esto se asocia al nivel de maduración o experticia de los escritores, respondiendo a lo que Scardamalia y Bereiter (1992) distinguieron como dos modelos de procedimiento para la elaboración de textos a partir de la lectura y la escritura.

En esta línea, y como una manera de fortalecer las experiencias y prácticas de lectura y escritura universitarias orientadas por propósitos epistémicos, en este trabajo se presenta el diseño, implementación y análisis de una secuencia instruccional que contempla la complejización creciente de las tareas, las ayudas pedagógicas y la cesión gradual de la responsabilidad a los estudiantes hacia prácticas más reflexivas, complejas y autónomas, de manera secuenciada y sostenida a lo largo del cursado de asignaturas correspondientes a distintos años de carreras de grado. En esta propuesta también se valora y se le otorga

---

[1] Este trabajo forma parte del Programa de Investigación: Prácticas de asesoramiento, enseñanza y aprendizaje: lectura, escritura e interés por aprender. Aprobado y subsidiado por Secretaría de Ciencia y Técnica de la Universidad Nacional de Río Cuarto. 2016-2018. Las autoras de este trabajo son docentes investigadoras de la Universidad Nacional de Río Cuarto, Argentina.

centralidad al conocimiento estratégico, dada su íntima vinculación con el aprendizaje autónomo, autorregulado, metacognitivo y permanente (Monereo, 2003). Este tipo de intervenciones que involucran los tres primeros años de carreras de grado son poco frecuentes, puesto que, al menos en contextos latinoamericanos, están mucho más orientados hacia las problemáticas del primer año universitario (Ezcurra, 2007). Se pretende que las tareas de lectura y escritura promuevan en los estudiantes el desarrollo de estrategias para el análisis, la comprensión y la transformación del conocimiento académico, cuyas características discursivas son propias del campo disciplinar y profesional en el que los alumnos desarrollan su formación y que corresponden a su vez a un contexto universitario particular.

Con esta propuesta de intervención en el aula se pretende dar continuidad y profundidad al trabajo que se viene desarrollando sobre la problemática planteada[2]. En este sentido, todos los miembros de esta intervención son miembros de la RAILEES—Red Argentina de Instituciones Lectoras y Escritoras de Educación Superior—y del CIELE—Centro de Investigación en Enseñanza de la Lectura y Escritura de la Facultad de Ciencias Humanas, UNRC, Argentina. Esto ha posibilitado que los docentes involucrados en este trabajo ya hayan participado en la elaboración e implementación de proyectos institucionales que involucran a la alfabetización académica. En este contexto, es de destacar que la Facultad de Ciencias Humanas de la Universidad Nacional de Río Cuarto (Argentina), viene trabajando fuertemente en: a) la implementación de políticas que impacten en la consideración de la alfabetización académica desde las propuestas de ingreso formulados por los departamentos de la Facultad, y b) la promoción de líneas de acción referida a la alfabetización académica en el marco de la Universidad en su conjunto.

Marco Conceptual: Lectura y Escritura en el aula Universitaria

En las últimas tres décadas, la investigación en el campo de la psicología educacional se ha ocupado de estudiar los procesos cognitivos y los condicionantes sociales y culturales que caracterizan a las actividades denominadas híbridas, puesto que involucran indisociablemente los procesos de lectura y escritura.

---

2   Los equipos docentes de las materias involucradas en este proyecto, asignaturas de los tres primeros años de la Licenciatura en Psicopedagogía y del Profesorado y de la Licenciatura en Educación Especial, preocupados por este tipo de situaciones, desde hace más de diez años avanzamos en la construcción de diversas alternativas que den soluciones puntuales a estas problemáticas.

Específicamente, los estudios sobre la alfabetización académica señalan que constituye el conjunto de nociones y estrategias necesarias para participar en la cultura discursiva de las disciplinas, así como en las actividades de producción y análisis de textos requeridos para aprender en la universidad, y particularmente atiende a las prácticas de lenguaje y pensamiento propias del ámbito académico (Castelló et al., 2011). Designa también el proceso por el cual se llega a pertenecer a una comunidad científica y/o profesional, precisamente en virtud de haberse apropiado de sus formas de razonamiento instituidas a través de ciertas convenciones del discurso. En otras palabras, se trata de formar para escribir y leer como lo hacen los especialistas y de enseñar a leer y a escribir para apropiarse del conocimiento que han producido ellos (Carlino, 2003, 2013).

Tal como lo ha expresado ampliamente Carlino (2005), la importancia del concepto de alfabetización académica radica en que pone de manifiesto que los modos de leer y escribir—de buscar, adquirir, elaborar y comunicar conocimiento—no son iguales en todos los ámbitos. La autora señala los riesgos de considerar que la alfabetización es una habilidad básica que se logra de una vez y para siempre; en este sentido, cuestiona la idea de que aprender a producir e interpretar lenguaje escrito es un asunto concluido al ingresar a la educación superior; también objeta que la adquisición de la lectura y escritura se completen en algún momento. Por el contrario, la diversidad de temas, clases de textos, propósitos, destinatarios, reflexiones implicadas y contextos en los que se lee y escribe plantean siempre nuevos desafíos y exigen continuar aprendiendo a leer y a escribir (Carlino, 2003) a lo largo de la vida. Contemporáneamente la autora revalida esta idea al referir que:

> Alfabetizar académicamente equivale a ayudar a participar en prácticas discursivas contextualizadas, lo cual es distinto de hacer ejercitar habilidades desgajadas que fragmentan y desvirtúan esas prácticas. Porque depende de cada disciplina y porque implica una formación prolongada, no puede lograrse desde una única asignatura ni en un sólo ciclo educativo. Así, las "alfabetizaciones académicas" incumben a todos los docentes a lo ancho y largo de la universidad. (Carlino, 2013, p. 370)

A partir de lo anterior se entiende que, al trabajar con lectura y escritura en las disciplinas, se debe referir al concepto de alfabetización académica, que se viene desarrollando desde hace dos décadas en el ámbito de la educación superior.

Castelló et al. (2011) han señalado que leer múltiples documentos para escribir un texto académico es sin duda una demanda habitual para la mayoría de los estudiantes universitarios y una tarea compleja tanto para ellos como para los investigadores que estudian los contextos académicos actuales. A diferencia de otras actividades académicas, como resumir una información o comprenderla para resolver un examen, la complejidad añadida en este tipo de tarea radica en su característica híbrida e interactiva, que exige el uso relacionado y estratégico de procesos de comprensión y de composición. Se trata de integrar información de múltiples documentos con la finalidad de producir un nuevo texto académico, ajustado a una situación de comunicación disciplinar. Esto demanda adoptar una posición mixta entre lector y escritor: la de un escritor que lee con una finalidad diferente a la de la simple comprensión de la información, precisamente porque realiza esta actividad desde la posición de autor; a su vez, ese mismo escritor se nutre de la integración y el diálogo que en su posición de lector fue capaz de establecer con la información proporcionada por múltiples fuentes (Castelló et al., 2011).

A partir de esta consideración de los procesos de lectura y escritura, es necesario promover el conocimiento estratégico que supone construcción de sentidos, de significados y de procedimientos deliberados y adecuados, flexibles y sofisticados orientados hacia metas de aprendizaje. En tanto construcción, el conocimiento estratégico no puede concebirse como una cuestión de "todo o nada", sino de grados o niveles en relación con la conciencia, complejidad, perspectivismo y eficacia de los procedimientos utilizados (Pozo & Monereo, 2002; Rodrigo & Correa, 2000).

Si la lectura y la escritura suponen, como se ha mencionado, el conjunto de nociones y estrategias necesarias para participar en la cultura discursiva de las disciplinas (Carlino, 2003), de ese concepto se desprende la relación entre lectura y escritura, en tanto procesos, con el conocimiento estratégico en tanto desarrollo de estrategias de apropiación de conocimiento a través de procesos de lectura y escritura y con la transformación del conocimiento en tanto apropiación de saberes cuya complejidad intrínseca supera el mero decir por la reconstrucción personal de los saberes.

Una de las tareas que guarda una potencialidad importante para el trabajo estratégico y de transformación de conocimiento es el escrito monográfico, en tanto posibilita un tratamiento en profundidad de un tema en particular, estudiándolo e investigándolo (Botta & Warley, 2007), lo cual implica la lectura detallada y crítica de los textos fuente y su función básica es la de informar y argumentar (Ejarque, 2007).

Las tareas de lectura y escritura en ámbitos académicos se inscriben dentro de procesos de construcción, comprensión y transformación del conocimiento disciplinar. Scardamalia & Bereiter (1992) distinguieron dos modelos de procedimiento para la elaboración de textos a partir de la lectura y la escritura: el modelo de *"decir el conocimiento"*, que supone la construcción reproductiva de textos a partir de otros, la composición inmadura, la escasa planificación del texto, la generación de una idea general y su escritura; y el modelo de *"transformar el conocimiento"* que permite la representación previa, la apropiación, la reelaboración y la contextualización de las situaciones discursivas en las que las tareas estén inscriptas (Castelló *et al.*, 2011). Este tipo de modelos cognitivos si bien se ocupan de explicar las estrategias que utilizan expertos y novatos ante tareas de escritura, asumiendo que la lectura y la escritura son tareas hibridas, se constituyen en un antecedente relevante a considerar para comprender más acabadamente el uso estratégico diferenciador entre quienes siguen los diferentes modelos (Castelló *et al.*, 2011).

En cuanto a los aspectos cognitivos del conocimiento estratégico, se han distinguido cuatro tipos de conocimiento que intervienen en el aprendizaje y uso de estrategias: conocimientos declarativos, procedimentales, condicionales y metacognitivos (Pozo & Monereo, 2002).

El conocimiento de tipo declarativo involucra la explicitación respecto de "qué son" y "como se ejecutan" los procedimientos de aprendizaje. En el caso de la lectura y la escritura nos referimos especialmente a las estrategias de anticipación, contextualización, selección e integración de la información, entre otras. Los conocimientos declarativos se refieren al "saber qué", esto es saber en qué consiste una estrategia y saber cómo se ejecuta.

El conocimiento de tipo procedimental implica el "saber hacer" o "saber usar los procedimientos", es decir, seleccionar los conocimientos sobre un tema, buscar información complementaria, saber analizar y reconocer las diferentes situaciones discursivas, organizar dicho conocimiento en función de esa situación, resolver distintas dificultades a lo largo de la elaboración del texto, entre otros procedimientos (Gubern, 1994).

En cuanto al conocimiento condicional, este implica reconocer las demandas y características de las tareas de lectura y escritura, adecuando las decisiones y procedimientos a las mismas a partir de la toma de conciencia de los propósitos, la consideración de los tiempos asignados, los destinatarios del escrito, etc. Los conocimientos condicionales requieren saber reconocer las circunstancias bajo las cuales se realiza el aprendizaje, de modo tal que se puedan adecuar las decisiones y los procedimientos a las condiciones del ambiente, de la tarea y del propio sujeto que aprende.

Finalmente, los conocimientos de tipo metacognitivos suponen tanto el reconocimiento como el control y la regulación de los propios procesos cognitivos de la persona que aprende (Palincsar & Brown, 1989; Pozo & Mateos, 2009).

Los tres tipos de conocimiento aludidos—declarativo, procedimental y condicional—adquieren carácter estratégico a partir de la toma de conciencia de los sujetos en relación con sus propias características y posicionamientos como lectores y escritores, y a partir de la regulación y valoración que pueden aprender a desarrollar sobre los procedimientos que realizan y sobre los resultados logrados mediante sus lecturas y escrituras, en tanto conocimiento metacognitivo (Pozo & Monereo, 2009). Estas formas de conocimiento, lejos de constituir "saberes técnicos", se orientan a potenciar experiencias de lectura y de escritura en las que se entraman actitudes epistémicas y afectivas (Larrosa, 2003).

Por otra parte, algunas investigaciones han demostrado que la transformación del conocimiento requiere de un cambio conceptual o representacional por parte de la persona que aprende, y ello a partir del desarrollo de al menos tres dimensiones constitutivas del cambio conceptual: la explicitación de los procesos cognitivos, la complejización y el perspectivismo cognitivo (Rodrigo & Correa, 2000; Scheuer & Pozo, 2006).

La explicitación de los procesos cognitivos que llevan al aprendizaje implica la toma de conciencia y verbalización por parte de los estudiantes de los conocimientos condicionales, procedimentales y conceptuales que intervienen en el aprendizaje. La complejidad cognitiva involucra la diferenciación, integración y reestructuración de conocimientos condicionales, procedimentales y conceptuales construidos; en tanto que el perspectivismo implica la generación de puntos de vista divergentes/convergentes sobre el conocimiento condicional, procedimental y conceptual construido (Boatto *et al.*, 2012). En nuestro caso, las tareas de lectura y escritura involucran estas tres dimensiones.

Como se ha mencionado, el desarrollo de las tres dimensiones favorece la transformación del conocimiento y en este sentido, el cambio conceptual o representacional por parte de los estudiantes. Según la literatura especializada sobre estos temas, el cambio representacional puede promoverse a partir del diseño de situaciones educativas que lo favorezcan (Scheuer & Pozo, 2006).

Marco Metodológico

El trabajo se enmarca en la investigación de diseño (*design-based research*, DBR), que atiende a la relación entre investigación y práctica educativa, con el objetivo de mejorar dicha práctica y desarrollar conocimiento a partir de la investigación (Anderson & Shattuck, 2012). Se parte del diseño y desarrollo de una intervención educativa para abordar un problema en la práctica, conformándose asimismo en investigación empírica que produce una comprensión teórica. La actuación sobre problemas educativos significativos, prácticos y complejos que enfrentan los y las profesionales de la educación se constituye en escenario para la investigación científica y para el desarrollo de nuevos conocimientos y contribuciones ante problemáticas similares (Anderson & Shattuck, 2012).

Este estudio parte del supuesto de investigación que muestra que la implementación de intervenciones instruccionales orientadas a favorecer la explicitación progresiva, la complejidad creciente y el perspectivismo del conocimiento a partir de tareas de lectura y escritura promueven el desarrollo de aprendices estratégicos en el nivel superior.

Descripción de la Secuencia Instruccional y su Implementación en el Aula Universitaria

En esta sección se presenta la descripción e implementación de la secuencia instruccional realizada en los primeros tres años universitarios de carreras de Licenciatura en Psicopedagogía y Licenciatura y Profesorado en Educación Especial.

Para la construcción e implementación del diseño instruccional orientado a promover el cambio representacional se atendió a:

- La explicitación de las concepciones de aprendizaje a partir de la lectura y la escritura. Implica la toma de conciencia y verbalización por parte de los estudiantes de los conocimientos condicionales, procedimentales y conceptuales que intervienen en dicho aprendizaje.
- La complejidad en las concepciones de aprendizaje a partir de la lectura y la escritura. Involucra la diferenciación, integración y reestructuración de conocimientos condicionales, procedimentales y conceptuales construidos a partir de la lectura y la escritura.
- El perspectivismo en las concepciones de aprendizaje a partir de la lectura y la escritura. Implica la generación de puntos de vista divergentes/convergentes sobre conocimiento condicional, procedimental y conceptual construido a partir de la lectura y la escritura.

En la elaboración de este proyecto de intervención en el aula, el propósito general fue el de promover en los estudiantes aprendizajes orientados hacia la transformación del conocimiento a partir de los procesos de lectura y escritura académica.

Para ello la tarea central fue la producción de un *escrito monográfico*, que fue de iguales características en los tres años, pero ajustado en cada año, a los temas disciplinares correspondientes a cada uno de los espacios curriculares donde se trabajó. Se elaboró a partir de la puesta en marcha de procesos tanto cognitivos como metacognitivos[3]. El escrito monográfico o monografía refiere

---

3 Los aspectos de este estudio correspondientes al análisis de los componentes metacognitivos forman parte de otro trabajo que ha sido enviado a la Revista Innovación Educativa, y al momento de la elaboración de este capítulo, se encuentra en etapa de evaluación.

a la elaboración de un texto escrito sobre un tema disciplinar específico a partir de textos fuente.

La elección de un escrito monográfico como producción final del proceso de enseñanza y de aprendizaje responde a la relevancia de este tipo de texto (de uso habitual en el aula universitaria), en tanto promueve, mediante diversas tareas híbridas que involucran procesos de lectura y escritura, la transformación del cocimiento disciplinar (según el modelo de Scardamalía & Bereiter, 1992) por parte de los estudiantes, a partir de procesos tanto cognitivos como metacognitivos.

Se trabajó de forma simultánea con la totalidad de los alumnos de los tres primeros años de carreras de grado pertenecientes a las carreras de Licenciatura en Psicopedagogía y Licenciatura y Profesorado en Educación Especial del Departamento de Ciencias de la Educación de la Universidad Nacional de Río Cuarto, Argentina. La elección respondió a los criterios de factibilidad, accesibilidad y especificidad de objeto disciplinar. Las asignaturas en las que se trabajó fueron de formación disciplinar general. Por ello, el escrito monográfico fue de iguales características en los tres años y la particularidad atendió a los temas desarrollados en los escritos, que se correspondían con los temas que se dictaban en cada asignatura. El tiempo destinado a la implementación de esta propuesta fue de un cuatrimestre por año y se trabajó con 159 alumnos. De este grupo se obtuvieron finalmente 63 escritos monográficos.

El desarrollo de la propuesta implicó la elaboración, implementación y evaluación de tareas de lectura y escritura, que se constituyeron en trabajos prácticos desarrollados en el aula e involucraron conocimientos de distinto tipo: a) declarativo, b) procedimental, c) condicional y d) metacognitivo.

El trabajo efectivo en las aulas se desarrolló en tres asignaturas de grado bajo la modalidad de *seminario de lectura y escritura*, donde las tareas complejas implicaron la participación activa y comprometida de los estudiantes y de los profesores en el trabajo sostenido y en profundidad sobre una temática en particular. Cada docente involucrado en la experiencia participó con la modalidad de seminario guiando la tarea y orientando la elaboración del escrito monográfico, especialmente en la comunicación de conocimientos y experiencias referidos a los temas centrales de la asignatura, promoviendo así la transformación del conocimiento a aprender por parte de los estudiantes.

De este modo, el desarrollo de las tareas complejas buscó generar un doble aprendizaje para los estudiantes: por una parte, la profundización, integración y sistematización de los temas elegidos por ellos; y, por otra, aprender los procesos de composición del texto académico, en este caso el escrito monográfico.

Estas dos perspectivas de aprendizaje no están aisladas: "pensar sobre el papel", objetivar las palabras es una forma de revisar, ampliar y ordenar los conceptos y las ideas que se van desarrollando sobre un tema particular. Asimismo, "comunicar el conocimiento" obliga a aclarar el propio pensamiento, a cuidar los aspectos de la escritura que suponen a "otro", un sujeto lector del propio texto producido, con lo que es necesario hacerse cargo de la importancia y la responsabilidad de compartir el conocimiento y someterlo al juicio de los posibles lectores (Carlino, 2013), generando una actividad metacognitiva necesaria tanto para el desarrollo de la objetivación como para el desarrollo de la comunicación del pensamiento.

La propuesta de intervención involucró el despliegue de 3 actividades que se desarrollaron durante la segunda parte del desarrollo de las clases de grado, consistentes en la elaboración de trabajos escritos grupales a partir de discusiones, acuerdos, escrituras colectivas y revisiones. Las actividades fueron las siguientes:

- La primera atiende al trazado de un *plan de escritura*.
- La segunda se centra en *la escritura propiamente dicha y la revisión del proceso*.
- La tercera atiende a la *evaluación* de las construcciones escritas y las necesarias *revisiones*.

En la propuesta que aquí se presenta, el escrito monográfico solicitado a los estudiantes se centra en el desarrollo teórico de una temática/problemática seleccionada por ellos, así como en la explicitación del uso del conocimiento y la formulación de valoraciones y experiencias personales sobre los temas-problema elegidos por los estudiantes. Todo ello a partir de la revisión bibliográfica, la lectura y la escritura, en el marco de un trabajo cooperativo en grupos de estudiantes.

Los docentes involucrados acordaron en conjunto las tareas de escritura, que refirieron a temas de cada una de sus asignaturas específicas de las carreras de grado.

Los protocolos, entendidos como guías escritas con consignas específicas, que orientaron los escritos monográficos se presentaron a los estudiantes con sus correspondientes tareas de lectura y escritura, ofreciendo sugerencias tendientes a promover la revisión y reflexión metacognitiva sobre las decisiones que se fueran tomando.

Específicamente, las consignas de trabajo propuestas a los alumnos se orientaron hacia: a) la *contextualización de la tarea*, b) el desarrollo de *conocimiento estratégico* de lectura y escritura, c) la *reestructuración conceptual* de la monografía y d) la elaboración de *valoraciones personales* (más adelante, en el apartado de Resultados se definen cada una de estas dimensiones).

Esta perspectiva de trabajo atiende a la función epistémica de la lectura y la escritura, y a la transformación de los saberes, puesto que el aprendizaje desarrollado posibilita la reconstrucción del conocimiento. Esto significa que se parte de fuentes que ofrecen diferentes ideas y conceptos, y se reconstruyen elaborando nuevas versiones, a partir de la reflexión, la reestructuración, la explicitación, la complejidad y el perspectivismo. Se trata de promover en los estudiantes la transformación del conocimiento, en el trabajo compartido durante el cual se van generando nuevas ideas (Carlino, 2013; Scardamalía & Bereiter, 1992).

Además de promover la construcción y transformación de conocimientos disciplinares de cada asignatura, la intervención instruccional, entendida como un proceso de instrucción intencional por parte de los docentes, también implicó que los estudiantes reflexionen metacognitivamente acerca de sus propios procesos de lectura y escritura. Así, los estudiantes se implicaron en secuencias de actividades de clase que involucraron contenidos disciplinares, contenidos vinculados con los procesos de lectura y escritura y aprendizajes metacognitivos.

La secuencia de actividades, expresado de forma breve, involucró:

- **El plan de escritura**
    - ¿Qué escribir?
    - ¿Por qué escribir?
    - ¿Para quién escribir?

- **La escritura propiamente dicha y la revisión del proceso**
    - Pertinencia y precisión del tema
    - Elaboración de ideas
    - Atención a los propósitos
    - Marco conceptual de referencia
    - Contextualización
    - Establecimiento de relaciones entre conceptos y experiencias personales
    - Organización del texto
    - Explicitación de las relaciones
    - Precisión y claridad de los procesos centrales (descripción, definición, explicación y comparación)
    - Profundidad en el tratamiento de las ideas y relaciones
    - Escritura

- **Evaluación y revisión**
    - Presentación de avances
    - Revisiones
    - Participación en los procesos de escritura compartida
    - Reflexiones personales debidamente argumentadas
    - Reflexiones metacognitivas

Por otra parte, los protocolos de trabajo para la elaboración de las tareas de lectura y escritura que culminaron en la producción del escrito monográfico también involucraron: acciones orientadas hacia el intercambio entre profesores que disponen de saberes diferentes; la revisión y análisis de los programas y cronogramas de las asignaturas implicadas en la propuesta de trabajo, a los fines de incluir la lectura y la escritura académica como contenido de enseñanza en cada una de ellas y acordar los tiempos disponibles y necesarios para el desarrollo de las actividades a implementar en el transcurso del dictado de las materias; reuniones destinadas al trabajo compartido entre los distintos docentes para la selección y análisis de los textos que se ofrecen a los estudiantes; el diseño de secuencias de enseñanza a desarrollar en el aula, en las que se articulen estrechamente los contenidos disciplinares, la lectura y la escritura y la definición de criterios de evaluación; conducción de los espacios *áulicos* donde se desarrollen las tareas previamente diseñadas; y evaluación del desarrollo de la propuesta pedagógica y de los resultados obtenidos.

Análisis e Interpretación de los Datos Obtenidos de las Producciones Estudiantiles

Una vez finalizado, el trabajo en las aulas se procedió a realizar el análisis de las producciones de los estudiantes universitarios, considerando los componentes que orientan la construcción de los escritos monográficos explicitados precedentemente; esto es, el desarrollo de conocimientos conceptuales, procedimentales, condicionales y metacognitivos vinculados a saberes disciplinares específicos (en nuestro caso, del campo de las Ciencias de la Educación).

Para el análisis de los escritos se consideró como criterio relevante seleccionar las monografías de rendimiento bajo—con notas promedio de 5 o 6—y de rendimiento alto—con notas promedio de 8 o 9 para una escala de 1 a 10—, que fueron aprobadas por los estudiantes universitarios de los tres primeros años (N=41) (como se ha mencionado, el escrito monográfico fue evaluado en el marco de las evaluaciones habituales de las asignaturas involucradas; por ello se las seleccionó en función de la escala evaluativa de la universidad de origen y se realizó con criterios expuestos en la matriz de análisis). Ello permitió no solamente encontrar las características típicas que hacen a las regularidades en la construcción de los escritos, sino también cotejar diferencias entre grupos de alumnos con diferencias en sus rendimientos académicos.

Se realizó análisis de contenido de los datos aportados por los escritos monográficos y se construyó una matriz de análisis que permite la ponderación de la ocurrencia de indicadores para cada dimensión, categoría y subcategoría estudiada (Aguilera *et al.*, 2020; Bono *et al.*, 2018). Se entiende por *indicador* a la identificación y ocurrencia de elementos cuya presencia e intensidad permiten la deducción de la presencia de los fenómenos conceptualmente caracterizados (Hernández Sampieri *et al.*, 2014).

La matriz construida estuvo sujeta a sucesivas revisiones a partir de diálogos por parte de los investigadores del grupo de trabajo, así como de los resultados de los primeros análisis piloto de los datos. Para determinar si la matriz de análisis como instrumento posibilita la identificación de las dimensiones y categorías propuestas, la *validez de contenido* (Hernández Sampieri *et al.*, 2014) se estimó a través de un sistema de control de expertos, que clasificaron y juzgaron la adecuación de las categorías establecidas para cada dimensión propuesta, en función del objetivo planteado. Todo esto posibilitó depurar y reformular conceptualmente las dimensiones, categorías y subcategorías de la matriz de análisis hasta alcanzar su versión final.

En la Tabla 4.1 se presentan las dimensiones y categorías de análisis.

Tabla 4.1. Dimensiones y Categorías.

Dimensiones	Categorias	Subcategorias
1. Contextualización de la tarea	a) Explicitación de propósitos	a.1.1) Reformulación de los propósitos en función de saberes e intereses personales del grupo
		a.1.2) Reproducción textual de los propósitos presentes en el protocolo de trabajo
	b) Explicitación de temas/problemas	b.1.1) Reelaboración de temas/problemas por parte del grupo de trabajo
		b.1.2) Reproducción textual de temas/problemas expuestos en el protocolo de trabajo
	c) Reconocimiento de textos fuentes, autores y obras	c.1.1) Identificación de perspectivas teóricas y/o autores
		c.1.2) Contextualización ampliada de autores y obras
		c.1.3) Identificación de obras
	d) Explicitación de destinatarios	d.1.1) Enunciación de destinatarios a lo largo del desarrollo del trabajo
		d.1.2) Enunciación de destinatarios en la introducción del trabajo

Dimensiones	Categorias	Subcategorias
2. Uso estratégico del conocimiento	a) Mención de conocimientos previos	a.2.1) Explicitación de experiencias previas
		a.2.2) Explicitación de conocimientos conceptuales previos
	b) Selección de ideas relevantes	b.2.1) Presencia de ideas relevantes
	c) Claridad conceptual	c.2.1) Precisión en la explicitación de conceptos y temas
		c.2.2) Imprecisión de explicitación de conceptos y temas
	d) Respeto por las fuentes	d.2.1.) Respeto por las normas de citación y parafraseo
		d.2.2) Coherencia de la idea expuesta en relación a la postura del autor
	e) Articulación de temas y autores	e.2.1) Articulación de temas y/o conceptos de distintos autores
		e.2.2) Articulación de temas y/o conceptos de un mismo autor
	f) Uso adecuado de conectores entre oraciones e ideas	f.2.1) Uso adecuado de conectores
3. Reestructuración conceptual	Precisión y claridad de procesos centrales que hacen a la reestructuración conceptual de los saberes	a.3.1) Explicación
		a.3.2) Descripción
		a.3.3) Síntesis
		a.3.4) Definición
		a.3.5) Comparación
	Coherencia textual	b.3.1) Coherencia textual vinculada al/los tema/s
		b.3.2) Coherencia textual vinculada al propósito
	Adecuada estructuración y jerarquización de la información	c.3.1) Señalización léxica y perceptual
		c.3.2) Adecuada estructuración y jerarquización de la información en los párrafos
		c.3.3) Adecuada estructuración y jerarquización de la información en los escritos monográficos
4. Valoraciones en las producciones textuales	Valoraciones sobre el contenido de los textos fuentes y sobre las propias producciones textuales	a.4.1) Valoraciones sobre el contenido de los textos fuente
		a.4.2) Valoraciones sobre las propias producciones textuales

Resultados de la Implementación

A continuación, se presentan los resultados obtenidos a partir de la ocurrencia de indicadores identificados para cada una de las dimensiones, categorías y subcategorías más relevantes encontradas en el análisis de los textos producidos por los estudiantes.

Dimensión 1: Contextualización de la Tarea

La *contextualización de la tarea* refiere a la explicitación de los propósitos, el reconocimiento de la información de los textos fuente y la consideración de los destinatarios. Ello supone el conocimiento sobre el tema de los textos y quienes los escriben, el contexto de la publicación de las obras y los recursos utilizados en los mismos, a partir de los cuales se obtienen señales que permiten elaborar los juicios valorativos necesarios para la construcción de la escritura.

Encontramos que, al interior de la dimensión "Contextualización de la tarea", las dos categorías que mayor presencia de indicadores muestran son: "Explicitación de destinatarios" y "Reconocimiento de textos fuentes, autores y obras", mientras que las categorías "Explicitación de propósitos" y "Explicitación de temas/problemas" muestran una presencia media de indicadores.

Respecto de la primera categoría de esta dimensión, denominada "Explicitación de propósitos", esto es, formulación explícita de los objetivos de la tarea, se aprecia que la subcategoría que mayor ocurrencia de indicadores presenta en los diferentes años del cursado de las carreras es "Reformulación de los propósitos en función de saberes e intereses personales del grupo", tanto para las monografías de rendimiento alto como para las de rendimiento bajo. A su vez, la presencia de estos indicadores es significativamente mayor en las monografías de segundo y tercer año con rendimiento alto, en comparación con las monografías de primer año con el mismo rendimiento. Por ejemplo, los estudiantes expresan:

> El **objetivo personal** de este escrito es la elaboración de un informe el cual pueda comunicar conocimientos y experiencias en relación a los temas propuestos. Por otra parte, **seguir aprendiendo a escribir**, a modo de potenciar la función epistémica de la escritura, a la vez que **lograr un aprendizaje significativo** a partir de la lectura, análisis, relación e interpretación de las teorías desarrolladas.
>
> En cuanto al **propósito en el cual se encuadra la tarea**, consiste en realizar un trabajo monográfico integrador de los diversos temas con altos niveles de explicitación, complejidad y

perspectivismo, a la vez que, de acuerdo al tema seleccionado, "potenciar la interacción del aprendizaje en el aula del nivel primario", posibilitar un acercamiento hacia aquellos docentes pertenecientes al contexto escolar primario. (M7. RA. 2 año)

En cambio, en las monografías con rendimiento bajo, la presencia de indicadores para la subcategoría "Reformulación de los propósitos en función de saberes e intereses personales del grupo" es menor y no se observan diferencias significativas según el año de cursado de las carreras.

En cuanto a la subcategoría denominada "Reproducción textual de los propósitos presentes en el protocolo de trabajo", se observa una presencia de indicadores considerablemente menor, teniendo en cuenta las producciones de los alumnos tanto de rendimiento bajo como alto y los años de cursado de las carreras.

Con respecto a la segunda categoría denominada *Explicitación de temas/problemas*, esto es, formulación explícita de las temáticas o problemáticas sobre las que se trabajará en la monografía, la subcategoría que mayor ocurrencia de indicadores muestra en los diferentes años del cursado de las carreras es "Reelaboración de temas/problemas por parte del grupo de trabajo." En segundo y tercer año la presencia de estos indicadores es superior en las monografías de rendimiento alto; mientras que, en primer año, la presencia de indicadores es la misma para las monografías tanto de rendimiento alto como bajo. Por ejemplo, los estudiantes expresan:

> **El tema central de la monografía es** *el desarrollo, la interacción y el aprendizaje en el contexto universitario desde una perspectiva cultural*, si bien ambas teorías poseen una amplia gama de conceptos, solo **nos centraremos en desarrollar los más pertinentes en función al tema mencionado anteriormente,** siendo estos: desarrollo ontogénico desde la mirada cultural en relación con el postulado del perspectivismo; ley de la doble formación que está constituida por la interiorización, la apropiación, la mediación y la zona de desarrollo próximo, que se relaciona con el postulado interaccional y el postulado del constructivismo. (M8. RA. 2° año)

En la subcategoría "Reproducción textual de temas/problemas expuestos en el protocolo de trabajo", se advierte una ocurrencia baja de indicadores presentes solamente en las monografías de primer año, especialmente en aquellas con rendimiento alto; mientras que no se advierte presencia de indicadores de esta subcategoría en segundo y tercer año.

Es importante aclarar aquí que el protocolo de la tarea del escrito monográfico para los estudiantes de primer año explicita con mayor precisión y detalle una serie de temas y conceptos vinculados a las unidades del programa de la asignatura; de estos temas, los estudiantes debían elegir uno para desarrollar. El propósito de explicar los temas fue el de orientar a los estudiantes de primer año, que tienen menor experiencia en el desarrollo de este tipo de tareas. En cambio, en segundo y tercer año los protocolos de trabajo enuncian los temas/problemas a desarrollar de un modo más general, atendiendo también a las unidades de los programas de las asignaturas, ya que se considera que los estudiantes cuentan con experiencias y aprendizajes previos, vinculados a la elaboración de escritos monográficos.

Al interior de la tercera categoría, *"Reconocimiento de textos fuentes, autores y obras"*, se advierte mayor presencia de indicadores en la subcategoría "Identificación de perspectivas teóricas y/o autores", especialmente en las monografías con rendimiento alto de primero y segundo año, comparadas con las monografías de rendimiento bajo. En cambio, en tercer año se observa mayor presencia de indicadores en las monografías de rendimiento bajo, en comparación con las de rendimiento alto. Por ejemplo:

> Para la elaboración de esta monografía **nos enfocaremos en las ideas de dos autores de gran relevancia** en el ámbito educativo. En primer lugar, tomaremos a Jerome Seymour Bruner, quien nació en Nueva York en el año 1915; veintidós años después se graduó en psicología en la Universidad de Duke y en 1941 consiguió el título de doctor, con una tesis dedicada al estudio de las emisiones radiofónicas de propaganda de los países implicados en la Segunda Guerra Mundial. Durante ésta trabajó como psicólogo en investigación de propaganda y actitudes populares en el cuartel general de Eisenhower en Francia. Aquí fue donde tomó conciencia de la importancia y las consecuencias de las reformas educativas. La redacción del libro blanco de la educación pública Francesa tuvo gran influencia y despertó los intereses pedagógicos que siguieron desarrollándose en la vida de este. (Guillar, 2009. p: 236) (M10. RB. 2° año)

La subcategoría "Contextualización ampliada de autores y obras" refiere a la descripción sobre la contextualización del autor, el espacio y el tiempo y la obra y/o enfoque teórico. Esta subcategoría muestra una presencia media de indicadores solo en las monografías de segundo y tercer año, concentrados especialmente en las monografías con rendimiento alto. No se advierte la presencia de indicadores de esta subcategoría en las monografías de primer año.

La subcategoría "Identificación de obras" muestra una baja ocurrencia de indicadores, especialmente en las monografías de tercer año con rendimiento bajo.

Por último, la cuarta categoría denominada *"Explicitación de destinatarios"*, que refiere a la formulación explícita de a quienes está dirigido el escrito monográfico, presenta mayor número de indicadores en la subcategoría "Enunciación de destinatarios a lo largo del desarrollo del trabajo", concentrados especialmente en las monografías con rendimiento alto en segundo y tercer año. En primer año no se advierten diferencias significativas de indicadores según el rendimiento. Tal es lo expresado por los alumnos:

> Nuestra monografía **está dedicada a los jóvenes ingresantes a la universidad** ya que durante toda su etapa de estudio y su vida profesional van a necesitar utilizar este recurso de la escritura constantemente. (M3. RB. 1er año)

La subcategoría "Enunciación de destinatarios en la introducción del trabajo" muestra menor presencia de indicadores distribuidos en los tres años de cursado de las carreras y en las monografías con rendimiento tanto alto como bajo.

En síntesis, en los resultados obtenidos del análisis de la primera dimensión, se advierte concentración de indicadores particularmente en: la Explicitación de destinatarios y el Reconocimiento de textos fuentes, autores y obras; la Reelaboración de temas/problemas por parte del grupo de trabajo; y la Identificación de perspectivas teóricas y/o autores.

La explicitación de las características de los textos involucrados en las tareas de aprendizaje se enmarca en el enfoque de la enseñanza en contexto (*in situ*) y a las situaciones discursivas y comunicativas correspondientes a las tareas, toda vez que, para el desarrollo de la escritura por parte de los estudiantes, fue necesaria la intervención colaborativa permanente de los profesores durante el desarrollo de las clases y el trabajo colaborativo entre los estudiantes (Carlino, 2013; Purser *et al.*, 2008; Skillen *et al.*, 1998). La enunciación de los objetivos y características de la tarea de aprendizaje en el protocolo permite explicitar el saber metacognitivo, que así mismo orienta los procedimientos que desarrollan los estudiantes para resolver dicha tarea (Mateos, 2001).

Por otra parte, en relación con el reconocimiento de textos fuentes, autores y obras involucrados en las tareas de aprendizaje, Goldman y Rakestraw (2000) sostienen que el conocimiento sobre el tema, el género y la estructura textual repercuten en el procesamiento del texto por parte del lector (Scardamalía & Bereiter, 1992). El conocimiento previo del lector respecto del dominio conceptual y disciplinar al que pertenece el texto, así como la complejidad y estructura del mismo, son condiciones que afectan el aprendizaje a partir de la lectura (Mateos, 2009); por lo tanto, la explicitación de estas características en las clases puede potenciar el desarrollo de aprendizajes más profundos en los estudiantes.

Dimensión 2: Uso Estratégico del Conocimiento

El uso *estratégico del conocimiento* de los procesos de lectura y escritura atiende a la actualización de conocimientos previos pertinentes, predicciones, selección de ideas relevantes, anticipaciones, inferencias, revisiones, correcciones, reescrituras, autorregulación, reflexiones sobre el propio desempeño, etc.

En la primera categoría, denominada *"Mención de conocimientos previos"*, esto es, explicitación de conocimientos y experiencia previas de los autores del escrito monográfico, la subcategoría "Explicitación de experiencias previas" denota una mayor presencia de indicadores, principalmente en las producciones de los estudiantes de primer año con rendimiento alto. Por ejemplo, los estudiantes expresan:

> Otro aspecto fundamental tiene que ver con nosotros mismos, con lo que le aportamos al texto al escribirlo desde nuestros saberes y nuestras propias estrategias de lectura y escritura; esto hace referencia a la "metacognición" que la encontramos desarrollada en Pozo y Mateos y al "conocimiento estratégico" en Pozo, Monereo y Castello. (M3. RB. 1er año)

En la subcategoría "Explicitación de conocimientos conceptuales previos", se observa una menor presencia de indicadores, distribuida entre las monografías de primer año (ambos rendimientos), segundo año (ambos rendimientos) y tercer año (rendimiento alto).

Con respecto a la segunda categoría, denominada *"Selección de ideas relevantes"*, esto es, la identificación de ideas importantes por parte de los autores de las monografías en función del propósito, tema y destinatarios, la subcategoría "Presencia de ideas relevantes" muestra una alta y significativa presencia de indicadores, predominantemente en las monografías con rendimiento alto en los tres años de cursado, alcanzando la mayor presencia de indicadores en los escritos monográficos de tercer año con rendimiento alto. Además, la presencia de indicadores en monografías con rendimiento alto es progresivamente mayor a medida que avanza el año de cursado de la carrera. Por otro lado, es de destacar que la subcategoría "Presencia de ideas irrelevantes" muestra una ocurrencia baja de indicadores, concentrados en los escritos monográficos de rendimiento bajo en los tres años de cursado. Así, los alumnos expresan:

> Otros dos aspectos que consideramos relevantes destacar en este proceso de adquisición de conocimientos desde lo social a lo individual son la apropiación y la Zona de Desarrollo Próximo ya que las mismas posibilitan una reconstrucción personal a través de la interacción con otros más capaces en un contexto cultural determinado. (M7. R.A. 3er año)

En la tercera categoría, *"Claridad conceptual"*, referida a la precisión en la explicitación de conceptos y temas, la subcategoría "Precisión en la explicitación de conceptos y temas" muestra una significativa presencia de indicadores en las producciones monográficas correspondientes a los tres años de cursado y fundamentalmente en los trabajos de alto rendimiento. Asimismo, la presencia de indicadores es progresivamente mayor, a medida que avanza el año de cursado de la carrera, tanto para las monografías de rendimiento alto o bajo.

Por otro lado, la subcategoría "Imprecisión de explicitación de conceptos y temas" muestra una ocurrencia de indicadores muy baja, concentrándose éstos en los escritos monográficos de los tres años de cursado con rendimiento bajo. Así, por ejemplo:

> Los Procesos Psicológicos Superiores, tal como lo expresa Baquero (1996) son constituidos histórica y socialmente por los humanos y adquiridos por la totalidad de los miembros de la especie por medio del uso de instrumentos de mediación. Los mismos permiten regular la acción en función de un control voluntario y consciente, superando la dependencia y control por parte del entorno.
>
> El mismo autor establece que en el interior de estos procesos se pueden distinguir los Procesos Psicológicos Superiores Rudimentarios y los Avanzados. Teniendo en cuenta la educación dentro del aula, se hará hincapié solo en los Procesos Psicológicos Superiores Avanzados ya que los mismos se caracterizan por poseer un grado mayor de uso de los instrumentos de mediación y se adquieren dentro de procesos instituidos de socialización específicos como lo son los procesos de escolarización. (M7. R.A. 2° año)

En la cuarta categoría, *"Respeto por las fuentes"*, que atiende a la referenciación adecuada de los textos fuente (citación y parafraseo), las subcategorías

"Respeto por las normas de citación y parafraseo" y "Coherencia de la idea expuesta en relación a la postura del autor" muestran una alta presencia de indicadores distribuidos en las producciones monográficas de los tres años de cursado, especialmente aquellas con rendimiento alto. Asimismo, es de destacar que, en ambas subcategorías, en las monografías con rendimiento alto la presencia de indicadores es progresivamente mayor, a medida que se avanza en el año de cursado de la carrera. Los estudiantes expresan:

> Desde **Cortese, Olivero y Mora (2012)**, se ve como desde el comienzo de la constitución de nuestro país en el siglo XIX, se buscaba formar una sociedad homogénea. (M 11. RB. 3er año)

La quinta categoría, "*Articulación de temas y autores*", ya sea a partir de coincidencias, discrepancias, complementariedad o integración, presenta una mayor ocurrencia de indicadores en la subcategoría "Articulación de temas y/o conceptos de distintos autores", distribuidos en las monografías de los tres años de cursado, especialmente con rendimiento alto. Además, la presencia de indicadores es progresivamente mayor a medida que se avanza en el año de cursado. La subcategoría "Articulación de temas y/o conceptos de un mismo autor" muestra una menor presencia de indicadores que se concentran mayormente en las monografías de rendimiento alto. Por ejemplo, los alumnos expresan:

> Recuperando el contexto, consideramos relevante hacer mención a la teoría socio histórica cultural de Vigotsky y a los dos postulados propuestos por Bruner ya que ambas le otorgan un lugar privilegiado a la construcción del aprendizaje en interacción con otros de la cultura, a modo de mejorar las prácticas educativas tanto en contextos formales como no formales. (M7. R.A. 3er año)

En la última categoría de esta segunda dimensión, denominada "*Uso adecuado de conectores entre oraciones e ideas*", la subcategoría "Uso adecuado de conectores"—tales como *pero, por lo tanto, en este sentido, como se mencionó anteriormente*—muestra una alta presencia de indicadores en las monografías de los estudiantes de rendimiento alto y bajo en los tres años de cursado, siendo significativamente mayor en las monografías de rendimiento alto. En este último caso, la presencia de indicadores es progresivamente mayor, a medida que se avanza en el año de cursado. Los estudiantes expresan:

> **Como continuación** de lo anterior, consideramos **que, si bien** el ser humano está formado por aspectos biológicos, la cultura

viene a completarlo y a complejizar las funciones existentes **ya que** implica una relación con otros, quienes a su vez forman esa cultura. La misma ofrece elementos, de los cuales las personas pueden hacer uso para desenvolverse en la cultura lo **que va a** posibilitar la adquisición de nuevos aprendizajes, **que va a** tener una doble configuración: una individual y una cultural, concepto que analizaremos en el próximo apartado. (M8. R.A 2° año)

En síntesis, al interior de la segunda dimensión, las cuatro categorías que mayor presencia de indicadores muestran son: "Adecuado uso de conectores entre oraciones e ideas"; "Respeto por las fuentes"; "Selección de ideas relevantes" y "Claridad conceptual." Por su parte, la categoría "Articulación de temas y/o autores" muestra una presencia media de indicadores, mientras que la categoría "Mención de conocimientos previos" muestra una presencia baja de indicadores.

Estos resultados darían cuenta de que el conocimiento declarativo acerca de la propia actividad cognitiva y el uso estratégico del conocimiento constituyen otro de los componentes de la metacognición (Pozo & Mateos, 2009). Esto se vincula al saber acerca de los procedimientos necesarios para desarrollar una tarea de aprendizaje, cómo se aplican las estrategias y bajo qué condiciones resultan efectivas (Mateos, 2001). En nuestro caso, el uso de conocimientos preexistentes, la articulación entre temas y autores y el respeto por las fuentes dan cuenta de ello.

Dimensión 3: Reestructuración Conceptual

La *reestructuración conceptual* de la producción del escrito monográfico requiere la lectura crítica-reflexiva, donde la claridad, el respeto por las fuentes y la exposición de los criterios son necesarios para la reconstrucción de los propios textos, atendiendo a la explicitación, la complejidad y el perspectivismo.

Dentro de la primera categoría "*Precisión y claridad de procesos centrales que hacen a la reestructuración conceptual de los saberes*", se observa que la presencia de indicadores es significativamente mayor en la subcategoría "Explicación", que implica exposición ampliada, desarrollada o detallada de un determinado tema, con el objetivo de aclararlo, justificarlo y/o reafirmarlo. Esto se evidencia principalmente en las monografías con rendimiento alto de primero y de segundo año; mientras que, para tercer año, se advierte tanto en las monografías con rendimiento alto como bajo. Asimismo, la presencia de indicadores en esta subcategoría es progresivamente mayor a medida que se avanza en el año de cursado de la carrera, tanto para las monografías de rendimiento bajo como alto. Los estudiantes expresan:

> Al respecto, Cubero y Luque (2005) sostienen que Vigotsky formuló la relación entre el grupo social y el desarrollo personal en su *"ley genética del desarrollo cultural."* La misma consiste, según Vigotsky en Baquero (1996), en que en el desarrollo cultural del niño, toda función aparece primero a nivel social (interpsicológica) y más tarde, a nivel individual (intrapsicológica). A su vez, Vasconcellos (2004) sostiene que Vigotsky establece que la presencia del otro social puede manifestarse a través de objetos, espacios, costumbres y actitudes culturalmente definidos. (M7. R.A. 3° año)

Las subcategorías "Descripción" (caracterizar un elemento o tópico asociando sus rasgos), "Síntesis" (integración condensada de contenido) y "Definición" (dar a un término un significado más amplio y restringirlo con ciertas especificaciones) muestran una presencia significativamente más baja de indicadores. La "Descripción" se observa con mayor presencia de indicadores en las monografías de primer y tercer año, de rendimiento alto y bajo. La "Síntesis" se evidencia principalmente en las monografías con rendimiento alto en los tres años de cursado de las carreras. Por último, la "Definición" se pondera con mayor presencia en las monografías de primer año, especialmente las de rendimiento alto.

En las subcategorías "Comparación" (contrastar semejanzas y diferencias entre dos o más entidades u objetos de igual valor a partir de criterios de comparación, rasgos o atributos) y "Ejemplificación" (presentar datos o hechos específicos a fin de ampliar, aclarar o probar conceptos generales) se advierte una presencia aun menor de indicadores. La "Comparación" se muestra con mayor presencia en los trabajos monográficos de tercer año con rendimiento alto, mientras que la "Ejemplificación" pondera con mayor presencia en las monografías de primer año, específicamente las de rendimiento alto; además, esta última subcategoría no muestra indicadores en las monografías de tercer año.

Con respecto a la segunda categoría, denominada *"Coherencia textual"*, se observa una alta presencia de indicadores en las subcategorías: "Coherencia textual vinculada al/los tema/s" y "Coherencia textual vinculada al propósito", mostrándose en ambas subcategorías mayor presencia de indicadores, tales como: *en esta línea, el hecho de, de esta idea se desprende, se conduce a*; en las monografías con rendimiento alto, correspondientes a los tres años de cursado de las carreras. Además, en ambas subcategorías, para las monografías con rendimiento alto la presencia de indicadores es progresivamente mayor a medida que se avanza en el año de cursado de la carrera. La subcategoría "Coherencia textual vinculada al propósito" también muestra esta progresión en las monografías con rendimiento bajo. Por ejemplo:

> Nos enfocaremos en el presente escrito en dar explicaciones claras sobre los conceptos de *aprendizaje estratégico*, el cual se refiere a las decisiones intencionales que se toman para lograr un fin según el objetivo de una tarea educativa determinada. **De esta idea se desprende un aspecto de gran importancia y rasgo fundamental para un aprendizaje estratégico,** denominado *metacognición*, implicando ello la toma de conciencia que realizan los individuos sobre sus propios conocimientos. **El hecho de** tomar decisiones consientes, intencionales para lograr objetivos de aprendizaje, así como tomar conciencia sobre los propios conocimientos y poder autogestionarlos **conduce o encamina al estudiante a** lograr un *aprendizaje significativo* en el que se establecen relaciones de significado y sentido entre los conocimientos nuevos y los que el sujeto ya posee. (M. 1. RA. 1er año)

La subcategoría "Coherencia textual vinculada a los destinatarios" muestra una menor presencia de indicadores, cuya distribución en segundo y tercer año es superior para las monografías con rendimiento alto, mientras que en primer año es similar para las monografías con rendimiento tanto alto como bajo. La presencia de indicadores en esta subcategoría para las monografías de rendimiento alto es progresivamente mayor a medida que se avanza en el año de cursado.

La tercera categoría, "*Adecuada estructuración y jerarquización de la información*" (secuenciación lógica, organización en títulos y subtítulos, señalización léxica y perceptual) muestra una alta presencia de indicadores en la subcategoría "Señalización léxica y perceptual", fundamentalmente en las monografías con rendimiento alto pertenecientes a los tres años de cursado. Además, en estas monografías se advierte que la presencia de indicadores es progresivamente mayor a medida que se avanza en el año de cursado de las carreras. La subcategoría "Adecuada estructuración y jerarquización de la información en los párrafos" muestra una presencia menor de indicadores, destacados en las monografías de primer año con rendimiento alto. Un ejemplo de ello es el siguiente:

> A partir de lo expuesto, los temas que se desarrollaran son los siguientes. **En primer lugar,** se hará referencia al *aprendizaje escolar desde una psicología cultural y perspectiva socio–histórica-cultural*, **en segundo lugar,** como las interacciones socioculturales influyen en el desarrollo de los procesos psicológicos superiores, se explicitará acerca del *desarrollo cultural del ser humano*. **En tercer lugar,** como ese desarrollo se da desde un plano social a uno individual, se hará referencia a aquellos conceptos relevantes para el proceso de aprendizaje que se lleva a cabo desde *lo interpsicológico a lo intrapsicológico*, **y por último,** partiendo de estas ideas, se hará mención a algunos modelos de mente propuestos por Bruner en su pedagogía popular, en relación a las *teorías populares que tienen los docentes hacia los alumnos*. **Al final,** se desarrollará una conclusión y se explicitarán las referencias bibliográficas utilizadas. (M7. R.A. 2° año)

Por último, la subcategoría "Adecuada estructuración y jerarquización de la información en los escritos monográficos" presenta baja presencia de indicadores en todos los escritos monográficos, excepto en los de primer año con rendimiento bajo, donde no hay ponderación de indicadores. Es importante destacar aquí que la presencia de indicadores para esta subcategoría se consideró en base a la estructura y organización de la información general del escrito monográfico y por ello se justifica la baja presencia de los mismos.

En síntesis, al interior de la tercera dimensión, la categoría "*Coherencia textual*" es la que mayor presencia de indicadores muestra, seguida de ella la categoría "*Precisión y claridad de procesos centrales*", que hacen a la reestructuración conceptual de los saberes. Por último, la categoría "*Adecuada estructuración y jerarquización de la información*" muestra una menor presencia de indicadores.

Estos resultados permiten reflexionar sobre la necesidad de comprender y asumir que la lectura y la escritura para aprender involucran procesos cognitivos a partir de los cuales se interioriza de forma duradera parte del contenido que se quiere aprender, mediante la interacción entre los conocimientos nuevos y previos, así como la reestructuración de la información (Parodi, 2010). Como lo muestran las producciones de los estudiantes, los procesos intervinientes en la construcción del escrito monográfico permiten la reelaboración, construcción y transformación del conocimiento a partir de la lectura y la escritura (Pozo & Monereo, 2009), así como evaluar lo leído en relación con el cumplimiento de los objetivos propuestos (Parodi, 2010). Además, el intercambio de saberes entre el grupo de estudiantes promueve la reestructuración de los procesos de pensamiento (Pozo & Mateos, 2009).

Carlino (2005) sostiene que la escritura y la revisión de lo escrito posibilita la objetivación, clarificación y reestructuración de las ideas construidas a partir de la lectura. La composición escrita implica atender al problema del contenido (qué decir) y al problema retórico (cómo decirlo). Para ello, el lector necesita reorganizar y modificar el conocimiento que tiene sobre el tema, lo que se vincula a la función epistémica de la escritura (Mateos, 2001).

En tanto, Kowszyk y Vázquez (2004) sostienen que, en instancias de lectura y revisión de las producciones de grupos de pares, los estudiantes se detienen más en la lectura del texto producido por los compañeros que en el texto propio, advirtiendo problemas más importantes en los primeros que en los segundos; por otra parte, los estudiantes escritores-lectores toman las sugerencias de sus compañeros lectores como

> comentarios a examinar y evaluar, que los ayudan a asumir su autoría, a decidir un propio plan de mejora del texto y, de este modo, a poder coordinar sus intenciones como autores con los efectos de sus textos sobre el lector (Carlino, 2008, p. 23).

Dimensión 4: Valoraciones en las Producciones Textuales

La elaboración de *valoraciones en las producciones textuales* permite emitir juicios acerca de diferentes aspectos de los textos fuente y de las propias producciones de los estudiantes, entendiendo que los juicios deben estar fundados y contribuir a las decisiones del lector-escritor.

En esta cuarta dimensión, la categoría *"Valoraciones sobre el contenido de los textos fuentes y sobre las propias producciones textuales"*, muestra una presencia significativamente mayor de indicadores en la subcategoría "Valoraciones sobre el contenido de los textos fuente", siendo ella superior en las monografías con rendimiento alto; apreciándose asimismo una progresión mayor de indicadores a medida que se avanza en el año de cursado de la carrera. Por otra parte, la subcategoría "Valoraciones sobre las propias producciones textuales" en general muestra una baja presencia de indicadores. Los alumnos expresan:

> Tomando en cuenta el concepto de Metacognición podremos realizar una serie de tareas de reflexión, lectura, escritura, selección y análisis tratando de que podamos tomar conciencia de los procesos que se llevan a cabo para aprender. (M5. RB. 1er año)

La posibilidad que tienen los estudiantes de realizar sus propias valoraciones y reflexiones sobre sus aprendizajes, así como de regularlos, es de esperar que se oriente a la generalización y la transferencia del conocimiento metacognitivo a otras situaciones de aprendizaje y a la gestión autónoma de los mismos (Pozo & Mateos, 2009). El tipo de valoraciones que muestran los estudiantes dan cuenta de que la regulación de la propia comprensión implica el ajuste a los objetivos de la lectura, la planificación de las estrategias, la supervisión de la comprensión, la detección y superación de dificultades y la evaluación del nivel de comprensión finalmente alcanzado (Mateos, 2001, 2009). Finalmente, algunos estudios muestran que, en situaciones de enseñanza y aprendizaje de este tipo, se promueve la valoración y la generación de multiplicidad de perspectivas sobre los textos y aprendizajes profundos y constructivos por parte de los estudiantes; el intercambio de saberes posibilita la explicitación y confrontación de puntos de vistas alternativos y la toma de decisiones conjuntas (Pozo & Mateos, 2009).

Repensando las Tareas de Lectura y Escritura en el Aula Universitaria

Las tareas presentadas en esta propuesta pedagógica y que involucran la escritura de monografías combinan la lectura, el diálogo y la escritura, caracterizándose por ser "híbridas" y presentar potencial epistémico para la construcción del conocimiento y la lectura crítica (Cartolari & Carlino, 2011; Mateos, 2009). En esta línea, los resultados obtenidos a partir de la implementación de una secuencia instruccional orientada con propósitos específicos muestran que los estudiantes asumen el rol de escritores de los propios textos y de lectores de los textos producidos por ellos y por sus compañeros, así como de los textos fuente sobre los que se basan las tareas. El tipo de tareas que aquí se han desarrollado potencian el diálogo con el propio pensamiento y con los textos leídos, la revisión sistemática y la reflexión crítica sobre lo que se lee, lo que se piensa y lo que se escribe (Solé *et al.*, 2006). Estas tareas demandan estrategias de lectura elaborativa, crítica y reflexiva, así como la producción de textos propios a partir de la lectura, por parte de los estudiantes, que implican para los estudiantes-lectores-escritores trascender el propio texto y así mismo construir conocimiento a partir de él (Mateos, 2009).

Con esta propuesta pedagógica se ha promovido el desarrollo más autónomo por parte de los estudiantes en la resolución de las tareas de aprendizaje, ajustando las estrategias aprendidas a situaciones nuevas, diferentes y más complejas. El desarrollo de la autonomía va acompañado de la interacción cooperativa entre iguales, mediante el diálogo, que favorece la comunicación explícita de los propios procesos y resultados de aprendizaje para hacer un uso autónomo y metacognitivo del mismo. El intercambio de saberes entre el grupo de estudiantes posibilita la confrontación de puntos de vistas alternativos, la explicitación, la toma de decisiones conjuntas y la mejora en la estructuración de los procesos de pensamiento (Rinaudo & Vélez, 2000).

Así mismo, en el marco de situaciones de enseñanza y aprendizaje dialógicas, como las planteadas en esta propuesta pedagógica, además de elaborar perspectivas propias a partir de múltiples fuentes, estas se deben contrastar e integrar con las diferentes perspectivas construidas por los demás (Mateos, 2009). Ello posibilita que los alumnos atiendan y valoren la calidad de las argumentaciones que se sostienen desde diversas perspectivas explicitadas, así como la negociación de significados y construcción de representaciones compartidas, más que la valoración del resultado final (Mateos & Pérez Echeverría, 2006).

Entendemos que, tomando como base las dimensiones de cambio del conocimiento estratégico identificadas por Pozo *et al.* (2001), se pueden establecer los parámetros que cualquier secuencia didáctica debería contemplar para ser implementada en el aula. Ellas son: a) compartir el sentido y significado de la tarea instruccional con el alumno de manera que las expectativas sobre lo que se debe aprender y el porqué es necesario y conveniente aprenderlo sean territorio común para profesores y alumnos; b) aumentar gradualmente el nivel de control y regulación del alumnado sobre la tarea demandada y sobre los procesos sociocognitivos que conlleva su resolución; c) favorecer la conciencia del alumno a través de la reflexión en voz alta sobre las decisiones tomadas y su justificación en base a las variaciones que se producen en el contexto de la resolución de cualquier tarea problemática, con el objetivo explícito de transferir esas decisiones a otras tareas similares; d) potenciar el gradual dominio de determinadas secuencias procedimentales, mediante su repetida puesta en práctica, con el fin de aumentar el repertorio de algoritmos y heurísticos que, cuando las condiciones lo soliciten, puedan activarse (Pozo *et al.*, 2001).

Estas mismas dimensiones, presentes en un buen número de propuestas didácticas basadas en métodos de presentación, práctica guiada y práctica autónoma de distintas estrategias de aprendizaje, deberían estar también presentes en cualquier instrumento que tuviese la pretensión de evaluar el conocimiento estratégico del alumnado con la finalidad de identificar su nivel de adquisición y de orientar la intervención educativa que debería llevarse a cabo para potenciarla (Camps & Castelló, 2013; Jakob *et al.*, 2014).

El estudio de la lectura y escritura académica y, en consecuencia, la elaboración de diseños instruccionales para su implementación en el aula son campos que progresivamente han cobrado protagonismo en creciente crecimiento, a partir de una amplia variedad de temas y propósitos desde diferentes perspectivas teóricas y metodológicas (Carlino, 2013; Monereo, 2003, 2007;

Moyano, 2010; Pozo & Monerero, 2009; Sala Bubare & Castelló, 2018). Sin embargo, este campo de investigación requiere de un diálogo entre distintas perspectivas para identificar problemas y desafíos compartidos, integrando aspectos cognitivos, metacognitivos y motivacionales. Esto permitirá desarrollar estudios más completos, siendo necesario aún trabajar sobre los fundamentos conceptuales y los procesos regulatorios de la lectura y la escritura en el nivel superior (Sala Bubaré & Castello, 2018). Los diferentes enfoques sobre la lectura y la escritura permitirán a los investigadores ser más conscientes de las fortalezas y las debilidades de cada perspectiva, de manera de avanzar hacia una integración más completa que permita mejorar los procesos de lectura y escritura en el aula universitaria.

Referencias

Aguilera M., Bono, A., Fenoglio, M., Boatto Y. & Cadario, E. (2020). Tareas de lectura y escritura que promueven la transformación de conocimientos desde las voces de los estudiantes de primer año. En F. Aiello & C. Hermida (Comp.) *Actas II Congreso Nacional de la Cátedra UNESCO para la lectura y la escritura.* Universidad Nacional de Mar del Plata, Argentina.

Anderson, T. & Shattuck, J. (2012). Design-based research: A decade of progress in education research?. *Educational Researcher, 41*(1), 16–25. https://doi.org/10.3102%2F0013189X11428813.

Boatto, Y. Vélez, G. Bono, A. & Vianco, A. (2012). First year university students: a study on their beliefs about learning through reading in an academic writing context. *Electronic Journal of Research in Educational Psychology, 10*(3), 1299–1320.

Bono, A. Boatto, Y. Aguilera, S. & Fenoglio, M. (2018). Tareas de clase de gestión metacognitiva. Una propuesta de intervención pedagógica en el aula universitaria. *Revista Innovación Educativa, 18*(78), 143–171.

Botta, M. & Warley, J. (2007). *Tesis, tesinas, monografías e informes. Nuevas normas y técnicas de investigación.* Biblos.

Camps, A. & Castelló, M. (2013) La escritura académica en la universidad. *Revista de Docencia Universitaria, 11*(1), 17–36. https://doi.org/10.4995/redu.2013.5590.

Carlino, P. (2003). Alfabetización académica: un cambio necesario, algunas alternativas posibles. *Revista Venezolana de Educación, 6*(20), 409–420.

Carlino, P. (2005). *Leer, escribir y aprender en la universidad.* Fondo de Cultura Económica.

Carlino, P. (2013). Alfabetización académica diez años después. *Revista Mexicana de Investigación Educativa, 18*(53), 355–381.

Cartolari, M. & Carlino, P. (2011). Leer y tomar apuntes para aprender en la formación docente: un estudio exploratorio. *Revista Magis, 4*(7), 67–86.

Castelló, M. Bañales Faz, G. & Vega López, N. (2011). Leer múltiples documentos para escribir textos académicos en la universidad: o cómo aprender a leer y escribir en el lenguaje de las disciplinas. *Revista Pro-Posições, 22*(64), 97–114.

Ejarque, D. (2007). La monografía. En L. Cubo de Severino (Ed.), *Los textos de la ciencia* (pp. 40-49). Comunicarte.

Ezcurra, A. (2007). Los estudiantes de nuevo ingreso. *Cadernos Pedagogia Universitária, 2*, 7-57.

Goldman, S. R. & Rakestraw, J. S. (2000). Structural aspects of constructing meaning from text. En M. L. Kamil, P. B. Mosenthal, P. D. Pearson & R. Barr (Eds.), *Handbook of reading research* (pp. 311-335). Lawrence Erlbaum.

Gubern, M. (1994). Aprender a escribir. Enseñar a escribir. *Revista Aula de innovación educativa, II*(29), 11-14.

Hernández Sampieri, R. Fernández Collado, C. & Baptista Lucio, P. (2014). *Metodología de la investigación*. McGraw-Hill.

Jakob, I. Bono A. Vélez, G. Boatto, Y. Luján, S. & Rainero, D. (2014). Tareas y espacios áulicos compartidos para la enseñanza de las prácticas de lectura y escritura académica en el primer año universitario. *Revista Contextos de Educación, Monográfico Lectura y Escritura Académicas en la Universidad, 4*(16), 1-14.

Kowszyk, D. & Vázquez, A. (2004). La interacción entre pares en tareas de escritura. *Revista Lectura y Vida, 25*(4), 36-46.

Larrosa, J. (2003). *La experiencia de la lectura*. Fondo de Cultura Económica.

Mateos, M. (2001). *Metacognición y educación*. Aique.

Mateos, M. (2009). Aprender a leer textos académicos: Más allá de la lectura reproductiva. En J. I. Pozo & M. Pérez Echeverría (Coords.). *Piscología del aprendizaje universitario* (pp. 106-119). Morata.

Mateos, M. & Pérez Echeverría, M. (2006). El cambio de las concepciones de los alumnos sobre el aprendizaje. En J. Pozo, N. Scheuer, M. Pérez Echeverría, M. Mateos, E. Martín & M. de la Cruz (Eds.) *Nuevas formas de pensar la enseñanza y el aprendizaje. Las concepciones de profesores y alumnos* (pp. 403-416). Graó.

Monereo, C. (2001). *Les Demoiselles de Picasso. Cambio cognitivo y conocimiento estratégico. Dpto. Psicología de la Educación*. Revista Contextos de Educación, *3*(4),112-133.

Monereo, C. (2001) "Les demoiselles de Picasso." Cambio cognitivo y conocimiento estratégico. Contextos de Educación, *3*(4), pp. 112-133.

Monereo, C. (2003). La evaluación del conocimiento estratégico a través de tareas auténticas. *Pensamiento Educativo, 32*, 71-89.

Monereo C. (2007). Hacia un nuevo paradigma del aprendizaje estratégico: el papel de la mediación social, del self y de las emociones. *Revista Electrónica de Investigación Psicoeducativa, No. 13, 5*(3), 497-534

Moyano, E. (2010). Escritura académica a lo largo de la carrera: Un programa institucional. *Revista Signos, 43*(74), 465-488. https://doi.org/10.4067/S0718-09342010000500004.

Palincsar, A. & Brown, A. (1989). La enseñanza para la lectura autorregulada. En L. Resnik & L. Klopfer (Comps.), *Curriculum y cognición* (pp. 43-74). Aique.

Parodi, G. (2010). *Saber leer*. Aguilar.

Pozo, J. & Mateos, M. (2009). Aprender a aprender: Hacia una gestión autónoma y metacognitiva del aprendizaje. En J. Pozo & M. Pérez Echeverría (Coords.), *Piscología del aprendizaje universitario* (pp. 54-69). Morata.

Pozo, J. & Monereo, C. (2009). Introducción: La nueva cultura del aprendizaje universitario o por qué cambian nuestras formas de enseñar y aprender. En J. Pozo & M. Pérez Echeverría (Coords.), *Piscología del aprendizaje universitario* (pp. 9–28). Morata.

Pozo, J. & Monereo, C. (2002). *El aprendizaje estratégico: enseñar a aprender desde el curriculum.* Santillana.

Pozo, J., Monereo, C. & Castelló, M. (2001). El uso estratégico del conocimiento. En J. Coll C. Palacios & A. Marchesi (Coord.). *Psicología de la educación escolar* (pp. 211–234). Alianza.

Purser, E., Skillen, J., Deane, M., Donohue, J. & Peake, K. (2008). *Developing academic literacy in context. Zeitschrift Schreiben.*

Rinaudo, M. & Vélez, G. (2000). *Estrategias de aprendizaje y enfoque cooperativo.* Educando.

Rodrigo, M. & Correa, N. (2000). Teorías implícitas, modelos mentales y cambio educativo. En J. Pozo, J. & Monereo, C. (Coords.), *El aprendizaje estratégico. Enseñar a aprender desde el currículo* (pp. 74–86). Aula XXI Santillana.

Sala Bubare, A. & Castello M. (2018). Writing regulation processes in higher education: a review of two decades of empirical research. *Reading and Writing, 31,* 757–777. https://doi.org/10.1007/s11145-017-9808-3.

Scardamalía, M. & Bereiter, C. (1992). Dos modelos explicativos de los modelos de composición escrita. *Revista Infancia y Aprendizaje, 58,* 43–54.

Scheuer, M. & Pozo, J. (2006). ¿Qué cambia en las teorías implícitas sobre el aprendizaje y la enseñanza? Dimensiones y procesos de cambio representacional. En J. Pozo, N. Scheuer, M. Pérez Echeverrría, M. Mateos, E. Martín & M. de la Cruz (Eds.), *Nuevas formas de pensar la enseñanza y el aprendizaje. Las concepciones de profesores y alumnos* (pp. 375–402). Graó.

Skillen, J. Merten, M. Trivett, N. & Percy, A. (1998). *The IDEALL approach to learning development: a model for fostering improved literacy and learning outcomes for students* [Ponencia]. Congreso de la *Australian Association for Research in Education.* Australia.

Solé, I. Castells, N. Grácia, M. & Espino, S. (2006). Aprender psicología a través de los textos. *Anuario de Psicología, 37*(1–2), 157–176.

5 El Posicionamiento Actitudinal y las Metáforas Gramaticales: La Inscripción de los Significados Interpersonales en las Respuestas a un Parcial Universitario de Psicología Evolutiva

Martín Miguel Acebal
UNIVERSIDAD DE FLORES

Resumen

Este artículo analiza las valoraciones presentes en las respuestas de estudiantes a un parcial de la asignatura Psicología Evolutiva acerca de la noción de "madre suficientemente buena" de D. Winnicott, en el marco del Profesorado Universitario en Educación Física (Universidad de Flores, Argentina). Las respuestas son estudiadas como relaboraciones del texto disciplinar y la atención está en considerar cuáles son sus transformaciones y cómo pueden explicarse desde un punto de vista lingüístico. El abordaje se organiza en dos perspectivas complementarias. La primera se ubica en el marco Teoría de la Valoración para dar cuenta del posicionamiento actitudinal acerca de la función materna, tanto en el texto de Winnicott como en las respuestas al parcial. El análisis muestra que los juicios de las y los estudiantes se distribuyen entre los de "estima social"—las capacidades de la "madre suficientemente buena"—y los de "sanción social"—sus obligaciones—. La segunda perspectiva se focalizará en la "metáfora gramatical." El estudio permite reconocer que, mientras el texto disciplinar utiliza este recurso para la construcción de significados abstractos e informacionalmente densos, las respuestas realizan un camino inverso en el que reponen los significados condensados en el texto de Winnicott. La hipótesis que se postula es que la representación de las funciones maternas que realizan las y los estudiantes vuelve a sus textos más permeable a las valoraciones acerca de los procesos, los participantes y las circunstancias abordadas por el concepto disciplinar. Finalmente, se concluye acerca de la relevancia de la enseñanza explícita de la "metáfora gramatical" en el contexto de programas destinados a la mejora de la escritura académica en la educación superior.

Abstract

This article analyzes evaluations around the notion of "good enough mother" by D. Winnicott in students' exam responses in an Evolutionary Psychology course, as part of the teacher training program in Physical Education (Universidad de Flores, Argentina). The responses are studied as re-descriptions of the disciplinary text and the focus is on considering their transformations and how they can be explained from a linguistic point of view. The approach comprises two complementary perspectives. The first is the Appraisal Theory framework to account for the attitudinal positioning about the maternal function, both in Winnicott's text and in the responses to the exam. The analysis shows that the judgments of the students are distributed between those of "social esteem"—the capacities of the "good enough mother"—and those of "social sanction"—her obligations. The second perspective will focus on the "grammatical metaphor." The study allows us to recognize that, while the disciplinary text uses this resource for the construction of abstract and informationally dense meanings, the responses follow an inverse path in which they re-exhibit the condensed meanings in Winnicott's text. The hypothesis that is postulated is that the representation of the maternal functions carried out by the students makes their texts more permeable to the evaluations about the processes, the participants and the circumstances studied by the disciplinary concept. Finally, it is concluded about the relevance of the explicit teaching of the "grammatical metaphor" in the context of programs aimed at improving academic writing in higher education.

El objetivo de este artículo es analizar la incorporación de valoraciones, juicios y estereotipos en las respuestas de estudiantes a un parcial de la asignatura Psicología Evolutiva, correspondiente al segundo año del *Profesorado Universitario en Educación Física* de la Universidad de Flores (Ciudad Autónoma de

Buenos Aires, Argentina). Docente y estudiantes podían reconocer y acordar en el carácter inadecuado de tales valoraciones dentro de un texto académico como el requerido por la consigna, pero ninguno—ni docente ni estudiantes—podía elaborar una alternativa textual que evitara una lectura censora sobre tales valoraciones. El artículo postula un análisis lingüístico-discursivo del fenómeno para lograr una mejor comprensión de los textos, y luego desarrolla algunos planteos para su abordaje en el marco de las prácticas de enseñanza de la lectura y la escritura académicas.

El estudio se encuadra en el Programa de Lectura y Escritura Académicas (PROLEA) implementado en la Universidad de Flores, que postula sucesivas intervenciones en diferentes asignaturas a lo largo de la carrera. Las intervenciones son llevadas a cabo por una o un especialista en el lenguaje, quien realiza un trabajo de "negociación previa" (Moyano, 2009, 2010, 2011) con la o el docente de la asignatura específica—que deviene así en *profesor/a socio/a* del Programa—a los fines de identificar y caracterizar las actividades de lectura y escritura académicas presentes en la asignatura. El Programa va construyendo grados de autonomía de las y los estudiantes en la resolución de las actividades de escritura y cada uno de estos grados sienta las bases para nuevos desarrollos que requerirán del andamiaje del/de la docente, hasta lograr finalmente la independencia en la resolución de los requerimientos de la escritura en la universidad y en la vida profesional.

El presente trabajo forma parte de una reflexión destinada a facilitar la intervención de la/del especialista. No se trata, entonces, de mostrar la interacción que mantienen las y los estudiantes y la/el docente del Programa a partir del texto seleccionado, sino del trabajo de análisis y reflexión previa que realiza la/el especialista del lenguaje sobre las producciones de estudiantes a los fines de precisar la intervención que se realizará.

El foco de la reflexión estará puesto sobre un fenómeno que se presenta como evidente para la docente de la asignatura e incluso para las y los estudiantes: *la inadecuada incorporación de valoraciones, juicios y estereotipos acerca de la función materna en las respuestas a la actividad de escritura académica asignada.* Sin embargo, lo evidente del fenómeno contrasta con la complejidad para desarrollar una explicación de su realización lingüística. Como postularemos en este trabajo, la comprensión teórica de este fenómeno es la que nos permitirá, por una parte, desarrollar una intervención adecuada en la enseñanza de la escritura académica y, por otra, evitar los comentarios censores de las opiniones y posicionamientos ideológicos de las y los estudiantes en relación con la temática abordada por el texto disciplinar.

El *corpus* está conformado por 20 respuestas que corresponden a la totalidad de las producciones de las y los estudiantes en el primer parcial de

Psicología Evolutiva, perteneciente al segundo año del *Profesorado Universitario en Educación Física*. En el caso estudiado, el parcial tenía por temática los desarrollos de Donald Winnicott, en particular su concepto de "madre suficientemente buena." La consigna del parcial era la siguiente:

> Desarrolle el concepto de "madre suficientemente buena" según la teoría de Donald Winnicott.

Los materiales dados a los estudiantes consistían en los capítulos 1 y 2 del texto *La familia y el desarrollo del individuo* de Donald Winnicott (1967/1984)— "El primer año de vida. Criterios modernos sobre el desarrollo emocional" y "La relación inicial de una madre con su bebé", respectivamente—y un apunte— *Conceptos básicos de la teoría de Donald Winnicott*—preparado por la misma cátedra en el que se sintetizaban varios de los conceptos del autor.

El análisis de las resoluciones de las y los estudiantes será considerado como una reelaboración del texto disciplinar. En este sentido, el foco de nuestro estudio estará en considerar *cuáles* son las transformaciones que se producen en esta reelaboración y *cómo* es que pueden explicarse desde un punto de vista lingüístico. La descripción y explicación de las reelaboraciones de las y los estudiantes permite desarrollar las herramientas necesarias para el diseño de una adecuada intervención destinada a la enseñanza de la escritura académica.

El análisis del *corpus* se articulará con una descripción de los modos en que el texto disciplinar desarrolla las diferentes nociones requeridas por la consigna del parcial. Esto nos permitirá realizar una contrastación entre el texto que podemos llamar "fuente" y sus reelaboraciones. El abordaje se organiza en dos perspectivas complementarias. La primera pone su eje en la identificación, caracterización y sistematización del *posicionamiento actitudinal acerca de la función materna*, tanto en el texto de Winnicott como en las respuestas de las y los estudiantes. Para esto, retomaremos los planteos de la Teoría de la Valoración, en particular los desarrollos de Martin y White (2005).

La segunda perspectiva se focalizará en el recurso lingüístico de la "metáfora gramatical", tal como es entendida en el marco de la lingüística sistémico funcional (Halliday, 1994, 1998; Martin & Rose, 2003). Como veremos, este recurso es desplegado por el texto disciplinar para *la construcción de significados abstractos e informacionalmente densos* y luego reelaborado en las producciones del *corpus*. La atención estará puesta en el modo en que se condensan o se exhiben los participantes, procesos y circunstancias que involucran las funciones atribuidas por el autor a la "madre suficientemente buena."

Este trabajo propone articular ambas perspectivas a partir de la formulación de una hipótesis explicativa del fenómeno identificado en las producciones de las y los estudiantes—*la incorporación de valoraciones, juicios y estereotipos acerca de la función materna—*. Como buscaremos mostrar a lo largo de estas páginas, el despliegue o desempaquetamiento de la información condensada en las metáforas gramaticales—presentes en el texto disciplinar—que realizan las y los estudiantes vuelve a sus textos más permeables a la incorporación de las valoraciones, juicios y estereotipos identificados.

Marco Conceptual

La Evaluación: de la Revelación a la Construcción Textual de Vínculos Interpersonales

El análisis de la inscripción de los posicionamientos respecto de la función materna en los textos de las y los estudiantes lo realizaremos en el marco de los estudios acerca del sistema semántico discursivo de la Valoración, en especial a partir de los desarrollos de Martin y White (2005). Uno de los principales aportes de estos autores radica en su articulación con la concepción del lenguaje desarrollada por la lingüística sistémico funcional—en adelante, LSF—(Halliday, 1994), en especial con su modo de entender el lenguaje como un potencial de recursos para construir significados. Esto es lo que les permite diferenciarse de aquellos estudios centrados en la identificación de las marcas o los modos en que la subjetividad "se revela" en el discurso:

> Nuestro enfoque nos lleva más allá de muchas explicaciones tradicionales del 'afecto'... Estas evaluaciones actitudinales son de interés *no sólo porque revelan los sentimientos y valores del hablante/escritor, sino también porque su formulación puede estar relacionada con el status o la autoridad del hablante/escritor producida por el texto*, y porque operan retóricamente para construir relaciones de alineamiento e identificación entre el escritor/orador y actuales o potenciales interlocutores. (Martin & White, 2005, p. 2; traducción propia; el destacado es nuestro)

A los fines de este trabajo, resulta nodular destacar el desplazamiento desde el estudio de los "afectos" o "evaluaciones" como *huellas* (Plantin, 2011/2014; Verón, 1993) hacia la perspectiva que los considera una construcción con la que el texto produce *formas de empatía o autoridad con sus lectores y lectoras*.

La VALORACIÓN es entendida por estos autores como un sistema de recursos para la construcción de significados interpersonales (Figura 5.1). Este sistema se organiza en tres dominios: la ACTITUD, el COMPROMISO y la GRADACIÓN.

La ACTITUD se refiere a nuestros sentimientos, incluidas las reacciones emocionales, los juicios de comportamiento y la evaluación de las cosas. El COMPROMISO trata acerca de las actitudes hacia las fuentes discursivas y acerca del juego de voces alrededor de las opiniones en el discurso. La GRADACIÓN alude a los fenómenos de clasificación por los cuales los sentimientos se amplifican y las categorías se difuminan. (Martin & White, 2005, p. 35; traducción propia)

La construcción de los significados interpersonales en un discurso resulta de un recorrido entre estos tres dominios que forman parte del lenguaje. En este sentido es que para la LSF un discurso puede ser interpretado "como instanciaciones de un sistema creador de significados y sus sub-sistemas" (Halliday, 1998, p. 185). Estas instanciaciones son estudiadas como modos de realización de los significados interpersonales a través de los recursos léxico-gramaticales del lenguaje.

Martin y White (2005) señalan que los significados interpersonales de la VALORACIÓN, particularmente en el sistema de ACTITUD, pueden realizarse de un modo *explícito* o *implícito*. En los casos de realización *explícita*, la VALORACIÓN es presentada por medio de un ítem lexical (un adverbio, un adjetivo, un sustantivo o un verbo). En los casos de realización *implícita*, los posicionamientos son evocados de manera indirecta, por medio de significados ideacionales, superficialmente neutrales pero capaces de activar respuestas evaluativas de acuerdo con la posición social, cultural e ideológica del oyente o lector.

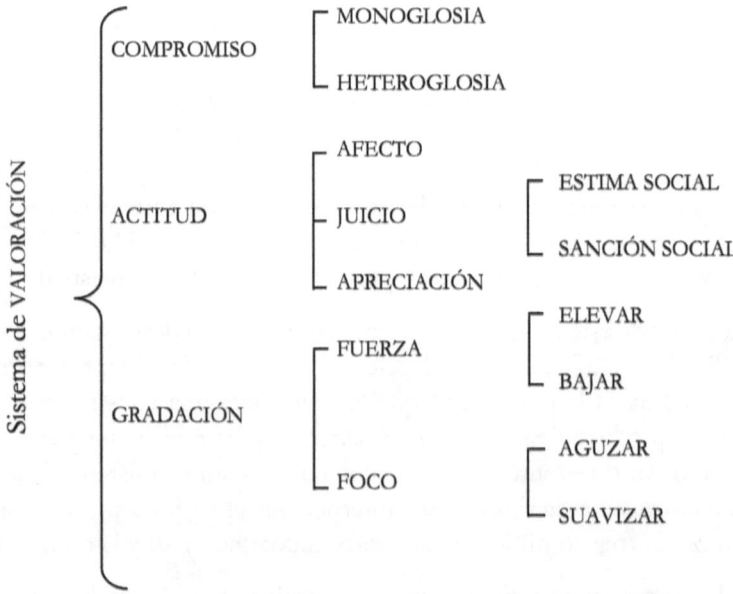

Figura 5.1. Sistema de valoración (adaptado de Martin y White, 2005)

La atención a las diferencias en estos modos de realización de la ACTITUD, principalmente, pero también de la GRADACIÓN—realizada por medio de la gramaticalización y la lexicalización—y, en menor medida, del COMPROMISO, nos permitirá realizar un análisis más sutil de los significados construidos en los textos del *corpus*, así como de los modos en que los estudiantes modulan y legitiman sus posicionamientos acerca de la temática desarrollada, el concepto de "madre suficientemente buena" en Winnicott.

La Estima y la Sanción Social

Martin y White (2005) definen los "posicionamientos actitudinales" como parte de la región semántica de los significados interpersonales que atañe a las *emociones*, la *ética* y la *estética*. En el sistema de VALORACIÓN, mientras el posicionamiento *emotivo* alude a los *afectos*, el *ético* lo hace a los *juicios*, y el *estético*, a las *apreciaciones*. Para el presente análisis, profundizaremos en la noción de "juicio"—*judgement*—, dado que se ofrece como la más adecuada para el estudio de la incorporación de *significados interpersonales atribuibles al sentido común* que realizan los estudiantes en sus textos al momento de tratar sobre la función materna según Winnicott. En efecto, el "juicio" tiene la particularidad de inscribir los sentimientos personales en un ámbito de sociabilidad e institucionalización. Dicen los autores:

> Una manera de pensar acerca del *juicio* y la *apreciación* es verlos como sentimientos institucionalizados, que nos llevan fuera de nuestro mundo cotidiano [hacia] . . . los valores compartidos por la comunidad. En estos términos, el *juicio* rehace sentimientos en el ámbito de las propuestas acerca del comportamiento –cómo debemos comportarnos o no; algunas de estas propuestas se formalizan como reglas y regulaciones administradas por la Iglesia y el Estado. (Martin & White, 2005, p. 45; traducción propia; destacado en el original)

Como veremos en el análisis del *corpus*, no es tanto la mirada subjetiva la que se hace presente en las respuestas de las y los estudiantes, sino una representación estereotípica acerca de aquel componente de su experiencia interpelado por el concepto "madre suficientemente buena" de Winnicott. Es el carácter compartido por la comunidad que tienen estos valores—acerca de las tareas y competencias atribuidas a una madre (cfr. nota 1)—lo que les permite operar como "garantes" (Ducrot, 1988) y legitimadores de las expresiones de las y los estudiantes.

La dimensión del *juicio* se trata, entonces, de un espacio sensible a las representaciones estereotipadas cristalizadas, en un determinado momento, en el sentido común de un grupo social. En una mayor profundización sobre esta región semántica, Martin y White (2005) proponen una nueva distinción entre "juicios de estima social" y "juicios de sanción social." Dicen estos autores:

> Los *juicios de estima* tienen que ver con la "normalidad" (cuán inusual es alguien), la "capacidad" (cuán capaz es) y la "tenacidad" (cuán decidido es); los *juicios de sanción* tienen que ver con la "veracidad" (cuán veraz es alguien) y la "rectitud" [*propriety*] (cuán ético es alguien). (2005, p. 52; traducción propia)

Esta distinción constituye una herramienta conceptual con la cual poder analizar las evaluaciones presentes en el desarrollo de la noción de la "madre suficientemente buena", tanto en el texto de Winnicott como en el *corpus*.

La Metáfora Gramatical: La Construcción de Significados Abstractos e Informacionalmente Densos.

Para el desarrollo de la segunda perspectiva de análisis, nos valdremos de la noción de "metáfora gramatical" postulada por Halliday (1994, 1998). Nos interesa particularmente este concepto porque propone un triple abordaje que consideramos altamente pertinente para la comprensión y explicación del fenómeno estudiado. En primer lugar, la metáfora es entendida como una *variación en el modo de representación típica o congruente de ciertos significados*. Esta primera caracterización nos permitirá comprender que la reelaboración de los textos disciplinares que realizan las y los estudiantes necesita ser puesta en relación con los patrones de representación lingüística más típicos para los ámbitos de la experiencia interpelados por el discurso académico. La noción de "madre suficientemente buena"—y de sus funciones—no solo se inscribe en el marco de las conceptualizaciones propuestas por Winnicott, también convoca en las y los estudiantes formulaciones próximas a los discursos del sentido común.

En segundo lugar, la noción de "metáfora", al ser calificada de "gramatical", busca acentuar que la transformación que realiza no se reduce a una sustitución léxica, sino a una *variación léxico-gramatical*; la metáfora gramatical "involucra una transferencia de sentido *de una clase de elemento a otra clase*" (Martin & Rose, 2003, p. 110). En nuestro análisis, será relevante considerar las posibilidades que le ofrece al texto disciplinar la transformación de los procesos verbales asociados a la "madre suficientemente buena"—sostener, manipular, etc.—en sustantivos—sostenimiento, manipulación, etc.—, lo que suele denominarse una nominalización.

El ejemplo anterior, relativo a la transformación de los verbos en sustantivos, nos permite introducir la tercera característica de la metáfora gramatical:

su *capacidad para construir significados más abstractos e informacionalmente más densos*. En efecto, el "sostenimiento", en tanto nominalización, reúne los significados relativos al proceso de "sostener"—o "tomar en brazos"—, a los participantes—la "madre" y el "bebé"—, y a cualidades atribuidas a uno de estos—por ejemplo, la capacidad de la madre para identificarse con el bebé—. Como veremos, este recorrido que realiza el texto de Winnicott—*de las formas más congruentes hacia las más abstractas*—se realiza en el sentido inverso en los textos de las y los estudiantes.

En esta perspectiva, la metáfora no es entendida como la variación en el significado de una expresión dada—lo que Halliday llama "desde abajo" (1994, p. 342)—, sino como la variación en la expresión de un determinado significado—es decir, "desde arriba"—; tal es lo que ocurre con los significados relativos a la madre, sus acciones o procesos y al bebé que tienen como Meta. A la vez, la metáfora gramatical permite condensar y empaquetar volúmenes de información mayores que es, en parte, lo que les otorga mayor abstracción a los significados construidos. La hipótesis que proponemos en este trabajo para explicar la presencia de juicios y valoraciones acerca de la función materna en el *corpus* se basa, en gran medida, en el modo en que las y los estudiantes lidian con estas metáforas y sus significados más abstractos en el proceso de realizar sus reformulaciones del texto disciplinar.

Resultados

Organizaremos esta etapa a partir de las dos perspectivas de análisis que hemos desarrollado en los apartados anteriores: el *posicionamiento actitudinal acerca de la función materna* y *la construcción de significados abstractos e informacionalmente densos*. Cada una de estas perspectivas propondrá un contrapunto entre los modos de manifestación y realización en el texto disciplinar de Winnicott—en tanto texto "fuente"—y, luego, en las producciones del *corpus*—en tanto reformulaciones del material bibliográfico—.

El Posicionamiento Actitudinal Acerca de la Función Materna

La Estima y la Sanción Social de la Madre Suficientemente Buena en D. Winnicott

Como hemos visto en el apartado anterior (cfr. §"La estima y la sanción social"), la distinción conceptual entre juicios de "estima social" y de "sanción social" colabora a comprender las valoraciones presentes en el *corpus* según enfatizan *la capacidad, la competencia y la normalidad*—i.e. la *estima social*—de la "madre suficientemente buena"; o según lo hacen sobre *la obligatoriedad y la responsabilidad*—i.e. la *sanción social*—que pesarían sobre ella. En el capítulo de Winnicott "La relación inicial de una madre con su bebé"—donde se postula la noción de "madre suficientemente buena"—es posible reconocer una progresión que va de una presencia significativa de estas evaluaciones sobre la "madre" hacia un gradual borramiento de las mismas y un mayor énfasis en la "función materna" y en representaciones lingüísticas más abstractas (cfr. §"La metáfora gramatical: la construcción de significados abstractos e informacionalmente densos") que eliden la alusión a la madre como participante de los procesos.

A la vez, en esta primera parte, las evaluaciones no se encuentran de un modo equilibrado. Por el contrario, predominan aquellas que incorporan valoraciones de "estima social." Una gran parte de ellas aluden a la *capacidad* de la madre:

> En un estudio de la relación que existe entre una madre y su bebe, es necesario examinar por separado aquello que es privativo de la madre y lo que está comenzando a desarrollarse en el niño. Se dan aquí dos clases distintas de identificación: la de la madre con su hijo y el estado de identificación de éste con la madre. La madre aporta a la situación *una aptitud desarrollada*, mientras que el niño se encuentra en ese estado porque es así como comienzan las cosas. (Winnicott, 1967/1984, p. 31; el destacado es propio)

> Hay dos clases de trastornos maternos que pueden afectar esta situación. En un extremo, tenemos a la madre cuyos intereses personales son demasiados compulsivos como para abandonarlos, lo cual le impide sumergirse en *ese extraordinario estado* que casi parece una enfermedad, aunque constituya un signo de salud. (Winnicott, 1967/1984, p. 32; el destacado es propio)

En estos casos, la valoración de "estima social" se reconoce en cláusulas que involucran a "la madre" en diferentes roles participantes y se realiza, principalmente de forma lexicalizada en grupos nominales que identifican, por una parte, el *objeto del juicio*—que agrupamos, siguiendo a Martin y White, dentro de la categoría *capacidad*—, por otra, su *cualificación*, aunque sabemos que tal distinción es demasiado esquemática en el estudio de los posicionamientos actitudinales. En lo relativo a la identificación del *objeto del juicio*, podemos mencionar los sustantivos: "aptitud" y "estado." En cuanto a su *cualificación*, la reconoceremos en los premodificadores y posmodificadores: "[aptitud] *desarrollada*" y "*extraordinario* [estado]."

Junto con estos pasajes, es posible reconocer otros dos, que se diferencian de los anteriores por dos particularidades relevantes: por una parte, realizan una expansión de las características de esta "capacidad" de la "madre suficientemente buena"; por otra, incorporan una serie de modalizadores que atenúan la asertividad de lo afirmado:

> El bebé significa también otras cosas para la fantasía inconsciente de la madre, pero tal vez *el rasgo predominante sea la disposición y la capacidad de la madre* para despojarse de todos sus intereses personales y concentrarlos en el bebé; aspecto de la actitud materna que he denominado *"preocupación materna primaria."* (Winnicott, 1967/ 1984, p. 31; el destacado es propio)

> En mi opinión, esto [la preocupación materna primaria] es lo que otorga a la madre *su capacidad especial para hacer lo adecuado*: ella sabe exactamente cómo se siente el niño. Nadie más lo sabe, ya que los médicos y las enfermeras tal vez tengan muchos conocimientos de psicología y, desde luego, son duchos en lo que se refiere a la salud y la enfermedad corporal, pero no saben cómo se siente un bebé a cada minuto porque están fuera de esta área de experiencia. (Winnicott, 1967/1984, p. 31; el destacado es propio)

En el primer pasaje, la evaluación se encuentra inmersa en una cláusula con proceso relacional y se realiza en el posmodificador del atributo ("el rasgo *predominante*"). Lo interesante de este pasaje es la presencia de una serie de modalizaciones ("tal vez", el modo subjuntivo del verbo "sea") que tienden a atenuar la asertividad de la afirmación. Junto con el siguiente pasaje, se trata de las pocas cláusulas en donde el autor no sólo valora, sino que además describe en qué consiste esa "capacidad" de la "madre suficientemente buena." En el siguiente pasaje volvemos a reconocer la valoración en el posmodificador ("capacidad *especial*"), así como la modalización asertiva con la construcción "en mi opinión", ubicada en posición inicial. Más adelante retomaremos el modo en que son reelaborados estos pasajes en los textos de las y los estudiantes, en especial las modalizaciones.

En el texto de Winnicott, los "juicios de estima social" relativos a la *capacidad* se realizan, en menor medida, en formas gramaticalizadas, particularmente a través del verbo modal "poder" y para expresar una valoración negativa. Estos son los únicos dos casos en el texto:

> El primer tipo de madre enferma *no puede* destetar al niño porque éste nunca la tuvo realmente, de modo que no corresponde aquí hablar de destete; el otro tipo de madre enferma *no*

puede destetarlo, o tiende a hacerlo en forma demasiado brusca y sin tener en cuenta la necesidad que se va desarrollando gradualmente en el niño de ser destetado. (Winnicott, 1967/1984, p. 32; el destacado es propio)

Las otras valoraciones de "estima social" que se pueden reconocer en la primera parte del texto de Winnicott aluden ámbito de la *normalidad*, es decir, a la valoración acerca de "cuán inusual" es algo o alguien. Nos interesan particularmente aquellas valoraciones de normalidad que toman por objeto "la madre." En el texto disciplinar, esta clase de juicio aparece al momento de aludir a los "trastornos maternos" (algunos de estos pasajes ya fueron citados):

> Hay dos clases de trastornos maternos que pueden afectar esta situación. En un extremo, tenemos a la madre cuyos intereses personales son *demasiado compulsivos* como para abandonarlos, lo cual le impide sumergirse en ese extraordinario estado que casi parece una enfermedad, aunque constituya un signo de salud. En el otro extremo, tenemos a la madre que tiende a estar *permanentemente preocupada* por algo, y el niño se convierte entonces en su preocupación patológica. Esta madre tal vez cuente con una especial capacidad para prestarle su propio *self* al niño, pero ¿qué sucede en definitiva? Es parte del *proceso normal* que la madre recupere su interés por sí misma, y que lo haga a medida que el niño vaya siendo capaz de tolerarlo. La *madre patológicamente preocupada* no sólo sigue estando identificada con su hijo durante un tiempo demasiado prolongado, sino que además, pasa muy bruscamente de la preocupación por el bebé a su preocupación previa.
>
> La forma en que la *madre normal* supera este estado de preocupación por el bebé equivale a una suerte de destete. El primer tipo de *madre enferma* no puede destetar al niño porque éste nunca la tuvo realmente, de modo que no corresponde aquí hablar de destete; el otro tipo de *madre enferma* no puede destetarlo, o tiende a hacerlo en forma demasiado brusca y sin tener en cuenta la necesidad que se va desarrollando gradualmente en el niño de ser destetado. (Winnicott, 1967/1984, p. 32; el destacado es propio)

La valoración acerca del carácter normal o anormal, que en el planteo de Martin y White alude principalmente a lo más o menos previsible, se superpone en el texto de Winnicott con una evaluación acerca del carácter patológico o no patológico—lo que construye la distinción entre "normal" y "enferma"—y acerca lo excesivo o lo no excesivo—lo que se reconoce en los premodificadores "*demasiado* compulsivos" y "*permanentemente* preocupada"—. Esta proximidad de los significados relativos a lo "anormal" y relativos a lo "patológico" genera solapamientos y tensiones en los modos de interpretación discursiva del texto de Winnicott y, por ende, en el modo de describir los recursos lingüísticos involucrados. La distinción entre "madre normal" y "madre enferma"—e incluso entre "madre suficientemente buena" y "madre patológicamente preocupada"—se desliza entre una lectura como un grupo nominal en el que estos adjetivos funcionan como clasificadores para la elaboración de términos técnicos; y una lectura como grupo nominal con posmodificadores que realizan "juicios de estima social." Este margen de ambigüedad es relevante para poder comprender las reelaboraciones que realizan las y los estudiantes.

Lo difícil de reconocer en el texto de Winnicott es algún tipo de "juicio de sanción social." Estos juicios, recordemos, "tienen que ver con la 'veracidad' (cuán veraz es alguien) y la 'rectitud' (cuán ético es alguien)" (Martin & White, 2005, p. 52; traducción propia). Esta región de los significados interpersonales considera las regulaciones que imperan en una determinada comunidad. En el caso de Winnicott, estas *regulaciones* u *obligaciones* que valorarían las tareas asignadas a la "madre suficientemente buena" no se encuentran prácticamente en el texto. Y esta constituye, como veremos, la principal diferencia que se reconoce entre el material bibliográfico y las respuestas de las y los estudiantes, donde las tareas e incluso las capacidades de la "madre suficientemente buena" adquieren, en muchos casos, el carácter de imperativos.

La Estima y la Sanción Social en las Producciones de las y los Estudiantes: Lo que la "Madre Suficientemente Buena" debe Hacer y lo que es Capaz de Hacer

En este apartado nos focalizaremos en el análisis del posicionamiento actitudinal acerca de la función materna en los textos producidos por las y los estudiantes. Comenzaremos refiriendo algunos fragmentos breves de estos textos, a los fines de introducir la problemática más general que nos interesa: *la incorporación de valoraciones, juicios y estereotipos en las respuestas a una consigna de escritura académica*. Luego nos detendremos en pasajes más extensos, que nos permitirán desplegar análisis más precisos y exhaustivos.

La lectura de los parciales nos permitió identificar un primer fenómeno recurrente en los textos: un claro involucramiento de las y los estudiantes con el contenido disciplinar requerido por la consigna y con el ámbito de la experiencia al que este contenido alude, esto es, las tareas y roles atribuidos a la función materna. Este fenómeno se reconoce en formas lingüísticas que construyen la obligatoriedad de estas tareas y roles, a la vez que definen los requerimientos para su cumplimiento.

Interrogados acerca del concepto de "madre suficientemente buena" de Winnicott, las y los estudiantes incluían en sus respuestas que "durante la primera etapa de vida y más en los primeros meses es fundamental que la madre se concentre y focalice sus energías en el bebé." (Examen 5); que "una madre suficientemente buena tiene la capacidad de despojarse de todos sus intereses personales para adaptarse a las necesidades del bebé." (Examen 7); que "la madre debe sostener al bebé, tanto en lo que respecta al sostén físico, como al emocional" (Examen 1); que "la madre suficientemente buena también tiene que tener la capacidad de desilusionar al bebé." (Examen 12); entre otras formulaciones.

En suma, una revisión del *corpus* permite reconocer que los posicionamientos actitudinales de las y los estudiantes se distribuyen entre la *evaluación acerca de la competencia* del agente y la *obligatoriedad* de sus acciones, es decir, entre las dos regiones semánticas del *juicio* caracterizadas por Martin y White (2005): los "juicios de estima social" y los "juicios de sanción social." Los "juicios de estima social" plantean cuáles serían las *capacidades o las competencias requeridas a la "madre suficientemente buena."* En los siguientes ejemplos, los recursos que realizan juicios de estima social aparecen en cursiva:

> Una madre suficientemente buena es aquella que *es capaz de* derivar toda su energía pulsional (o líbido) hacia los cuidados del bebé, dejando de lado sus intereses personales. (Examen 1)
>
> Madre suficientemente buena: es denominada así aquella madre que *puede adaptarse completamente* a las necesidades de su bebé, y no que su bebé se adapte a ella. (Examen 2)
>
> La forma en que una madre toma a su bebé en brazos demuestra la *capacidad* de relación e identificación de ella con el niño, y un error en la forma de sostenerlo, puede traerle al niño el surgimiento de angustia y sensación de desintegración. (Examen 12)

La *estima social* parece proponer una valoración en la que se acentúan las cualidades que una persona necesita para poder constituirse en "madre suficientemente buena"; en esta perspectiva, los significados se aproximan a una mirada más tipologizante, en la que las opiniones de la comunidad—o de

discursos autorizados como la propia ciencia—discriminan quién puede—
quién es capaz—y quién no puede—quién no lo es—ejercer la función materna.[1] Es plausible plantear aquí que las respuestas hayan reelaborado aquellos
pasajes del texto de Winnicott en los que identificamos la presencia de valoraciones acerca de la "capacidad *especial*", la "aptitud *desarrollada*" o el "*extraordinario* estado" de la "madre suficientemente buena" (cfr. §" La estima y la
sanción social de la madre suficientemente buena en D. Winnicott ").

Sin embargo, la primera particularidad de esta reelaboración reside en
haber retenido especialmente aquellos pocos pasajes en los que Winnicott
expande las características de esa capacidad. La segunda particularidad se
encuentra en la clara omisión de las modalizaciones presentes en el texto
de Winnicott que generan una atenuación de la asertividad ("...*tal vez*
el rasgo predominante *sea* la disposición y la capacidad de la madre para
..."; "*En mi opinión*, esto [la preocupación materna primaria] es lo que
otorga a la madre su capacidad especial para hacer lo adecuado" (Winnicott, 1967/1984, p. 31).

Los "juicios de sanción social" presentes en las respuestas al parcial enfatizan *la obligatoriedad y la responsabilidad* que pesaría sobre "la madre suficientemente buena." Son sumamente relevantes en este análisis porque se encuentran ausentes en el texto de Winnicott. Aquí algunos ejemplos:

> Para que una madre sea suficientemente buena *debe* cumplir con
> las siguientes funciones: (Examen 2)

> [La madre suficientemente buena] *Deberá* tener con el bebé un
> sostén tanto físico como emocional y adaptarse a las necesidades
> del bebé. (Examen 10)

> *Hay que* estar atento a los movimientos espontáneos que realiza
> el nene en busca de conocer el mundo exterior. La madre sufi-
> cientemente buena *deberá* estar atenta a esto para poder acom-
> pañarlo y dejarlo experimentar y que pueda generar un mundo
> interno con buenas experiencias. (Examen 10)

> Winnicott dice que una madre suficientemente buena *debe*
> cumplir tres funciones: (Examen 13)

---

[1] Cuando aludimos en este capítulo a valoraciones estereotipadas de la función materna,
no nos referimos tanto a "contenidos" específicos asociados a la maternidad—que pueden variar en
las diferentes sociedades—, sino a los "modos" en que una comunidad *discrimina* entre las personas
aptas y no aptas para realizarla, así como *impone* formas correctas de crianza. En este sentido, el
análisis no se limita a las maneras de entender la función materna en la sociedad argentina.

> En el sostenimiento es *muy importante* que la madre haga un sostenimiento adecuado, tanto física como emocionalmente, dado que al no sostener correctamente al niño, genera en éste un estado de angustia, que puede desencadenar en una sensación de caer interminablemente, y otras angustias. (Examen 14)

> La madre *tiene que* poner su cuerpo tanto como su yo para que el niño pueda conocer el medio. (Examen 16)

La *sanción social*, a diferencia de la *estima social*, puede interpretarse como la existencia de un mandato, de una obligación o un rol que el agente debe cumplir. En este caso, el sujeto no es interpelado por sus cualidades y competencias personales, sino por su responsabilidad—su "rectitud", en términos de Martin y White (2005)—para llevar la función que le ha sido asignada. La legitimidad del mandato recae en la sociedad, o en aquellas instituciones—entre las cuales las y los estudiantes parecen ubicar a la ciencia—autorizadas para definir lo correcto y lo incorrecto, lo "suficientemente bueno" y lo "no suficientemente bueno."

Organizados de este modo, los juicios de los estudiantes se distribuyen entre estas dos clases de valoraciones: aquellas que plantean cuáles serían las *capacidades* de la "madre suficientemente buena", que se corresponden con los juicios de *estima social*; y las que establecen cuáles serían las *obligaciones*, que se corresponden con los de *sanción social*. El espacio abierto en este espectro de significaciones no está libre de tensiones y esto explica las indecisiones presentes en los textos. Lugares intermedios de este *continuum* manifiestan la coexistencia no sencilla y la negociación entre las dos perspectivas. Obsérvese el siguiente ejemplo:

> La madre *tiene que poder* sostener al bebé tanto a nivel físico como a nivel mental. (Examen 16)

El modalizador (*tiene que*) construye la obligatoriedad del proceso[2], mientras que el verbo modalizado (*poder*) introduce un significado de 'posibilidad'; pero no como mitigación de la asertividad (tal sería en: "puede sostener al

---

2   La relación entre "rectitud" [*propriety*] y su realización en modalizaciones obligativas ya es considerada por los propios Martin y White: "Los parámetros para organizar el juicio reflejan distinciones gramaticales en el sistema de modalización (Halliday, 1994), en las siguientes proporciones: la normalidad es a la habitualidad, como la capacidad es a la habilidad, la tenacidad es a la inclinación, la veracidad es a la probabilidad, como *la rectitud es a la obligación*" (2005, p.54; el destacado y la traducción son propias).

El Posicionamiento Actitudinal y las Metáforas Gramaticales

bebé o no"), sino como realización del significado 'ser hábil para algo', 'estar en condiciones de hacer algo'. Encontramos un ejemplo semejante en la cláusula:

> La madre suficientemente buena también *tiene que tener la capacidad* de desilusionar al bebé. (Examen 12)

Lo que identificamos en este caso es una *lexicalización* del juicio de estima social a través del sustantivo "capacidad", mientras que la sanción social se realiza gramaticalmente a través del modalizador (nuevamente, "*tiene* que"). En la siguiente cláusula ocurre una realización inversa:

> También es *importante* que esta madre *pueda* desilusionar al bebé, después del año aproximadamente. (Examen 5)

La sanción social se encuentra lexicalizada en el adjetivo "importante" y la estima social acerca de la competencia se realiza en el verbo auxiliar de la frase verbal ("*pueda* desilusionar"). Esta última formulación muestra las tensiones al interior de la cláusula. La sanción social se realiza de un modo atenuado—"importante" ocuparía un lugar de menor intensidad que, por ejemplo, "necesario" o "imperioso"—; pero a la vez es ubicada en una posición inicial, es decir, jerarquizada por sobre las valoraciones relativas a la estima social.

Tabla 5.1: Disposición de las Cláusulas en el Espectro de Valoración que se Abre entre la Estima Social y la Sanción Social.

Estima social (capacidad; tenacidad)

Una madre suficientemente buena es aquella que es capaz de derivar toda su energía pulsional (o líbido) hacia los cuidados del bebé, dejando de lado sus intereses personales. (Examen 1).
Madre suficientemente buena: es denominada así aquella madre que puede adaptarse completamente a las necesidades de su bebé, y no que su bebé se adapte a ella. (Examen 2)
La madre suficientemente buena debe poder ayudar al niño a reconocer objetos para que pueda ir descubriendo que no todo es parte de él. (Examen 4)
También es importante que esta madre pueda desilusionar al bebé, después del año aproximadamente. (Examen 5)
Para que una madre sea suficientemente buena debe cumplir con las siguientes funciones: (Examen 2)
La madre tiene que poner su cuerpo tanto como su yo para que el niño pueda conocer el medio. (Examen 16)

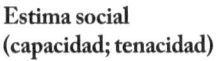

Sanción social (valorac. Ética)

* *Las cláusulas intermedias corresponden a aquellos pasajes en los que las valoraciones se combinan, se negocian o entran en tensión dentro de los textos.*

De este modo, la *estima social* y la *sanción social* se corresponden con los dos puntos del espectro de valoración social presente en los exámenes (Tabla 5.1), aquel relativo a la *evaluación de la competencia para la realización de la función materna* y aquel relativo a *su obligatoriedad*, respectivamente. Las transformaciones realizadas a partir del texto disciplinar nos permiten afirmar que las y los estudiantes no hablan ya del concepto de Winnicott o, mejor, no hablan ya *solamente* del concepto de Winnicott, sino que negocian con el texto fuente y con las valoraciones que consideran que su comunidad[3] hace acerca de una madre y de la función materna.

La Construcción de Significados Abstractos e Informacionalmente Densos

Las Funciones de la Madre Suficientemente Buena en D. Winnicott: Los Recorridos Lingüísticos para la Construcción de los Conceptos

En el texto de Winnicott la metáfora gramatical es un recurso clave para construir conceptos y relaciones lógico-causales sin inscribir valoraciones acerca de los actores involucrados en tales nociones. Esto es lo que ocurre en el pasaje que encabeza el desarrollo de las tres categorías que agrupan la función de la "madre suficientemente buena", sobre el final del capítulo:

> Sostenimiento (*Holding*)....
>
> La forma en que la madre toma en sus brazos al bebé está muy relacionada con su capacidad para identificarse con él. El hecho de sostenerlo de manera apropiada constituye un factor básico de cuidado, cosa que sólo podemos precisar a través de las reacciones que suscita cualquier deficiencia en este sentido. (Winnicott, 1967/1984, p. 33; destacado en el original)

La apertura que realiza este fragmento no solo se establece por su posición inicial en el desarrollo expositivo de la función materna, sino también porque prepara el modo en que se formulan lingüísticamente estos conceptos a través de las metáforas gramaticales. En este caso, la transformación léxico-gramatical involucra las realizaciones lingüísticas de la "madre", de sus acciones y del

---

[3] Una de las realizaciones que mejor manifiesta este carácter comunitario de las valoraciones se encuentra en el pasaje de uno de los estudiantes: "*Hay que* estar atento a los movimientos espontáneos que realiza el nene en busca de conocer el mundo exterior." (Examen 10). El uso del verbo impersonal confirma la despersonalización y desresponsabilización del estudiante sobre ese mandato enunciado.

"niño" que es afectado por ellas. El texto construye una primera representación congruente de estos significados en la cláusula incrustada "la madre toma en sus brazos al bebé":

> La forma en [[*que la madre toma en sus brazos al bebé*]] está muy relacionada con su capacidad para identificarse con él.

Consideramos a esta representación congruente porque los participantes son realizados de la forma más esperable o típica, esto es, como grupos nominales ("la madre", "el bebé"), de la misma manera, el proceso se realiza como un verbo ("toma"). En la siguiente oración, toda esta cláusula es transformada y *empaquetada* en el grupo nominal "el hecho de sostenerlo" que permite nombrar el proceso sin mencionar a su participante Actor, "la madre."[4] Esta transformación se completará con la nominalización realizada por medio del sustantivo "sostenimiento", donde ya se han borrado los restos del proceso y de los participantes.

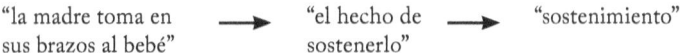

"la madre toma en sus brazos al bebé" ⟶ "el hecho de sostenerlo" ⟶ "sostenimiento"

De este modo, la metáfora gramatical no implica una mera sustitución léxica, sino la transformación *de una clase de elemento gramatical en otra clase* (en este caso, de una cláusula a un grupo nominal). Esta transferencia construye un nuevo elemento, al cual el texto puede, por una parte, atribuirle cualidades, como ocurre con el posmodificador en "el hecho de sostenerlo *de manera apropiada*", que introduce una valoración[5] sobre el proceso "sostener" sin alcanzar al participante que realiza tal proceso, es decir, a "la madre." Por otra parte, la metáfora gramatical permite constituir este elemento en participante de una nueva cláusula con un nuevo proceso:

> El hecho de sostenerlo de manera apropiada constituye un factor básico de cuidado.

El pasaje analizado recuerda lo que señalamos como la tercera característica de la metáfora gramatical: su *capacidad para construir significados más abstractos e informacionalmente más densos*. En efecto, el "sostenimiento", en tanto

---

4 Ni su *competencia*, mencionada en la cláusula anterior como: ". . . su *capacidad* [de la madre] para identificarse con él [el bebé]".

5 El posmodificador "de manera apropiada" también puede considerarse como una metáfora gramatical que condensa la cláusula dominante que contiene a la cláusula incrustada "[*la forma en* [[que la madre toma en sus brazos al bebé]] *está muy relacionada con su capacidad para identificarse con él*]". En este caso, la frase "de manera apropiada" evita explicitar que ese carácter 'apropiado' se establece por la "capacidad [de la madre] para identificarse con él [el bebé]".

nominalización, reúne los significados relativos al proceso de "sostener"—o "tomar en brazos"—, a los participantes—la "madre" y el "bebé"—y a cualidades atribuidas a uno de estos—la capacidad de la madre para identificarse con el bebé—. Como veremos, este recorrido que realiza el texto de Winnicott—*de las formas más congruentes hacia menos congruentes*—se manifiesta en el sentido inverso en los textos de las y los estudiantes.

Las Funciones de la Madre Suficientemente Buena en los Textos de las y los Estudiantes: La Restitución de Actores y Procesos

El primer paso para estudiar los textos que conforman el *corpus* como reelaboraciones de los textos disciplinares consiste en una contrastación entre las respuestas al parcial y el texto de Winnicott. Por razones de espacio, nos detendremos en una de las categorías desarrolladas por el autor acerca de la función materna, la "manipulación." En el texto de Winnicott, leemos:

> La manipulación contribuye a que se desarrolle en el niño una asociación psicosomática que le permite percibir lo "real" como contrario a lo "irreal." (Winnicott, 1967/1984, pp. 33-34)

Y en los textos de las y los estudiantes:

> Manipulación: la madre deberá ayudar al niño a poder sentir y conocer nuevos objetos y así él podrá ir diferenciando el mundo ilusorio del real. (Examen 3)

> El siguiente concepto es el de manipulación: la madre en esta etapa va a hacer que el niño diferencie lo real de lo irreal; comienza a desarrollar la coordinación. (Examen 8)

> Manipulación: Deberá realizar la manipulación del cuerpo del bebé y moverle las piernas, los brazos, para lograr desarrollar una buena coordinación y composición corporal del bebé. (Examen 10)

Cada una de las formulaciones de las y los estudiantes establece una reconfiguración particular del texto de Winnicott. Como veremos a continuación, el análisis de estas reconfiguraciones se complejiza porque confrontamos formulaciones no congruentes, metafóricas—del texto disciplinar—con formulaciones congruentes—de las y los estudiantes—. Esto se debe, en gran medida, al cuidado que se reconoce en el texto de Winnicott por evitar estas representaciones más típicas—en las que los participantes y procesos se realizan del modo más esperable—y llevar rápidamente al lector a tratar con entidades más abstractas, construidas por medio de nominalizaciones.

Para mostrar esta diferencia nos detendremos en el análisis de la reelaboración del sustantivo "manipulación", que ocupa la función de Identificado del proceso "contribuye"[6]—un proceso *relacional-causal*—en el texto de Winnicott. ¿Cómo se reelabora gramaticalmente este elemento en los textos de las y los estudiantes? Digamos, en una primera instancia, que el sustantivo "manipulación", tal como aparece en el texto disciplinar, puede ser entendido como una *nominalización* del proceso "manipular" y como una variación metafórica de este proceso. En efecto, la nominalización constituye, para Halliday (1994), uno de los recursos más potentes que dispone el lenguaje para la creación de metáforas gramaticales.

Sin embargo, este primer abordaje deja de lado la condensación o el "empaquetamiento" complejo (Halliday, 1998) de significados que también es capaz de hacer la metáfora gramatical. Para incorporar esto, es necesario recordar que la metáfora gramatical es entendida como una variación en la representación congruente de un determinado significado. Una revisión del texto de Winnicott nos permite "desempaquetar" los significados que se encuentran condensados en el sustantivo "manipulación." Esto significa devolverle a este *sustantivo* su representación congruente como *proceso* en una *cláusula*; pero también—y fundamentalmente—reponer las entidades que participan en ese proceso. Un análisis en el marco del texto de Winnicott sugiere que "manipulación" condensa toda una cláusula que se podría descomponer como:

"La manipulación" = la madre [grupo nominal] + manipula [proceso] + niño [grupo nominal].

Si volvemos ahora a las reelaboraciones que han hecho las y los estudiantes del texto de Winnicott, encontramos la del Examen 10:

---

6   El proceso "contribuye" establece una *relación causal* entre la "manipulación"—Identificado—y "se desarrolle en el niño una asociación psicosomática que le permite percibir lo «real» como contrario a lo «irreal»"—Identificador—. Sin embargo, esta relación se encuentra metaforizada por el proceso "contribuir" que logra atenuar una relación puramente mecánica entre la causa y el efecto, e introduce un grado de probabilidad en esa relación. Esta operación es recurrente en el texto de Winnicott, también en las relaciones identificativas: "La forma en que la madre toma en sus brazos al bebé *está muy relacionada* con su capacidad para identificarse con él". En este caso, es la *relación indicativa* la que se encuentra atenuada y vuelve a construir un grado de probabilidad que permite al lector considerar que la identificación de la madre con el bebé puede ocurrir sin que se manifieste en la forma en que lo toma en sus brazos. En un examen, en el que la configuración propuesta se asemeja, casi literalmente, a la del texto original, lo que se modifica, justamente, es esta probabilidad: "La forma en que una madre toma a su bebé en brazos demuestra la capacidad de relación e identificación de ella con el niño...." (Examen 12).

Manipulación: Deberá realizar la manipulación del cuerpo del bebé y moverle las piernas, los brazos, para lograr desarrollar una buena coordinación y composición corporal del bebé. (Examen 10)

En ella se desarma esta configuración condensada para proponer, en una primera instancia, una cláusula:

[La madre suficientemente buena] Deberá realizar la manipulación del cuerpo del bebé ... (Examen 10)

En esta representación se ha explicitado, aunque de modo elíptico, el agente de la acción—"la madre"—; sin embargo, la acción de "manipular" no se realiza de modo congruente como proceso, sino como un grupo nominal—"la manipulación del cuerpo del bebé"—que participa como Meta del proceso material / comportamental "deberá realizar" (Tabla 5.2).

Tabla 5.2. Comparación entre los Significados Condensados en la Metáfora del Texto de Winnicott y sus Modos de Realización en una de las Respuestas de los Exámenes: Representación Menos Congruente.

Winnicott		Estudiante (Examen 10)
"La manipulación"		"Deberá realizar la manipulación del cuerpo del bebé"
la madre [grupo nominal]	se realiza como	la madre [participante actor elidido]
+ manipula [proceso]	se realiza como	la manipulación [grupo nominal]
+ niño [grupo nominal]	se realiza como	del cuerpo del bebé [postmodificador]

En la siguiente cláusula, el texto incorpora un segundo proceso—[deberá] "moverle"—que se aproxima a la representación más típica –"manipula"– y una nueva Meta, "las piernas y los brazos":

Y [la madre deberá] moverle las piernas, los brazos. (Examen 10)

En esta nueva representación, los elementos condensados en la metáfora gramatical se realizan ya de un modo más congruente (Tabla 5.3).

Este pequeño fragmento de la respuesta de un estudiante nos permite inferir el proceso recurrente dentro de los parciales: el desempaquetamiento de los significados condensados en las metáforas gramaticales del texto disciplinar y *su nueva realización en representaciones congruentes*. Este proceso no es lineal. En una misma cláusula el estudiante realiza una *transformación gradual* de la forma metafórica a la no metafórica, de la forma no congruente a la congruente.

El Posicionamiento Actitudinal y las Metáforas Gramaticales

Tabla 5.3. Comparación entre los Significados Condensados en la Metáfora del Texto de Winnicott y sus Modos de Realización en una de las Respuestas de los Exámenes: Representación Más Congruente.

Winnicott		Estudiante (Examen 10)
"La manipulación"		"[la madre deberá] moverle las piernas, los brazos."
la madre [grupo nominal]	se realiza como	la madre [participante actor elidido]
+ manipula [proceso]	se realiza como	deberá moverle [proceso material / comportamental]
+ niño [grupo nominal].	se realiza como	las piernas, los brazos [grupo nominal con relación de meronimia: parte por el todo]

Sin embargo, aun en esta complejidad no mecánica de los desempaquetamientos, un fenómeno se vuelve recurrente: la rápida restitución que realizan los textos del agente de la acción, "la madre suficientemente buena." Y este parece ser el camino a través del cual los textos introducen los *juicios* sobre "la madre" que hemos estudiado antes. El desempaquetamiento y su realización con formas gramaticales congruentes *vuelven a la nueva configuración más permeable a las valoraciones acerca de los procesos, los participantes y las circunstancias* abordadas por el concepto disciplinar. En efecto, la restitución de "la madre" como Actor de los procesos—sostener, manipular, mostrar—convoca las apreciaciones estereotípicas que la comunidad del o de la estudiante atribuye a este rol social. La "madre", en tanto entidad humana, vuelve a la representación lingüística *sensible a las valoraciones éticas*, relativas a la *responsabilidad del acto realizado*, es decir, de los *requerimientos* para su adecuado desempeño, pero sobre todo de las *consecuencias* de ese acto.

Para terminar de comprender esta relevancia dada por las y los estudiantes a las consecuencias de las acciones atribuidas a la "madre suficientemente buena", es necesario volver al texto de Winnicott y atender al rol que ocupan las relaciones causales. En los siguientes pasajes podemos reconocer esta relevancia dada a la causalidad:

> El problema es tan delicado y complejo que nuestras reflexiones resultarán estériles si no partimos de la base de que el niño en cuestión tiene una madre suficientemente buena. *Sólo si es así*, el niño inicia un proceso de desarrollo que es personal y real. *Si* la actitud materna no es lo bastante buena, el niño se convierte en un conjunto de reacciones frente a los choques, y el verdadero *self* del niño no llega a formarse o queda oculto tras un falso

self que se somete a los golpes del mundo y en general trata de evitarlos. (Winnicott, 1967/1984, p. 31; el destacado es nuestro).

> La manipulación contribuye a que se desarrolle en el niño una asociación psicosomática que le permite percibir lo "real" como contrario a lo "irreal." La manipulación deficiente milita contra el desarrollo del tono muscular y contra lo que llamamos "coordinación", y también contra la capacidad del niño para disfrutar de la experiencia del funcionamiento corporal y de experiencia de SER. (Winnicott, 1967/1984, p. 33-34)

Ambos pasajes pueden analizarse como una variedad de la *relación causal* que realiza el género elemental de la *explicación*, a la cual Martin y Rose (2008, p. 148) denominan "explicación condicional."

En el segundo de los pasajes del texto de Winnicott citados, este carácter condicional de la explicación se manifiesta en el espacio concedido a la descripción de las consecuencias según sea el carácter "correcto" o "deficiente" de la manipulación (Tabla 5.4).

La "manipulación" –o mejor, su carácter "no deficiente"– queda así inmersa en una organización genérica no sólo *causal*, sino también, como señalan Martin y Rose (2008)[7], *obligatoria*. Es esta obligatoriedad de la "manipulación",—junto con la más extensa explicitación de las consecuencias de su ausencia, o su carácter "deficiente"—un rasgo a considerar para la comprensión de las modalizaciones deónticas, de obligatoriedad, presentes en el *corpus*.

Tabla 5.4. Análisis de la "Explicación Condicional" en el Texto de D. Winnicott.

si ...	entonces ...
La manipulación [no es deficiente]	contribuye a que se desarrolle en el niño una asociación psicosomática que le permite percibir lo "real" como contrario a lo "irreal."
La manipulación [es] deficiente	milita contra el desarrollo del tono muscular y contra lo que llamamos "coordinación", y también contra la capacidad del niño para disfrutar de la experiencia del funcionamiento corporal y de experiencia de SER.

---

7 "[la] condición modaliza un evento causal como probabilidad: una condición puede estar presente, y si lo está, el efecto está obligado a ocurrir." (Martin & Rose, 2008, p. 148; traducción propia).

En este sentido, el desempaquetamiento de la metáfora gramatical del texto disciplinar realizado por las y los estudiantes no sólo conlleva la incorporación de evaluaciones del sentido común acerca del rol materno; también implica una representación de la relación causal planteada por el género explicativo en términos éticos, propios del modo de valoración de los actos humanos. Así, las diferentes funciones maternas desarrolladas por Winnicott son representadas como *obligaciones* o *condiciones* para que una "madre" adquiera el carácter de "suficientemente buena" y las relaciones causales, aunque no desaparecen, pasan a ocupar un lugar secundario. Tal es lo que se reconoce en la siguiente respuesta, donde la primera cláusula postula las condiciones requeridas a la "madre suficientemente buena", pero omite desarrollar los efectos que tales "capacidades" tendrían en el desarrollo del bebé:

> De acuerdo con la teoría de Donald Winnicott, una madre suficientemente buena es aquella que *es capaz de* derivar toda su energía pulsional (o líbido) hacia los cuidados del bebé, dejando de lado sus intereses personales. Este proceso comienza a llevarse a cabo ya desde el embarazo, teniendo por auge los primeros meses de vida del bebé. (Examen 1)

Al dejar de considerar el ámbito de la experiencia abordado por el concepto disciplinar en los términos de relaciones causales y comprenderlo de un modo ético, las respuestas se desplazan gradualmente de los recursos léxico-gramaticales de la escritura académica hacia formas de valoración más propias de contextos y registros de la vida cotidiana. Este desplazamiento es gradual y poblado de tensiones y negociaciones. En el pasaje anterior, por ejemplo, propone un modo de representación ética de las relaciones causales postuladas en el texto disciplinar, pero al mismo tiempo conserva todo un léxico especializado que remite directamente al material bibliográfico: "energía pulsional (o líbido)" (y en párrafos siguientes que no incluimos en la cita, "sostén físico", "holding", "el discernimiento entre el objeto interno y el externo", entre otros).

Discusión

En suma, la reelaboración del texto de Winnicott ofrece a las y los estudiantes un nuevo desafío en su aprendizaje de la escritura académica. La complejidad que se les presenta es doble: por una parte, reformular un texto cuyos conceptos abordan un ámbito de la experiencia altamente sensible a los juicios sociales y los estereotipos, como lo es la función materna. Por otra, utilizar un recurso recurrente en la escritura académica como lo es la metáfora gramatical. A lo largo de este trabajo buscamos mostrar que el dominio de este recurso permite:

1. *Precisar el alcance de los conceptos disciplinares* (como ocurre con nociones cuyo grado de abstracción no puede ser parafraseado en formas típicas y congruentes sin una pérdida de su eficacia explicativa).
2. *Comprender las relaciones lógico-causales que postulan los géneros académicos* (de modo de evitar representarlas en términos volitivos y sensibles a la evaluación ética).
3. *Diferenciar las formulaciones lingüísticas del sentido común y las del discurso científico* (incluso cuando parezcan aludir a ámbitos de la experiencia similares o próximos).

El modo de facilitar este desafío que enfrentan las y los estudiantes es incorporar la enseñanza explícita de la noción de metáfora gramatical, pero con un fuerte anclaje en sus textos, es decir, con una adecuada caracterización lingüística de las dificultades que se les presentan. Es la metáfora gramatical, como recurso lingüístico, lo que permite a las y los estudiantes desplazar la noción disciplinar de "la madre suficientemente buena" de las valoraciones—responsabilidades, mandatos—propias de su comunidad de pertenencia. A la vez, la comprensión de este recurso permite devolverle a dicha noción disciplinar su capacidad para *construir una distancia* sobre ese fenómeno que les resulta tan próximo, e incluso su capacidad para *interrogarlo y cuestionarlo*.

En relación con esto último, uno de los objetivos del presente trabajo ha sido mostrar la necesidad de una reflexión sobre los recursos lingüísticos con los que el discurso académico—en especial las Ciencias Sociales—interpelan y cuestionan un ámbito tan polémico y sensible como lo es, en este caso, el rol social de la madre. En este sentido, la Lingüística Crítica (Hodge y Kress, 1993) ha concentrado su mirada en el carácter manipulador de las nominalizaciones, en su capacidad para ocultar, despersonalizar y desresponsabilizar a los agentes de sus acciones. Estas observaciones, tan válidas también para el discurso académico, necesitan complementarse con reflexiones acerca de la potencia de las nominalizaciones para construir en los textos académicos relaciones lógico-causales y abstracciones, que logren atenuar e incluso cuestionar los juicios éticos y morales con los que el sentido común estigmatiza sujetos, roles y prácticas. De este modo, aquellos pasajes del *corpus* que eran leídos como muestras del involucramiento personal de las y los estudiantes pueden pensarse ahora como una evidencia de la falta de una enseñanza explícita de los recursos lingüísticos necesarios para la construcción de esas relaciones lógico-causales en sus textos.

Conclusiones

Este capítulo presenta el trabajo menos visible que realizamos las y los especialistas en el lenguaje del Programa de Lectura y Escritura Académica que se desarrolla en la Universidad de Flores (Buenos Aires, Argentina). El punto de partida de todas las reflexiones consistió en un fenómeno que se presentaba como evidente para la docente de la asignatura específica e incluso para sus estudiantes: *la inadecuada incorporación de valoraciones, juicios y estereotipos en las respuestas* a la consigna del parcial sobre el concepto de "madre suficientemente buena" de D. Winnicott. Docente y estudiantes podían reconocer y acordar en esta inadecuación de las valoraciones, pero ninguno podía elaborar una alternativa textual que evitara una lectura censora sobre estos posicionamientos actitudinales.

En esta encrucijada, este trabajo se orientó a mostrar que tanto la *comprensión del fenómeno* presente en los textos de los estudiantes—la inscripción de juicios de estima social y sanción social—como la *elaboración de una hipótesis explicativa*—la incidencia de las representaciones lingüísticas congruentes en la permeabilidad a tales juicios—requieren necesariamente de un saber lingüístico enmarcado en una concepción funcional del lenguaje. Este saber lingüístico y estas concepciones permiten comprender los desafíos que enfrentan las y los estudiantes durante los estudios universitarios. También es este saber el que aporta al diseño de adecuadas estrategias de intervención para la enseñanza de los recursos lingüístico-discursivos requeridos por la asignatura específica.

El objetivo mayor de este artículo ha sido desplegar la estrecha interrelación que existe entre la enseñanza de la escritura académica y una actividad investigativa que busca permanentemente reflexionar sobre las particularidades que adquieren los textos en los espacios disciplinares. Es esta reflexión y la sensibilidad hacia estas particularidades lo que permite elaborar las intervenciones en las aulas universitarias y mantener un diálogo constante con docentes y estudiantes.

Referencias

Ducrot, O. (1988). Argumentación y topoi argumentativos. *Lenguaje en Contexto, 1*, 63–84.

Halliday, M. A. K. (1994). *An Introduction to Functional Grammar*. (2ª ed). Edward Arnold. https://doi.org/10.4324/9780203783771.

Halliday, M. A. K. (1998). Things and relations. Regrammaticising experience as technical knowledge. En J. R. Martin & R. Veel (Eds.), *Reading Science. Critical and functional perspectives on discourse of science* (pp. 185–235). Routledge.

Hodge, R. & Kress, G. (1993). *Language as Ideology*. (2ª ed). Routledge.
Martin, J. R. & Rose, D. (2003). *Working with discourse: Meaning beyond the clause*. Continuum.
Martin, J. R. & Rose, D. (2008). *Genre relations. Mapping culture*. Equinox.
Martin, J. R. & White, P. P. R. (2005). *The language of evaluation. Appraisal in English*. Palgrave.
Moyano, E. I. (2009). Negotiating genre: Lecturer's awareness in genre across the curriculum project at the university level. En C. Bazerman, A. Bonini & D. Figueredo (Eds.), *Genre in a changing world* (pp. 442–264). *The* WAC Clearinghouse; Parlor Press. https://doi.org/10.37514/PER-B.2009.2324.2.22.
Moyano, E. I. (2010). Escritura académica a lo largo de la carrera: un programa institucional, *Revista Signos, 43*(74), 465–488. https://doi.org/10.4067/S0718-09342010000500004.
Moyano, E. I. (2011). Deconstrucción y edición conjuntas en la enseñanza de la escritura: La reflexión sobre género y discurso en la formación académica y profesional, *Anais VI Simpósio Internacional de Estudos de Gêneros Textuais (SIGET)*.
Plantin, C. (2014). *Las buenas razones de las emociones* (Trad. E. Ghelfi). Universidad Nacional de Moreno. (Trabajo original publicado en 2011).
Verón, E. (1993). *La semiosis social. Fragmentos de una teoría de la discursividad*. Gedisa.
Winnicott, D. (1984). *La familia y el desarrollo del individuo* (Trad. N. Rosenblatt). Hormé. (Trabajo original publicado en 1967).

6 Talleres de Formación Docente, Una Alternativa para la Alfabetización Académica

Alejandra Sánchez-Aguilar
ITESO, Universidad Jesuita de Guadalajara

Eurídice Minerva Ochoa-Villanueva
ITESO, Universidad Jesuita de Guadalajara

Resumen

El capítulo describe y evalúa el desarrollo e implementación de un curso taller de formación para docentes disciplinares impartido en una universidad, que tuvo como foco la integración de la lectura y la escritura como medios para el aprendizaje de los contenidos de sus cursos. Se exponen el sustento teórico, la metodología y los elementos constitutivos del curso que resultaron ser determinantes para el logro de los objetivos; asimismo, se describen algunas de las reflexiones de los participantes que llevaron, como resultado práctico de la formación, al diseño de actividades didácticas orientadas a los propósitos del curso taller. Posteriormente, se presenta una evaluación de carácter mixto que recupera especialmente la percepción de los docentes participantes de algunas de las ocho versiones en las que el curso se ha dictado. Esta evaluación se orienta a identificar los retos, logros, resultados y aspectos a revisar y optimizar en el desarrollo del curso. El capítulo ofrece a los lectores una alternativa de aplicación de una práctica exitosa en la universidad para impulsar la alfabetización académica, pues los talleres de formación docente como este son una estrategia efectiva para generar cambios transversales en la cultura institucional y en las concepciones de la lectura y escritura académicas a través de las disciplinas.

Abstract

The chapter offers a description and evaluation of a workshop course aimed at showing university professors from different disciplines how to integrate reading and writing skills as a means for helping students to assimilate course content. The chapter lays out the theoretical foundation, the methodology and the course elements that have proven to be fundamental for achieving the objectives; it also describes some of the course participants' reflections that, as a practical result of their formation, led to the design of learning activities for their own students, in line with the aims of the workshop course. A mixed-method evaluation is presented, focusing primarily on the professors' perceptions over time, considering the eight times the workshop has been offered; this evaluation sheds light on challenges, achievements, and results, as well as on aspects that need to be reviewed and optimized. The chapter offers readers an account of a successfully implemented initiative for promoting academic literacy at the university level. Teacher training workshops such as the one presented are an effective strategy to generate changes across institutional culture and in the conceptualizations of academic reading and writing across disciplines.

El siguiente trabajo describe y evalúa el taller de formación docente Lectura y Escritura Académicas para el Aprendizaje Disciplinar, que forma parte del Programa de Lectura, Escritura y Oralidad Académicas (LEO) que opera desde el año 2013 en el Instituto Tecnológico y de Estudios Superiores de Occidente (ITESO), Universidad Jesuita de Guadalajara, institución de educación superior privada de México, y que se organiza desde la Coordinación de Comunicación Oral y Escrita, adscrita al Departamento de Lenguas. Dicho programa tiene el propósito de coadyuvar a transversalizar las concepciones y prácticas de lectura, escritura y oralidad académicas, a fin de que los desempeños escolares, profesionales y/o formativos se vean fortalecidos en todos los miembros de nuestra comunidad universitaria. Lo anterior impulsa el desarrollo de estas competencias a partir de acciones concretas y dirigidas tanto a estudiantes como a profesores.

    Los talleres de formación docente como el que aquí se analiza resultan una estrategia efectiva para generar cambios en la cultura institucional con respecto a la necesidad de impulsar el desarrollo de las habilidades de lectura y escritura de los estudiantes universitarios, pues se orientan a permear entre los docentes disciplinares la convicción de que esa tarea también les compete. Esto contribuye a la transversalidad en la atención a esas áreas y fortalece las actividades propias de los centros y programas de lectura y escritura.

Antecedentes

La formación de docentes en servicio es una estrategia que se ha implementado en la mayoría de los niveles educativos, casi siempre con dos propósitos:

mejorar la calidad de la práctica docente para incidir en los aprendizajes de las y los estudiantes, y mejorar las condiciones de quienes laboran como profesores. Aunque han variado los métodos y perspectivas, en las últimas décadas en América Latina se han incrementado los esfuerzos por implementar esta modalidad formativa (Santillán, 2010) en los diversos sistemas educativos.

Por su parte, la lectura y la escritura han sido consideradas como indispensables en la educación y, si bien se han abordado tradicionalmente como fines de aprendizaje, su valor cognitivo y epistémico se ha reconocido y analizado desde las últimas décadas del siglo pasado (Olson 1996, 1998; Scardamalia *et al.*, 1984;), por lo que no es extraño que se reconozca su importancia como herramientas para el aprendizaje de los estudiantes y se consideren motivo de algunos cursos de formación docente en los que han sido abordadas desde tres perspectivas: como procesos cognitivos necesarios para el aprendizaje; como prácticas situadas de apropiación de modos de hacer y pensar en las disciplinas; y como instrumentos políticos para acrecentar las oportunidades de acceso y participación social de los estudiantes (Cartolari & Carlino, 2009).

Por otro lado, se han construido en Argentina, España, Venezuela, Brasil, Chile, Colombia, México, Paraguay, Puerto Rico y otros países de la región numerosas propuestas de formación docente para que los profesores universitarios (Barreto, 2014; Gatti *et al.*, 2014; Martins, 2013; Mora & Arciniegas, 2016; Narváez, 2011; Narváez-Cardona *et al.*, 2009,) y los de formación inicial (Aguirre de Ramírez, 2008; Anunziata *et al.*, 2004; Gatti *et al.*, 2016; Nuñez-Rojas & Poch-Piá, 2014; Ricci, 2012) asuman la tarea de la alfabetización académica y disciplinar como un enfoque y una metodología habitual de trabajo. Estos esfuerzos adoptan la modalidad de talleres, diplomados o comunidades de aprendizaje que acompañan e introducen a los docentes en el asunto de interés. Algunos de ellos son más complejos que otros en tanto involucran diferentes estrategias o ejes, y algunos integran, por ejemplo, el trabajo con los estudiantes.

Aunque escasas, algunas de estas iniciativas sistematizan las experiencias y analizan el impacto dentro de las universidades, como Anunziata *et al.* (2004), Narváez-Cardona *et al.* (2009) y Martins (2013), que encontraron que los talleres de formación docente que se ocupan de los procesos de lectura o escritura favorecen que los participantes se centren en la reflexión metacognitiva de estas tareas. Ello enriquece tanto el ejercicio personal de las mismas como su enseñanza y, debido a que antes de cursarlos perciben que hay algo que debe cambiar, aunque no tengan del todo claro qué es ni cómo hacerlo, existe la motivación, interés y disposición de parte de los profesores para llevar a cabo una mejor enseñanza de los géneros discursivos en la universidad.

Pesa, sin duda, que todavía "la gestión institucional y la evaluación no han actuado generalmente como mecanismo básico de mejora de los sistemas [de] formación docente" (Vaillant, 2007, p. 2). En este contexto y en el caso concreto de la universidad, introducir en los cursos de formación de docentes en servicio los principios de los nuevos estudios de literacidad (NEL) y de la alfabetización académica ha representado un cambio de perspectiva radical en la visión de la enseñanza tradicional, y ha sido revolucionario al involucrar a docentes disciplinares en un área que parecía exclusiva de especialistas en lengua.

En lo que hace al curso que aquí se informa, el taller de formación docente "Lectura y escritura académicas para el aprendizaje disciplinar" tiene como sustento, en primer lugar, el marco institucional del ITESO para la formación docente. Los propósitos en este marco son: a) lograr una formación integral centrada en el aprendizaje profundo de los profesores y de la institución; b) construir una cultura de trabajo caracterizada por el aprendizaje en comunidad y en red con personas dentro y fuera de la universidad para concretar en la práctica el Modelo Educativo del ITESO; y c) acompañar a los profesores a hacerse cargo, explícita y voluntariamente, de su propio desarrollo y proceso de formación, de ser cada vez más libres, reflexivos, capaces de tomar decisiones, sensibles al otro y creativos (Ayala, 2014).

Aunado a lo anterior, se revisaron criterios y orientaciones para fundamentar un espacio formativo para docentes, como los expuestos por Lusquiños (2016), quien considera que un programa de esta naturaleza debe cimentar su existencia, como se menciona líneas arriba, a través de dos elementos: su relevancia para el desarrollo profesional y continuo de los profesores y el impacto que va a tener en los aprendizajes de los estudiantes. La autora señala una serie de factores a tomarse en cuenta: que los esfuerzos se basen en prácticas de reflexión-acción; subraya que es necesario planificar sobre lo que se va a trabajar y que "las problemáticas que se aborden deben ser nudos críticos del proceso enseñanza aprendizaje, esto es, obstáculos para su progresión oportuna, y poder abordarlos con un enfoque de mejora, hacia resultados superadores de la situación actual" (p. 49). Lusquiños agrega que dentro de esta planeación tendría que incluirse un proceso de autoevaluación y evaluación para que las experiencias vividas originen conocimiento válido en el ámbito; asimismo, indica que se tendría que promover la heterogeneidad de los perfiles docentes en los grupos de trabajo. Finalmente, Murillo y Krichesky (2012), referidos por Lusquiños (2016), señalan que la conformación de una comunidad profesional de aprendizaje es uno de los elementos más efectivos para que el profesorado tenga una buena disposición a su formación continua y ejerza responsabilidad y autonomía respecto a la misma:

Los centros que tienen como foco el aprendizaje de todos los miembros de la comunidad (no solo de los estudiantes) porque comprenden que es una excelente forma de mejorar continuamente, aceptan los cambios como algo habitual. (p. 52)

En esta misma línea, se retomaron las aportaciones de Valcárcel (2003) quien señala que, si se quiere que los programas y actividades de formación del profesorado sean eficaces, deben considerarse determinados criterios y principios, entre los que se destacan que es indispensable que haya coherencia entre la propuesta formativa que se ofrece a los profesores y el modelo didáctico que se practica en la institución; que las actividades obedezcan a los requerimientos específicos de los docentes, aunque tengan rasgos que permitan que se transfieran; y que se organicen de manera que haya acciones tanto individuales como grupales para que los proyectos didácticos se trabajen de forma conjunta, aunque con la posibilidad de ofrecer respuestas diferenciadas.

El marco institucional del ITESO para la formación de profesores y los planteamientos arriba expuestos ofrecieron los primeros lineamientos tanto para el Plan de Formación Docente en general, como para el taller de "Lectura y escritura académicas para el aprendizaje disciplinar", que tiene como propósito impulsar, a través del trabajo colaborativo interdisciplinar, la reflexión sobre la propia práctica y el desarrollo de competencias para diseñar, aplicar y evaluar situaciones de aprendizaje que tengan como medios la lectura y la escritura de textos académicos y disciplinares.

Fundamento Teórico para el Diseño del Taller

Para poder responder a la pregunta sobre cómo hacer en nuestra práctica docente cotidiana para introducir a los estudiantes en la escritura, lectura y oralidad académicas, disciplinares e incluso científicas dentro del marco del Modelo Educativo del ITESO (2007), partimos de las vertientes que se derivan de la pedagogía ignaciana, de los NEL y de la perspectiva de la alfabetización académica.

El ITESO es una universidad jesuita y, como tal, asume los preceptos filosóficos, espirituales, sociales y educativos de la Compañía de Jesús, sustentados en el paradigma ignaciano que parte de tres directrices que establecen su visión formativa desde y para la condición humana: la experiencia, la reflexión y la acción. Para ello contempla cinco pasos: 1) tomar en cuenta el contexto no solo refiriéndose al entorno, sino al escenario y la realidad personal de los individuos; 2) partir de la experiencia de los sujetos, pues aspira a que la realidad significativa se transforme en experiencia de aprendizaje; 3) perseguir un estado de reflexión y una actitud crítica; 4) concretar todo lo anterior en la acción, es decir, ser proactivo e incidente en el entorno; y, finalmente, 5) evaluar y tener la capacidad para valorar el proceso de aprendizaje (Duplá, 2000).

Por otra parte, los NEL, conformados por una serie de trabajos que indagan sobre el desarrollo de la lectura y la escritura, reconocen la relevancia que revisten las interacciones sociales y culturales para dichos procesos (Heath, 1983; Schieffelin & Cochran-Smith, 1984; Scribner & Cole, 1981; Street, 1984, 2004), con lo que se alejan de las posturas conductistas y cognitivistas previas. Al respecto, Hernández (2018) señala:

> Desde estos estudios, *volverse sujeto letrado* deja de ser visto como aprender una tecnología de escritura, para verse como un complejo proceso de *apropiación de prácticas sociales diversas* en donde leer, escribir, hablar y pensar de cierta manera resulta relevante para participar en contextos sociales, culturales e históricos específicos. (p. 14)

Aunado a lo anterior, el movimiento Writing Across the Curriculum (WAC) afirma que aprender los contenidos de un campo de estudios implica aprender la discursividad del mismo, por lo que ve necesario integrar la enseñanza de la lectura y la escritura en las asignaturas de las distintas disciplinas (Bazerman *et al.*, 2005; Carlino, 2002, 2004; Russell, 1990). Este planteamiento se retoma por la alfabetización académica desarrollada por Carlino (2005, 2013), que está concebida para atender a las especificidades de las culturas hispanohablantes. De esta última perspectiva asumimos la concepción del estudiante como alguien que se integra a una nueva comunidad discursiva (Carlino, 2003); de la universidad como una institución que puede contribuir a dicha integración y lleva responsabilidad en el proceso (Carlino, 2013); y de los docentes disciplinares como agentes que pueden abonar a lo mismo (Marucco, 2011). En un trabajo teórico-práctico, Marucco (2011) sintetiza lo anterior señalando que:

> Los desarrollos producidos en los ámbitos de la lingüística y de la psicología cognitiva han generado la transformación de la noción de alfabetización que ya no es considerado (sic) como un estado que se alcanza de una vez y para siempre, sino como un proceso que se prolonga en el tiempo. (p. 3)

A su vez, Marucco (2005) propone que, a partir del análisis del ejercicio, uso y aplicación real de la lectura y la escritura por parte de los profesores en sus prácticas docentes cotidianas, se pueden identificar los supuestos que subyacen en sus cursos para esos procesos, es decir, la manera en que asumen la lectoescritura y su enseñanza. Aquello que da pie a que reconozcan sus fortalezas y debilidades y, en un segundo momento, reflexionen al respecto para discutir la introducción de modificaciones progresivas en los cursos que imparten a fin de acentuar los aspectos positivos de los mismos y modificar los que no lo son.

En síntesis, con las visiones anteriores sumadas a la pedagogía ignaciana y el método de Marucco (2005, 2010, 2011) que apuestan por un proceso de reflexión-acción, tuvimos el punto de partida que ha nutrido nuestra propuesta desde la raíz. El espacio de formación abierto para comenzar a ocuparnos de nuestro papel docente frente a la nueva cultura discursiva a la que se enfrentan nuestros alumnos en la universidad fue, precisamente, para la reflexión en un primer momento y la posterior co-creación de actividades de aprendizaje en torno a las prácticas que interesan.

Descripción del "Taller de Lectura y Escritura Académicas para el Aprendizaje Disciplinar"

El curso de formación para docentes "Taller de lectura y escritura académicas para el aprendizaje disciplinar" tuvo como impulso inicial las inquietudes y necesidades de un grupo de profesores con respecto a sus propias prácticas docentes. Desde el inicio tuvimos claro que abordar el tema de la lecto-escritura en la universidad debía hacerse a través de la observación, revisión y reconfiguración de la práctica de los profesores en esa área y la implementación que hacen de la misma en el aula; por ello, se optó por planear este espacio formativo bajo la modalidad de taller, cuyo diseño permite generar un sólido proceso de reflexión y acción.

Por lo anterior, se establecieron como propósitos que los participantes reflexionaran y reconstruyeran tanto las estrategias que utilizan ellos mismos para leer y escribir como las que emplean para la enseñanza en sus diferentes asignaturas cuando abordan estas tareas; asimismo, que desarrollaran competencias para diseñar, aplicar y evaluar situaciones de aprendizaje que tienen como medios la lectura y la escritura de textos académicos.

Metodología del Taller

El taller lo imparten docentes de la Academia de Comunicación Oral y Escrita del Departamento de Lenguas del ITESO, que son especialistas en enseñanza de lectura, escritura y comunicación oral académicas. Tiene una duración de entre 30 y 36 horas presenciales y 12 de trabajo independiente, a lo largo de 9 semanas. En su versión intensiva, el taller se cursa durante un mes. Al término de cada implementación se aplica una encuesta de apreciación evaluativa cuyos resultados—junto con los de otros instrumentos que se emplean en distintos momentos posteriores para valorar si el impacto del taller es de larga duración—se retoman en el apartado de Evaluación de la Experiencia.

A la fecha, se han atendido 10 grupos en 8 periodos académicos distintos, y han cursado y concluido la ruta 134 profesores que son docentes de 27 instancias (centros, departamentos, oficinas) distintas del ITESO. Desde el inicio se comprendió la importancia de que los grupos se integraran por no más de 15 personas para garantizar el diálogo, el seguimiento y el desarrollo general.

Los involucrados pertenecen a diferentes áreas de conocimiento que respondieron a la convocatoria difundida en toda la universidad. Esto determinó la conformación de grupos interdisciplinares que llegaron al curso con distintas formas de concebir y construir el aprendizaje de sus áreas, lo que enriquece la propuesta, pues en la formación docente conviene ir más allá del trabajo individual. Cabe señalar que la mayoría de interesados, 68%, provienen de las llamadas ciencias duras como matemáticas, física, economía, sistemas, etcétera.

Siguiendo a Marucco (2010), el taller quedó estructurado en dos dimensiones: una mayormente reflexiva y analítica, con el propósito de que los profesores interioricen la problemática y encuentren un sentido de pertinencia y pertenencia al hecho de ocuparse de la lectoescritura en la universidad; y otra orientada a la acción sobre la propia práctica, con el objetivo de deconstruir las estrategias que emplean para generar los procesos de lectura y escritura disciplinar en sus asignaturas o, en su caso, adquirir otras que contribuyan al logro de los objetivos buscados. Cabe decir que, en esta última dimensión, el profesor lector y escritor parte de su experiencia individual para transmitir a sus estudiantes los modos en los que él mismo sortea las dificultades frente a estas habilidades, de tal manera que el análisis de su yo lector y su yo escritor lo conduce a reconfigurar el ejercicio cotidiano de sus clases. Como es de esperarse, estas dimensiones son complementarias y recursivas a lo largo del taller.

La primera de las etapas contempla dos fases. En la primera se lleva a cabo la introducción a la perspectiva de la alfabetización académica, la que resulta clave para que los docentes desmientan sus supuestos y se percaten de que—como señalan, entre otros, Russell (1990), Carlino (2004, 2005, 2013), Bazerman *et al.* (2005), Marucco (2010, 2011) y Hernández (2016, 2018)—la lectura y la escritura no se aprenden de una vez y para siempre, sino que están modificándose y requiriendo nuevas destrezas en el *continuum* formativo de cualquier profesional, sea cual sea su área de conocimiento. En una segunda fase, se discute y determina el imperativo de ocuparnos de la lectura y la escritura en el aula universitaria, al tiempo que se reconoce la riqueza de estas prácticas como herramientas contundentes para lograr y demostrar los aprendizajes necesarios en cada disciplina. Lo anterior conforma la base sobre la que los participantes proceden a analizar sus prácticas de lectura y escritura para reconocerlas e intervenir la planeación de sus cursos integrando esos componentes como medios para el aprendizaje.

La segunda etapa contempla una serie de actividades en las que ellos mismos realizan lecturas exploratorias, de comprensión y críticas; elaboran organizadores gráficos, resúmenes y síntesis como estrategias de recuperación de la información leída; y escriben un ensayo siguiendo los pasos correspondientes al proceso de planeación (elección del tema, generación y organización de ideas, esquemas previos de escritura, etc.), textualización, revisión y corrección de textos académicos. De esta manera, los participantes experimentan de primera mano lo que implican las tareas de lectura y escritura en la universidad y pueden enriquecer su reflexión a partir de la apreciación directa de lo que vive un estudiante ante estas actividades. Asimismo, adquieren estrategias pertinentes para la lectura y construcción de textos, que pueden incorporar a sus actividades académicas generales y a su docencia en particular, para acompañar a sus estudiantes en el desarrollo de estas habilidades. Una vez completado el recorrido anterior, los y las participantes cuentan con los insumos necesarios para intervenir el diseño de sus cursos.

A continuación, se describen brevemente algunas de las tareas que se realizan en las etapas arriba referidas.

Actividades Reflexivas

Las actividades reflexivas se orientan a que las y los participantes conozcan los principios de la alfabetización académica e identifiquen si ellos mismos son lectores y escritores eficientes en su disciplina. Si es así, reconocen la trayectoria que tuvieron que seguir para lograrlo y van acopiando ideas para impulsar en sus estudiantes los procesos reconocidos, considerando las etapas en que se encuentran y el bagaje que poseen. Aquellos que descubren que aún tienen dificultades trabajan en la planeación de estrategias que les permitan consolidar sus competencias, al tiempo que van previendo cómo impulsar en sus estudiantes la posibilidad de evolucionar en sus habilidades comunicativas mientras cumplen con los objetivos de las asignaturas disciplinares que imparten.

Del mismo modo, las actividades reflexivas analizan con detalle la planeación didáctica de sus cursos para identificar el papel que han otorgado a la lectura y la escritura. En esta etapa, revisan los materiales bibliográficos o electrónicos que incluyen y las actividades que solicitan para evaluar el nivel de complejidad que tienen y determinar si son los apropiados para los objetivos que persiguen y para las características de los estudiantes que atienden. Asimismo, establecen si dichos materiales se presentan en una secuencia lógica y congruente y si hay otros que podrían ser más adecuados.

Acción sobre la Propia Práctica

Las actividades de esta naturaleza se realizan a través de ejercicios situados tanto en la asignatura de las y los participantes como en su formación de origen y en su labor docente, lo que los lleva a identificar estrategias de lectura y algunas herramientas de aprendizaje como los organizadores gráficos; a reconocer y distinguir los géneros textuales más comunes en la universidad; a caracterizar el registro lingüístico de su disciplina, y a examinar con detalle los procesos de lectura y escritura para poder diseñar procedimientos que orienten prácticas exitosas.

Uno de los primeros ejercicios que se realizan consiste en que, a partir de la propuesta de una lista de cotejo que presenta acciones que propician la alfabetización académica, cada docente efectúa un autodiagnóstico acerca de qué tan incorporadas están esas actividades en su enseñanza, cuáles podrían agregar y cómo hacerlo para que sean congruentes con su asignatura.

Asimismo, se generan discusiones plenarias acerca de cómo acompañar a los estudiantes para que desarrollen la comprensión lectora de los documentos propios de la asignatura y sobre los géneros textuales que los profesores solicitan a los estudiantes. A partir de las inconsistencias que generalmente se presentan entre la concepción de un género y lo que las y los docentes esperan, se precisa en qué consiste cada uno, cómo se estructura y cómo debe elaborarse; esto es, se hace una caracterización derivada del análisis de los elementos textuales y paratextuales de los documentos académicos específicos de cada asignatura.

Como se mencionó antes, las y los participantes también planean y elaboran diversos textos académicos para culminar con la escritura de un ensayo; razonan sobre lo que esto implica e intervienen el diseño didáctico de su curso definiendo la manera en que incorporarán la lectura y la escritura como herramientas para el aprendizaje disciplinar de sus estudiantes, y la forma en que los acompañarán en el desarrollo de estas habilidades. En este sentido, y como puede verse en los ejemplos de los dos apartados siguientes, las propuestas más destacadas que se han diseñado a lo largo de las implementaciones del taller son guías de lectura disciplinar; organizadores gráficos de distinta naturaleza, por ejemplo, para lectura crítica, basados en síntesis o para relacionar todos los textos comprendidos en un curso; entrevistas científicas; escritura de bitácoras; planeación y elaboración de reportes, formatos, informes y, finalmente, los ensayos, que siempre son acordes a las disciplinas y a los objetivos de cada asignatura. En los siguientes dos apartados se describen algunas de las propuestas mencionadas. Estas producciones, junto con las modificaciones al diseño de sus cursos, representan la manera en que las y los profesores concretan los aprendizajes obtenidos en el taller.

Cabe señalar que se trabaja frecuentemente en grupos colaborativos, lo que, además de ser una característica del estilo de enseñanza en el ITESO, favorece el intercambio inter y transdisciplinar y permite que las y los participantes puedan imaginar, de manera colectiva, formas para fortalecer el uso de la lectura y la escritura en cursos de diferente naturaleza, así como las habilidades necesarias para recurrir a ellas de manera efectiva. Lo anterior atiende a lo señalado por Valcárcel (2003) con respecto a la necesidad de coherencia entre el modelo de formación del profesorado y el modelo didáctico que se practica en la institución, y a la conveniencia de que se fomenten las acciones colectivas, especialmente la realización de proyectos didácticos conjuntos.

La trayectoria diseñada orienta a las y los docentes en la creación de métodos propios para desarrollar la alfabetización académica en sus cursos. Son ellos, con una participación proactiva, quienes proyectan, cimientan y construyen las estrategias de enseñanza disciplinar y las acciones para concretar en el aula.

A continuación, se presentan algunos ejemplos de las actividades diseñadas en el taller. Se exponen los títulos, campo disciplinar de la asignatura, objetivo de la actividad y su descripción.

Ejemplos de Actividades de Lectura Diseñadas

En lo que respecta a la lectura, las y los docentes analizan su propio proceso lector y determinan qué significa y qué implica la lectura de comprensión y, posteriormente, la crítica. Hecho lo anterior, contrastan los resultados con las prácticas que al respecto realizan en clase. Las conclusiones obtenidas de este ejercicio son el insumo principal para proceder al diseño de actividades con estrategias de lectura específicas para aplicar en sus cursos.

El primer ejemplo ilustra la forma en la que un docente de ingeniería introduce a sus estudiantes, a partir de una estrategia de lectura exploratoria, en el análisis de las características de algunos textos de su disciplina.

Ejemplo 1

¿Cómo leer un documento disciplinar? Guía de lectura analítico-predictiva

Campo disciplinar: Ingeniería mecánica e industrial.

Objetivo: Que el estudiante se familiarice con el vocabulario especializado, la estructura y las convenciones académicas de documentos de su área de conocimiento, y adquiera una estrategia de lectura predictiva que contribuya a la comprensión de estos.

Descripción: El profesor realiza, junto con los estudiantes una lectura predictiva y exploratoria de un documento científico, durante la que solicita a los estudiantes que revisen el paratexto (títulos, subtítulos, gráficos, imágenes, pies de gráficos, abstract, palabras clave, autor, datos del autor, publicación donde aparece el texto, bibliografía, etc.). De esta revisión, los estudiantes generan una conclusión sobre el tema del documento y sus principales ejes de discusión. Asimismo, describen la estructura del texto. En suma, infieren algunas de las características de los documentos especializados del área.

En el Ejemplo 2, se recurre a los organizadores gráficos no solo como herramienta para desarrollar y demostrar comprensión lectora, sino como una estrategia que contribuye al establecimiento de las relaciones entre las diferentes propuestas teóricas analizadas a lo largo de todo un curso del área de humanidades.

Ejemplo 2

Organizador gráfico creciente para lectura crítica y relacional de los textos comprendidos en un curso

Campo disciplinar: Humanidades

Objetivo: Que el estudiante construya una visión panorámica y crítica de los contenidos de todo el curso, de las relaciones existentes entre los mismos, las aportaciones de diversos autores al campo de conocimiento y los vínculos entre sus planteamientos.

Descripción: El profesor orienta a sus estudiantes durante las primeras lecturas del curso para que apliquen como estrategia de lectura comprensiva la construcción de un organizador gráfico; posteriormente, deben agregar ramas a su organizador a partir de las siguientes lecturas programadas, de manera que obtienen una perspectiva global y relacionada de toda la información recabada de los documentos abordados en el curso y, al mismo tiempo, desarrollan una comparativa crítica de la misma y de los autores.

Ejemplos de Actividades de Escritura Diseñadas

En cuanto a la escritura, la segunda parte del taller aborda esta herramienta siguiendo el mismo recorrido que se hizo con la lectura: se examinan las estrategias propias y se determina qué significa y qué implica la redacción de diversos géneros textuales académicos. Las conclusiones se ponen en relación con las prácticas de escritura que se solicitan en clase y se procede al diseño de actividades.

El Ejemplo 3 ilustra una estrategia interesante que propicia dos acercamientos a un documento especializado a partir, en primer término, de un ejercicio de análisis y posterior síntesis del contenido de dicho documento; y, en un segundo momento, del análisis y representación gráfica de la síntesis de algún compañero o compañera. Es una tarea compleja en la que se examinan tanto el contenido de la lectura disciplinar proporcionada, como el proceso de recuperación de información y escritura de otro estudiante.

Ejemplo 3

Organizador gráfico de una síntesis

Campos disciplinares: Diseño, arquitectura y estudios sociales.

Objetivos: Que el estudiante estructure, a través de la escritura, una síntesis de un documento especializado, e infiera sus características por medio del análisis crítico del mismo. Además, que recupere el contenido sintético presentado por un(a) compañero(a) y lo ilustre con un organizador gráfico.

Descripción: Esta propuesta combina una actividad lectora con una de escritura. Los profesores proporcionan un texto disciplinar y acompañan el proceso de lectura de comprensión. Posteriormente, solicitan que cada estudiante realice una síntesis, género que explican indicando el procedimiento para su realización. En la fecha de entrega, piden que se intercambie el documento con algún compañero, y cada estudiante procede a elaborar un organizador gráfico de la síntesis que recibió. En esta actividad, las y los alumnos conocen una perspectiva diferente a la suya del documento especializado recibido originalmente, mientras que los docentes identifican, a través de los organizadores realizados, el contenido incluido en las síntesis.

Aunque la escritura de bitácoras es una práctica frecuente en el ejercicio docente, el Ejemplo 4 ilustra cómo un instrumento tradicional puede adaptarse para ser utilizado por los estudiantes, ser un ejercicio de escritura conjunta y valerse de las nuevas tecnologías.

Ejemplo 4

Escritura de bitácoras

Campos disciplinares: Ingeniería en alimentos e industrial

Objetivo: Que el estudiante tenga una visión panorámica y metacognitiva de los propósitos, actividades y aprendizajes de los contenidos de todo el curso.

Descripción: Esta actividad tiene algunas variantes que se expusieron por distintos participantes del taller.

a) En una libreta se registraron las siguientes preguntas: ¿qué fecha es hoy?, ¿cuál fue el objetivo de la clase?, ¿qué aprendiste?, ¿cómo lo aprendiste?, ¿qué te faltó por aprender?, ¿qué te gustaría comentar de la sesión? Estos cuestionamientos fueron contestados por un estudiante diferente cada día, quien le tomó foto a su texto y lo compartió a través de las redes sociales del grupo.

b) Se realizó el mismo procedimiento anterior, pero en algún formato electrónico, plataforma o red social, por todos y cada uno de los estudiantes del grupo.

c) El mismo procedimiento anterior con la variable de que cada estudiante tuvo su propia bitácora que llenó diariamente para, poco antes del final del curso, elaborar un texto que resumiera los aprendizajes más determinantes y las dificultades más significativas a fin de aprovechar los primeros para resolver las segundas.

Además de las actividades descritas, en el taller también se generan herramientas para la evaluación como listas de cotejo, rúbricas, formatos de coevaluación, etc.

El fin último es que el docente sea el primero en dominar las habilidades de análisis, interpretación y enunciación del discurso especializado de su materia, para después promover estas prácticas entre los nuevos integrantes de su comunidad disciplinar, es decir, sus estudiantes, y que ambos sean capaces de comprender, analizar y producir los documentos académicos propios de la universidad y de su área de conocimiento.

Evaluación de la Experiencia

Como se mencionó, han cursado y concluido la ruta 134 profesores de 27 instancias (centros, departamentos, oficinas) distintas del ITESO, distribuidos en 10 grupos a lo largo de 8 periodos académicos. Luego de su dictado, se procedió a evaluar los resultados de la experiencia, a fin de considerar su impacto en la institución.

Metodología de Evaluación

Para este trabajo, se exploraron los efectos del taller a partir de la información obtenida de diversos instrumentos aplicados en diferentes momentos: tres encuestas que fueron enviadas a los egresados y una serie de cuatro conversatorios en los que estos participaron.

El taller se impartió por primera vez en verano de 2015 y al término se aplicó la primera encuesta: un instrumento de carácter cualitativo que contiene 12 preguntas, 9 abiertas y 3 de opción múltiple, que se orientan a indagar acerca de los aprendizajes obtenidos, del diseño e impartición del taller y de la prospectiva de los participantes para aprovechar en su quehacer docente lo visto. Fue respondida por 44% de los 134 egresados.

La segunda encuesta, realizada en abril de 2017, es de carácter mixto, se conforma por tres preguntas cerradas y cuatro de respuesta abierta. Está pensada para saber, con cierta distancia temporal, a dos años de que egresó la primera generación, qué han incorporado las y los egresados en los cursos que imparten. Específicamente indaga acerca de sus perspectivas con relación a la lectoescritura, las prácticas docentes involucradas (planeación, diseño, evaluación), el efecto en los estudiantes y ciertos componentes emocionales. Este instrumento es el que ha tenido menor respuesta. Al momento del envío había 104 egresados y contestó 11%.

La tercera, remitida en marzo de 2020, a 5 años de que se realizó el primer curso, es la más breve, con una pregunta de opción múltiple y tres abiertas. En ella se explora la percepción que tienen los participantes, después de ese periodo de tiempo, sobre la utilidad y el impacto del taller a partir de conocer cómo han seguido aplicando o no los aprendizajes, qué actividades derivadas de la experiencia han desarrollado, así como materiales y herramientas que están utilizando. La respuesta obtenida fue de 23% de los 134 profesores que concluyeron.

Con respecto a los conversatorios, son espacios abiertos al público en general en la universidad, en el que los participantes expresan sus reflexiones acerca del rol de la lectura y la escritura en ese nivel, y de su papel en el desarrollo de estas habilidades en sus estudiantes. Asimismo, ponen en común los saberes que se llevan del taller o las experiencias que han transferido al aula. La asistencia a los conversatorios es libre y voluntaria, tanto para los expositores como para los interesados en escuchar acerca del tema y no se cuenta con registro del número exacto de personas que acudieron a cada sesión.

Los encuentros aquí reportados tuvieron lugar como cierre de algunas de las primeras ofertas del taller: verano de 2015, verano y otoño de 2016; aunque también se programó uno al inicio de la primavera de 2016 para que egresados de la cohorte anterior compartieran con quienes ingresan lo que han aplicado en sus asignaturas, así como estrategias y sugerencias para sacarle mayor provecho al taller. Las sesiones de conversatorios fueron videograbadas y se tomaron notas de los planteamientos más relevantes.

Debido a que los instrumentos no son del todo equivalentes entre sí, exponemos ejemplos de algunas de las respuestas de los reactivos que aparecen en todos y una interpretación de los demás resultados enriquecidos con las experiencias vividas en los conversatorios. Dado que las encuestas se responden guardando el anonimato, no estamos en posibilidad de identificar a quienes respondieron.

La información obtenida de estos instrumentos y experiencias permite conocer diversos aspectos del efecto de los talleres tanto en la concepción que tienen ahora los participantes acerca del papel que juegan la lectura y la escritura en su docencia, como en el diseño de actividades que realizan para impartir las asignaturas disciplinares.

Resultados de la Evaluación

Las Encuestas

Una de las preguntas que permite un análisis en dos momentos es el ítem sobre aprendizajes y/o logros más significativos que los participantes consideran haber obtenido en este proceso de formación, pues se presenta tanto en la primera como en la tercera encuesta.

A partir de la síntesis hecha a los resultados, podemos señalar que, al término del taller, lo expresado por los docentes se puede agrupar en cuatro áreas: conocimientos declarativos que señalan haber adquirido, conocimientos instrumentales, competencias docentes y conocimiento de los géneros. A continuación, se detalla lo reportado:

Conocimientos declarativos:
- Definición de alfabetización académica.
- Implicación de los docentes disciplinares en la alfabetización académica.
- Concepción de la escritura y lectura como procesos que implican habilidades específicas en la universidad y en cada disciplina.
- Necesidad del acompañamiento a estudiantes para el desarrollo de los procesos de escritura y lectura.
- Herramientas para acompañar los procesos de lectura y escritura.
- Reconocimiento de la importancia de la evaluación y del uso de instrumentos para la misma, como las rúbricas.

Competencias docentes
- Comprensión de que las instrucciones para elaborar un producto requieren ser minuciosas, precisas y claras.
- Planeación de las lecturas que se incluyen en el curso para que sean de calidad y estén organizadas por nivel de importancia.
- Inclusión de actividades metacognitivas acerca de lo aprendido en cada clase.
- Conocimiento de los géneros.
- Producción de géneros académicos como el ensayo por parte del estudiante con el docente como orientador del proceso.
- Caracterización de distintos géneros académicos y su complejidad.

En la tercera encuesta, a cinco años del término de la primera cohorte del taller, se encontró lo siguiente con respecto al ítem descrito:

Conocimientos declarativos reportados:
- Consciencia de que los estudiantes no llegan a la universidad con estas herramientas y que es necesario desarrollar este tipo de procesos cognitivos de forma transversal.
- Conocimiento de la perspectiva de la alfabetización académica.
- Herramientas para los procesos de lectura y escritura.
- Importancia de la evaluación y uso de instrumentos para la misma, como las rúbricas.
- Estrategias de comprensión lectora y escritura de textos académicos como una forma de apropiación de los lenguajes disciplinares.

Competencias docentes
- Estrategias para acompañar a los estudiantes en sus procesos de lectura y escritura académicas.
- Capacidad para seleccionar y jerarquizar las lecturas más apropiadas para los cursos disciplinares.

- Elementos para estructurar mejor las actividades de lectura y escritura y tener más claros los objetivos de estas.

Conocimiento de los géneros
- Diversidad de géneros y su uso para la producción académica en las asignaturas.

Relacionada con lo anterior, una de las preguntas de la segunda encuesta, a dos años de la primera ocasión en que se impartió el curso, se refiere a si hubo modificaciones en la perspectiva de los docentes acerca de la lectura y/o la escritura como herramientas para el aprendizaje. Si agrupamos los resultados de acuerdo con la propuesta de las anteriores, encontramos ejemplos de las tres primeras áreas; la cuarta no se menciona dada la naturaleza de la pregunta:

Conocimientos declarativos reportados:
- La escritura académica es un proceso estructurado que produce contenidos significativos y en orden.
- El trabajo con los alumnos debe ir desde la comprensión de los textos más básicos para después pedirles escribir, analizar, etc.

Conocimientos instrumentales
- Claridad en las rutas del proceso de elaboración de un texto académico.
- Competencias docentes.
- Alternativas para poder atender las prácticas de escritura y lectura.
- Diseño de la bibliografía en función de las dudas de la clase y las inquietudes de los estudiantes para que aborden mejor su temática.

Por otra parte, hay elementos que sobresalieron en las segunda y tercera encuestas, pero no en la primera evaluación; es decir, aspectos que al término del curso no identificaron los participantes, pero, tiempo después, reconocieron como significativos:

- Claridad sobre elementos de la escritura académica propia (coherencia, cohesión, adecuación, corrección) para después acompañar a los estudiantes en el desarrollo de la suya.
- Desarrollo de rúbricas y asignación de calificación con base en criterios académicos.
- Intercambios con profesores de otras asignaturas para conocer cómo se usan la lectura y la escritura para diferentes aprendizajes.
- Buenas prácticas de lectura y escritura.

En resumen, al cruzar los datos obtenidos en las encuestas, encontramos que los participantes, a la distancia, siguen considerando que la alfabetización académica es un asunto que los implica y, por tanto, deben acompañar los procesos complejos de lectura y escritura de sus estudiantes. Asimismo, encuentran valioso y determinante dominar sus propias habilidades en la producción académica para orientar mejor a sus alumnos; siguen reconociendo como necesarios el conocimiento de los géneros, la aplicación de prácticas como la selección y jerarquización de las lecturas, la dosificación de los textos que solicitan y considerar en todo momento las propiedades textuales (coherencia, cohesión, adecuación y corrección). Finalmente, también se percatan de la relevancia que tiene la claridad en la solicitud e instrucción de las actividades y productos académicos para una mayor efectividad en el proceso de aprendizaje de los estudiantes.

Asimismo, reconocen haber fortalecido sus capacidades para diseñar mejor las actividades donde están implicadas estas habilidades y, finalmente, mencionan con un énfasis importante en las últimas encuestas el reconocimiento de los procesos propios de lectura y escritura, la implementación de rúbricas y la asignación de calificación con base en criterios académicos, así como la riqueza de compartir con profesores de otras áreas disciplinares.

Por otra parte, se analizaron los ítems que reportan las limitantes que pueden entorpecer los propósitos del taller, es decir, la introducción de la perspectiva de la alfabetización académica en las prácticas docentes. Estos corresponden a las encuestas uno y dos y recuperan aspectos que dificultaron los aprendizajes.

- Falta de inversión de tiempo.
- La no realización de las tareas.
- La desigualdad en niveles de conocimiento de los docentes participantes sobre los temas tratados.
- No haber facilitado previamente las lecturas.
- La extensión limitada de la ruta.
- La falta de apoyo desde la coordinación de las carreras en las que imparten sus asignaturas algunos de los participantes.

Dado lo anterior, se puede afirmar que el apoyo institucional es determinante para conseguir la transversalización de las habilidades de lectura y escritura en una universidad (Carlino, 2013). Asimismo, se trata de tareas a las que conviene destinar programas permanentes para evitar que el tiempo asignado sea una limitante, lo que, a la larga, puede contribuir a homogeneizar el nivel de dominio de los docentes y a modificar las percepciones y actitudes, tanto de estudiantes como de profesores, con respecto a la lengua escrita.

Los resultados de la última encuesta, aplicada en 2020, cinco años después del egreso de la primera cohorte, permiten esbozar acciones concretas que las y los participantes siguen practicando en su ejercicio docente, pues hay un par de ítems que indagan sobre ese asunto.

Lo expuesto pone de manifiesto que algunos de los elementos que resultaron más relevantes y se conservan en su práctica tienen que ver con el reconocimiento de que la enseñanza de la lectura y la escritura es un proceso (Hayes & Flower, 1980; Martin, 1985; Scardamalia *et al.*, 1984) así como también que requiere ser acompañado de manera estratégica, tanto por el docente como entre pares.

Los participantes lo reportan de la siguiente manera:

- Reconocer la relevancia de los procesos de lectura y escritura para el desarrollo de tareas en equipo donde se utilizan habilidades comunicativas como un lenguaje preciso, ordenar, jerarquizar y relacionar información.
- Dar más importancia al acompañamiento en el proceso de elaboración de un trabajo escrito.
- Integrar binas de estudiantes para revisar sus borradores de ensayo apoyándose con la rúbrica.
- Observar, verificar y validar la retroalimentación entre pares para que cada alumno pueda corregir sus textos.

Asimismo, las y los participantes identifican las particularidades y complejidad de los géneros textuales, y los manejan de acuerdo con los objetivos de sus cursos. Expresan que ahora pueden:

- Aprovechar géneros como el resumen y recursos como mapas de ideas, mapas conceptuales, entre otros.
- Nombrar de manera correcta los productos que se solicitan: reportes de lectura, síntesis, cuadros sinópticos, diagramas de Venn, análisis CAF (consider all factors).

Uno de los puntos más relevantes se refiere al desarrollo de estrategias para la enseñanza y aprovechamiento de las lecturas, especialmente en las asignaturas que requieren abordar mucho contenido teórico. Resaltan prácticas vinculadas con la organización y dosificación de los materiales de acuerdo con su complejidad, su uso más dirigido a los propósitos de los cursos y a las condiciones de los estudiantes:

- Aplicar guías de lectura orientadas hacia los objetivos que se espera lograr, considerando las habilidades a desarrollar en los alumnos.
- Diseñar las actividades y productos por evaluar a partir de los instrumentos más básicos revisados durante el curso: acopio de ideas o mapas conceptuales, hasta llegar a los reportes de lectura crítica.
- Incluir lecturas pertinentes al tema que les ayuda a los alumnos a comprenderlo mejor.

- Reducir el número de textos asignados en clase para aprovecharlos mejor, priorizar calidad sobre cantidad y generar más dinámicas que permitan profundizar en su comprensión con objetivos más estructurados y de formas más creativas.

Los Conversatorios

Con respecto a los conversatorios, las intervenciones más relevantes se refieren a que, con sorpresa para muchos, durante el curso cayeron en cuenta de que en su práctica de enseñanza los procesos de lectura y escritura estaban ausentes. En segundo lugar, señalan que ha cobrado sentido para ellos la importancia de crear una nueva cultura institucional de alfabetización académica, esencial para profesionalizar no sólo al estudiante, sino también al docente de nivel superior. Por último, expresan su deseo de continuar en la capacitación y de tener un acompañamiento en su ejercicio cotidiano rumbo a la alfabetización académica. A este respecto, se dejaron abiertos los espacios virtuales que se diseñaron para el curso, de manera que en cualquier momento los participantes pueden hacer una consulta o solicitar algún apoyo o asesoría personalizada.

Finalmente, los insumos permiten identificar que el taller tiene un mayor impacto en la planeación y diseño de actividades, materiales y recursos de enseñanza de la lectura y la escritura; aunque también se mencionó la evaluación, pero con menos frecuencia, por lo que cabría fortalecer este último aspecto en el curso, ofreciendo más elementos para que las y los participantes puedan diseñar estrategias de retroalimentación y evaluación acordes con el enfoque trabajado.

Por otra parte, se encontraron evidencias de una integración de la perspectiva del estudiante en los procesos de planeación y una mayor participación de éste en las clases, un incremento en la atención personal y la formulación, por parte del docente, de instrucciones más claras y puntuales; aspectos, todos estos, que manifiestan un cambio en la relación alumno-maestro y que, sin duda, contribuyen al logro de aprendizajes significativos y centrados en el estudiante.

En cuanto a los géneros textuales, hubo modificaciones en el abordaje que se hace de los mismos, principalmente referidos a su definición, características y procesos de elaboración.

Conclusiones

El taller presentado en este capítulo ha resultado una estrategia fructífera del Plan de Formación Docente de Comunicación Oral y Escrita en el ITESO. Evidencia de esto es que se ha observado, entre otras cosas, que la oferta del taller ha tenido aceptación en la comunidad universitaria, ya que responden a la convocatoria profesoras y profesores de las más variadas disciplinas. Un aspecto interesante es que en general se cuenta con la participación de una mayoría de docentes de ciencias naturales y exactas, lo que significa que el taller atiende una necesidad sentida en toda la institución y toca un asunto de interés general. Teniendo en cuenta este punto, puede afirmarse que el taller contribuye a la transversalización de las competencias comunicativas necesarias para la vida académica, precisamente porque integra a docentes provenientes de todas las carreras que buscan desarrollar herramientas para impulsar y acompañar los procesos de lectura y escritura de sus estudiantes.

Al mismo tiempo, las y los participantes encuentran en el taller un espacio en el que pueden identificarse con sus pares al descubrir que, independientemente de su disciplina, enfrentan las mismas problemáticas en torno a la lectoescritura, y asumen que la solución compete a la universidad en su conjunto. Es decir, se genera un ambiente en el que descubren que sí les corresponde ocuparse de la enseñanza de estas prácticas, aunque los estudiantes hayan completado su formación básica, pues ahora están en un nivel que les demanda formas particulares para interpretar y producir conocimiento especializado a través de los textos.

En otras palabras, el taller es un medio eficiente para insertar, de manera transversal y a largo plazo tres perspectivas:

- La lectura y la escritura son ejercicios complejos que exigen para su consolidación no solo de tiempo, sino también de la aplicación de acciones y estrategias paulatinas, concretas, intencionadas y constantes (Rondón, 2014; Serrano, 2014).
- El profesor universitario disciplinar es corresponsable del desarrollo de la lectura y la escritura entre sus estudiantes, lo que coincide con lo expuesto por Carlino (2013).
- Los docentes son los primeros que requieren transitar por el camino de la adquisición y desarrollo de las habilidades mencionadas y, en concreto, de su capacidad de autorregulación a la hora de poner en marcha los procesos de lectoescritura, a fin de poder promoverlos entre sus estudiantes.

Otro efecto es que los participantes redescubren a la lectura y la escritura como instrumentos idóneos para lograr los objetivos de su asignatura; las pueden retomar como actividades creativas y novedosas que le restan tedio a lo que hacían previamente, y las resignifican y reorientan para conseguir sus propósitos educativos.

A partir de la experiencia de este taller, hemos podido diversificar la oferta de cursos de formación docente que se ocupan de la comunicación académica, y ahora contamos con rutas que abordan temas como la comunicación oral, la escritura de textos académicos y la redacción de materiales didácticos.

Por otra parte, y en respuesta a un cuestionamiento hecho en la segunda encuesta, los docentes han reportado una reducción en el llamado estrés del profesor. Este puede ser definido como la experiencia de emociones negativas y desagradables tales como enfado, frustración, ansiedad, depresión y nerviosismo que resultan de algún aspecto de su trabajo (Kyriacou, 2003). Esta reducción pareciera ser un efecto de varios factores, como el haber encontrado soporte en un grupo con preocupaciones comunes y en el que pueden buscar soluciones en conjunto; además, porque asumieron que cultivar las habilidades para la lectura y la escritura académicas es una tarea compleja, paulatina y de largo aliento y alcance que no les corresponde desarrollar en su totalidad. Es decir otras palabras, identificaron la parte en la que deben contribuir y algunas formas para hacerlo; ahora delimitan el problema, visualizan soluciones y reconocen que pueden hacer aportes exitosos (Benvegnú *et al.*, 2001; Carlino, 2005; Marucco, 2011; Narváez-Cardona *et al.*, 2009).

En cuanto a los retos que enfrentamos actualmente, requerimos continuar con acciones de sensibilización hacia la alfabetización académica que contribuyan a que se reconozca que la lectura y la escritura son herramientas fundamentales para interpretar, analizar y explicar la realidad, lo que puede contribuir a la construcción del pensamiento crítico, función sustantiva de las universidades. Es decir, nos corresponde desarrollar, de una manera transversal, la capacidad de discernimiento y de fundamentación teórica desde la construcción de saberes interdisciplinarios. En resumen, no buscamos que los docentes disciplinares modifiquen los contenidos de las materias o alguna sesión, sino que alcancen a incidir en una reformulación de las formas de aprendizaje.

Otro de los desafíos identificados es vincular este proyecto con las demás estrategias del Programa LEO, pues se trata de acciones complementarias que apuntan al mismo objetivo. La propuesta con la que se relaciona de manera más directa es con los Cursos Disciplinares con Lectura, Escritura y Oralidad Académicas Intencionadas (Cursos LEO) que están en marcha, pues la idea es que todas las carreras que ofrece el ITESO cuenten con cursos curriculares en los que se contribuya a que las y los estudiantes incorporen a sus habilidades los modos para comprender y producir textos y discursos académicos de calidad, y poner esto en diálogo con la construcción y demostración de conocimientos disciplinares. La importancia de las y los docentes en la operación de estos cursos resulta evidente, y será indispensable contar con aquellos que sean capaces de adjudicarse el tema como propio, independientemente del área del conocimiento a que pertenezcan. Quienes han cursado el taller aquí descrito, ya han sido sensibilizados al respecto.

Finalmente, la apuesta está en generar, a escala institucional, una nueva cultura académica que reconozca la trascendencia de la lectura y la escritura en la universidad no sólo como habilidades a dominar en sí mismas, sino también en su papel como herramientas para la construcción del aprendizaje (Ochoa-Villanueva & Rengifo-Mattos, 2021), de manera que se impulse su desarrollo. Enfrentamos un largo camino por recorrer para remontar la perspectiva de que se trata de conocimientos aislados de las prácticas y productos generados en cada materia.

Referencias

Aguirre de Ramírez, R. (2008). Fomentar la lectura y la escritura en estudiantes de formación docente. *Acción pedagógica, 17*, 86–95.

Anunziata, S., Soliveres, M. & Macías, A. (2004). Talleres con docentes de ciencias naturales sobre estrategias de comprensión lectora. *Lectura y vida*, 25(3), 30–35.

Ayala, J. (2014). *Propósitos, criterios, estructura y políticas para la formación de los profesores*. ITESO.

Barreto, M. (2014). *La alfabetización académica en la formación universitaria*. [Trabajo de obtención de grado. Universidad Militar Nueva Granada]. https://repository.unimilitar.edu.co/handle/10654/12928.

Bazerman, C., Little, J., Bethel, L., Chavkin, T., Fouquette, D. & Garufis, J. (2005). *Reference guide to writing across the curriculum*. Parlor Press; The WAC Clearinghouise. https://wac.colostate.edu/books/referenceguides/bazerman-wac/.

Benvegnú, M., Galaburri, M., Pasquale, R. & Dorronzoro, M. (2001). *¿Por qué ocuparse de la lectura y escritura en la universidad? La lectura y la escritura como prácticas académicas universitarias*. Departamento de Educación. Universidad Nacional de Luján.

Cartolari, M. & Carlino, P. (2009). *Formación docente, concepciones y prácticas de lectura y escritura: una revisión bibliográfica*. [Ponencia] I Congreso Internacional de Investigación y Práctica Profesional en Psicología. XVI Jornadas de Investigación Quinto Encuentro de Investigadores en Psicología del MERCOSUR. Universidad de Buenos Aires, Buenos Aires. Argentina.

Carlino, P. (2002). Enseñar a escribir en la universidad: cómo lo hacen en Estados Unidos y por qué. *Revista Iberoamericana de Educación, 12*, 1–16.

Carlino, P. (2003). Alfabetización Académica: Un cambio necesario, algunas alternativas posibles. *Educere, 6*(20), 409–420.

Carlino, P. (2004). Escribir a través del currículum: tres modelos para hacerlo en la universidad. *Lectura y Vida. Revista Latinoamericana de Lectura, 1*, 16–27.

Carlino, P. (2005). *Escribir, leer y aprender en la universidad. Una introducción a la alfabetización académica*. Fondo de Cultura Económica.

Carlino, P. (2013). Alfabetización académica diez años después. *Revista Mexicana de Investigación Educativa, 18*(57), 355–381.

Duplá, J. (2000). La pedagogía ignaciana. Una ayuda importante para nuestro tiempo. *Cuadernos Ignacianos. Conferencias sobre pedagogía ignaciana, 2*, 161–163.

Gatti, A., Córdoba, M. & Grinsztajn, F. (2016 septiembre). *Experiencia del taller de Alfabetización académica y práctica docente en Ciencias Veterinarias y Biológicas*. [Ponencia] VI Congreso Nacional y V Congreso Internacional de Enseñanza de la Cs Agropecuarias. Facultad de Ciencias Veterinarias, Universidad de Buenos Aires. Buenos Aires, Argentina.

Hayes, J. R. & Flower, L. S. (1980). Identifying the organization of writing processes. En L. Gregg & E. Steinberg (Eds.), *Cognitive processes in writing: An interdisciplinary approach*, pp. 3–30. Hillsdale, N.J.: Lawrence Erlbaum Associates.

Heath, S. (1983). *Ways with words: Language, life, and work in communities and classrooms*. Cambridge University Press.

Hernández, G. (2016). *Literacidad académica*. Universidad Autónoma Metropolitana Unidad Cuajimalpa.

Hernández, G. (2018). Literacidad y aprendizaje de adultos: teoría e investigación en la era del capitalismo global. *Revista Interamericana de Educación de Adultos*, 40(2), 10–42.

Instituto Tecnológico y de Estudios Superiores de Occidente. (2007). *El Modelo Educativo del ITESO: un conjunto de principios y criterios que orientan los procesos de aprendizaje en los programas de licenciatura*. https://tinyurl.com/mr2kph5ut.

Kyriacou, C. (2003). *Helping troubled pupils*. Nelson Thornes.

Lusquiños, C. (2016). La formación docente en la escuela. En M. Urrutia (Coord.), *Aprender a enseñar: el desafío de la formación docente y continua* (pp. 39–55). Escuela de Educación de la Universidad Austral.

Martin, J. (1985). Process and text: Two aspects of human semiosis. En J. D. Benson & W. S. Greaves (Eds.), *Systemic perspectives on discourse: Selected theoretical papers from the 9th International Systemic Workshop* (pp. 248–274). Ablex.

Martins, I. (2013). *La formación profesoral en alfabetización académica en la Universidad Simón Bolívar: Un estudio de las transformaciones en los sistemas de creencias, representaciones y saberes de unos profesores sobre escritura académica*. [Tesis doctoral. Universidad de Barcelona]. http://diposit.ub.edu/dspace/handle/2445/53155.

Marucco, M. (2005, noviembre). *Enseñar a leer y escribir en el aula universitaria: una experiencia en la Facultad de Psicología de la Universidad de Buenos Aires*. [Ponencia]. Primer Congreso Nacional de Estudios Comparados en Educación de la Sociedad Argentina de Estudios Comparados en Educación, Buenos Aires, Argentina.

Marucco, M. (2010). *La lectura y la escritura en la educación superior. Ingreso a una cultura nueva*. Universidad de la República Uruguay, Montevideo, Uruguay.

Marucco, M. (2011). ¿Por qué los docentes universitarios debemos enseñar a leer y a escribir a nuestros alumnos? *Revista Electrónica de Didáctica en Educación Superior*, 2, 1–7.

Mora, L. & Arciniegas, E. (2016). Diplomado La lectura y la escritura en el aula universitaria: una estrategia de alfabetización académica dentro de la política curricular de la Universidad del Valle. *Revista Pucara*, 27, 153–163.

Murillo, F. & Krichesky, G. (2012). El proceso del cambio escolar. Una guía para impulsar y sostener la mejora de las escuelas. *REICE. Revista Iberoamericana sobre Calidad, Eficacia y Cambio en Educación*, 10(1), 26-43. https://www.redalyc.org/articulo.oa?id=55123361003.

Narváez-Cardona, E. (2010). Escritura académica y formación de docentes universitarios: reflexiones a partir del recorrido por algunas experiencias. *Pedagogía y Saberes, 33*, 113-124.

Narváez-Cardona, E., Cadena-Castillo, S. & Calle, B. (2009). Una práctica de lectura académica en una experiencia de formación de docentes universitarios. *Magis. Revista Internacional de Investigación en Educación, 1*(2), 371-382. https://www.redalyc.org/pdf/2810/281021548012.pdf.

Núñez-Rojas, M. & Poch-Plá, P. (2014). Lectura y escritura: trazando historias en la formación profesional docente. *Estudios pedagógicos, 40*(NE), 303-321. https://doi.org/10.4067/S0718-07052014000200018.

Ochoa-Villanueva, E. M. & Rengifo-Mattos, K. D. (2021). Antecedentes y fundamentos teóricos de los cursos de contenido disciplinar con lectura y escritura: un acercamiento al contexto latinoamericano. *Educatio Siglo XXI, 39*(1), 21-40. https://doi.org/10.6018/educatio.452021.

Olson, D. (1996). Language and literacy: what writing does to language and mind. *Annual Review of Applied Linguistics, 16*, 3-13. https://doi.org/10.1017/S0267190500001392.

Olson, D. (1998). *El mundo sobre el papel. El impacto de la escritura y la lectura en la estructura del conocimiento*. Gedisa.

Ricci, C. (2012). Alfabetizaciones múltiples en la formación docente inicial: conjugando lo digital y lo analógico, lo lingüístico y lo disciplinar, lo coloquial y lo académico. L. Laco, L. Natale & M. Ávila (Comp.). *La lectura y la escritura en la formación académica, docente y profesional*. Gral. Pacheco, UTN-FRGP.

Rondón, G. (2014). Condiciones y características de un lector crítico en el aula de clase. En R. Páez & G. Rondón (Eds.), *La lectura crítica: propuestas para el aula derivadas de proyectos de investigación educativa* (pp. 19-44). Kimpres; Universidad de la Salle.

Russell, D. (1990). Writing across the curriculum in historical perspective: Toward a social interpretation. *College English, 52*(1), 52-73. https://doi.org/10.2307/377412.

Santillán, F. (2010). La formación de docentes en Latinoamérica. *Revista Educación y Humanismo, 12*(19), 133-147.

Scardamalia, M., Bereiter, C. & Steinbach, R. (1984). Teachability of reflective processes in written composition. *Cognitive Science, 8*, 173-190. https://psycnet.apa.org/doi/10.1207/s15516709cog0802_4.

Schieffelin, B. & Cochran-Smith, M. (1984). Learning to read culturally: Literacy before schooling. En H. Goelman, A. Oberg & F. Smith (Eds.), *Awakening to literacy*, (pp. 3-23). Heinemann.

Serrano, S. (2014). La lectura, la escritura y el pensamiento. Función epistémica e implicaciones pedagógicas. *Lenguaje, 42*(1), 97-124. https://doi.org/10.25100/lenguaje.v42i1.4980.

Scribner, S. & Cole, M. (1981). *The psychology of literacy*. Harvard University Press.

Street, B. (1984). *Literacy in theory and practice*. Cambridge University Press.

Street, B. (2004). Los nuevos estudios de literacidad. En V. Zavala, M. Niño-Murcia & P. Ames (Eds.), *Escritura y sociedad: nuevas perspectivas teóricas y etnográficas* (pp. 81–107). Red para el Desarrollo de las ciencias Sociales en el Perú.

Vaillant, D. (2007) Mejorando la formación y el desarrollo profesional docente en Latinoamérica. *Revista Pensamiento Educativo, 41*(2), 1–16.

Valcárcel, M. (Coord.). (2003). *La preparación del profesorado universitario español para la convergencia europea en educación superior.* Programa de Estudios y Análisis Destinado a la Mejora de la Calidad de la Enseñanza Superior y de la Actividad del Profesorado Universitario. http://campus.usal.es/~ofeees/ESTUDIOS_INFORMES_GRALES/informe_final.pdf.

7

Escritura Académica en la Formación de Estudiantes de Arte: Continuidades y Cambios a lo Largo de la Carrera

Margarita Vidal Lizama
PONTIFICIA UNIVERSIDAD CATÓLICA DE CHILE

Soledad Montes
LANCASTER UNIVERSITY

Resumen

El capítulo presenta los resultados de una investigación llevada a cabo en el marco de un programa para el desarrollo de la escritura disciplinar en la Facultad de Artes de una universidad tradicional en Chile. Su objetivo es describir la naturaleza de la escritura en la carrera de Arte, a lo largo de tres etapas curriculares identificadas en la formación de los estudiantes, para luego visibilizar el valor pedagógico de la información recogida, tanto para el ejercicio docente como para el diseño de programas de escritura con un enfoque a lo largo del currículum. El estudio explora los diversos géneros que aparecen durante el proceso de formación disciplinar, ofreciendo una descripción de estos desde el punto de vista de los sistemas de actividad, así como desde sus principales patrones discursivos y su organización esquemática, fundamentada en la lingüística sistémico funcional (LSF), integrando de esta manera tradiciones teóricas diversas para el abordaje del género. El capítulo ejemplifica y discute la productividad de contar con una fundamentación teórica robusta y diversificada, tanto para la descripción de la escritura disciplinar como para el diseño informado de programas de escritura. En este sentido, el capítulo presenta una alternativa de integración de teorías complementarias tanto para la investigación como para el desarrollo de políticas de formación en las disciplinas universitarias, a la vez que explora una alternativa de integración entre la investigación y la práctica educativa.

Abstract

This chapter reports the results of a study carried out in the context of a writing programme in the Faculty of Arts of a traditional Chilean university. It describes the nature of disciplinary writing in an Art course along three curricular stages and suggests applications for both teaching and designing of writing programs across the curriculum. The study explores the various genres appearing along the disciplinary education in Arts, approaching its description from activity systems theory as well as providing an account of their main discursive patterns and schematic organisation, based on Systemic Functional Linguistics (SFL). By integrating diverse theoretical and methodological frameworks, this chapter exemplifies and discusses the productivity of having a robust and diversified theoretical foundation for the description of disciplinary writing and the design of writing programmes. In this sense, the chapter presents an attempt to bring together complementary theories for both research and curricular policies in the disciplines while integrates research and educational practice.

El apoyo al desarrollo de la escritura a lo largo del currículum en el nivel universitario requiere del conocimiento de las características particulares de los géneros escritos en las diferentes disciplinas. Este conocimiento es fundamental, especialmente si se reconoce que, más que una literacidad única, existen diversas literacidades (Barton & Hamilton 2004; Gee, 1989; Street, 2004) que dependen del contexto y los fines para los que la lectura y la escritura son utilizadas. Las disciplinas desarrollan formas específicas de utilizar la escritura con fines de creación y comunicación del conocimiento científico y, finalmente, de aprendizaje. En esta línea, diversos autores han destacado que la manera en que el conocimiento es construido a través del lenguaje difiere según el campo; por ejemplo, en las ciencias naturales es común la construcción de taxonomías o clasificaciones de entidades, mientras que en las humanidades un recurso clave es la metáfora gramatical (Martin, 1993; Moyano, 2014). Así, la escritura como práctica social adquiere características específicas según el contexto que le da forma—y al que da forma.

La amplia variedad de prácticas letradas en las disciplinas ha sido abordada y descrita, en español, particularmente desde el ámbito del discurso especializado. En el ámbito del español, diversos estudios han abordado campos como la historia (Giudice, 2013; Moyano, 2010; Oteíza, 2013; Oteíza & Achugar, 2018), las ciencias naturales (Jara Solar, 2013; Moyano, 2010, 2013, 2014), la economía (Moyano, 2012; Parodi *et al.*, 2014, 2015), entre otras, desde una perspectiva lingüística. Otros trabajos en humanidades (Navarro, 2013) o en historia (Marinkovich & Salazar, 2011) han centrado su atención en aspectos no lingüísticos como las experiencias o representaciones de escritores o docentes respecto de los géneros escritos.

Pese a los valiosos aportes de la investigación en torno a la escritura académica en disciplinas particulares, son escasos los trabajos que exploren las prácticas de escritura en el campo del arte en español desde una perspectiva a través del currículum. Asimismo, las investigaciones en torno a la escritura académica suelen considerar de manera excluyente la descripción lingüística en diferentes niveles de análisis (e.g., Venegas *et al.*, 2013), por una parte, y la exploración de las representaciones o concepciones sobre la escritura (e.g., Navarro & Montes, 2022; Navarro *et al.*, 2021) y los escritores, por otra. La integración de ambas orientaciones, si bien compleja, puede resultar productiva para comprender de manera más profunda la naturaleza de las prácticas letradas en un campo disciplinar específico.

En este capítulo se presenta una investigación en la que se exploró el desarrollo de la escritura en diferentes etapas de la carrera de Arte en una universidad tradicional chilena. Esta investigación integró la dimensión lingüística y las percepciones de los docentes, a partir de un marco teórico y metodológico que integra diversas tradiciones teóricas. A continuación, se presentan estos enfoques, a saber, la noción de géneros discursivos desde una perspectiva socio-cultural y desde la lingüística sistémico funcional. En segundo lugar, se identifican los pasos metodológicos del trabajo y los principales resultados y, finalmente, se aportan algunas conclusiones en relación con la relevancia de las metodologías de levantamiento de información para el desarrollo informado de programas de escritura.

El Desarrollo de la Escritura desde un Enfoque de Géneros Discursivos

Diferentes tradiciones teóricas han aportado a la comprensión y descripción de los géneros discursivos académicos. Todas ellas se caracterizan por enfatizar en mayor o menor medida la relación de los textos con el contexto en que estos se originan y los propósitos a los que se orientan. En este trabajo, se consideraron los aportes de, por una parte, la tradición referida como *rhetoric and composition* (Bazerman, 1994, 2012; Miller, 1984)—particularmente la teoría Histórico Cultural de Sistemas de Actividad (Russell & Yañez, 2002)—y, por otra, la lingüística sistémico funcional (Martin, 1992; Martin & Rose, 2007, 2008).

El Género como Práctica Social

La dimensión social y situada de las prácticas letradas y de los géneros discursivos ha sido abordada desde distintas aproximaciones, como los estudios de *rhetoric and composition* (Bazerman 2012; Russell & Yañez, 2002) y los *Nuevos estudios de la literacidad* (Barton & Hamilton, 2004; Barton & Tusting, 2005), entre otros. Los estudios de la retórica y la composición han explorado cómo los géneros discursivos se orientan a audiencias particulares y persiguen propósitos sociales específicos en contextos concretos. Por su parte, los nuevos estudios de la literacidad enfatizan la dimensión histórica, social e ideológica de las prácticas escritas (Barton, 2007). Ambas aproximaciones sugieren una comprensión de los géneros discursivos—y de las prácticas de escritura en general—que va más allá del texto como fenómeno netamente lingüístico.

Los géneros entendidos como prácticas sociales han sido descritos como acciones retóricas tipificadas que responden a situaciones que se han repetido históricamente (Miller, 1984), y que, por lo tanto, traen consigo saberes y prácticas que han sido reforzadas a lo largo de generaciones. De manera similar, Bazerman (2013) entiende los géneros como formas reconocidas y aceptadas de responder a situaciones sociales frecuentes. Así, el género discursivo se entiende como intrínsecamente imbricado en las prácticas sociales, de manera tal que solo adquiere su sentido y motivo en el marco de esa actividad histórico y culturalmente determinada. Desde esta perspectiva, los géneros discursivos no están, entonces, aislados, ni se les puede describir de forma abstracta a partir de sus características netamente formales. No son solo estructuras textuales, sino más bien, "formas de reconocer y predecir cómo ciertas herramientas en ciertas condiciones tipificadas pueden usarse para ayudar a las personas a actuar con propósitos determinados" (Russell & Yañez, 2002, p. 74). De esta manera, para comprender un género discursivo es necesario tener conocimiento de cómo este es utilizado de forma intencionada por los sujetos en contextos más amplios en donde están imbricadas acciones, regulaciones institucionales, discursos, ideologías, entre otros.

En el marco de la actividad humana, los géneros se vinculan con artefactos de naturaleza no discursiva y también con otros géneros con los que forman redes interrelacionadas, lo que Bazerman (1994) denomina *sistemas de géneros*. Por ejemplo, el propósito social de un ensayo solicitado a los estudiantes de un curso universitario difícilmente puede comprenderse sin considerar los objetivos de aprendizaje declarados en el programa de ese curso y las instrucciones de la tarea. Estos documentos (ensayo – instrucciones de la tarea – programa de curso), como parte de un sistema de géneros, adquieren sentido en su interrelación. Asimismo, el propósito de un ensayo en un curso particular puede ser mejor comprendido a la luz de las conversaciones que docente y estudiantes han sostenido a lo largo de la cátedra o si se tiene en cuenta las temáticas o discusiones enfatizadas por el profesor de la materia. Aun más, para el estudiante será más fácil comprender qué se espera de su ensayo si visualiza el rol que tiene ese curso en su formación a lo largo de la carrera y las convenciones que son valoradas en ese contexto disciplinar. En suma, los géneros pueden ser comprendidos de manera más certera y profunda si se les considera en el marco del sistema de actividad en el que se inscriben.

La teoría histórico cultural de la actividad (CHAT por sus siglas en inglés) inspirada en los trabajos de Vygotsky (1987) ofrece una aproximación valiosa para la comprensión de los géneros discursivos como práctica social. Esta teoría se basa en la idea de que la actividad humana se desarrolla en el marco de interacciones mediadas por artefactos y prácticas históricamente determinadas y supone la co-acción entre personas, artefactos, entornos materiales, entre otros (Prior, 2006). Cole y Engeström (1993) proponen un modelo de Sistema de Actividad que expande el triángulo vygotskiano (sujeto-herramienta-objeto) (Rusell, 2010) e incorpora la noción de comunidad a partir de la consideración de grupos de sujetos que realizan acciones mediadas y orientadas a metas. El sistema de actividad en su forma más sencilla se compone de: a) sujetos o grupos de sujetos con agencia e identidad propia—dada su historia de involucramiento en diferentes sistemas de actividad previos—; b) herramientas o instrumentos simbólicos o materiales que median la actividad de los sujetos—libros, edificios, computadores, etc.—; y c) un objeto socialmente construido al que se dirige la actividad—por ejemplo, el objeto de una disciplina—, el que se asocia a un motivo que le da dirección a la actividad misma (Russell & Yañez, 2002). Como se señaló, otros componentes son también considerados en nuevas generaciones de esta teoría, como la división del trabajo—es decir, distribución de roles al interior de un sistema de actividad—, los sistemas de reglas que regulan la actividad y una comunidad de actores que participan de ella.

Para Bazerman (2013), el sistema de actividad se refiere a redes de personas y herramientas o artefactos (edificios, tecnologías, textos, etc.) que han surgido históricamente y que desarrollan formas tipificadas de acción que les permiten coordinar el trabajo y orientarlo de maneras que les son familiares a todos los participantes. Estos aportes son especialmente relevantes para avanzar hacia la comprensión de los géneros discursivos y su rol a lo largo del currículum universitario de diferentes disciplinas. Este marco de referencia permite visualizar el currículum universitario como un contexto más amplio en el que los géneros funcionan como herramientas mediadoras—en conjunto con otros dispositivos culturales—. Así, los géneros pueden ser comprendidos en una red de géneros a lo largo de la carrera que funcionan de manera orquestada para permitir a los sujetos dirigirse al objeto disciplinar con motivos que son socialmente negociados en una comunidad con reglas específicas y en la que los distintos actores tienen roles diferenciados.

La Noción de Género desde la Lingüística Sistémico Funcional

Para ofrecer una descripción detallada de la naturaleza semiótica de la escritura, de su progresión a lo largo del currículum y de los géneros que aparecen en cada momento, es necesario también abordar su estudio desde una perspectiva lingüística teóricamente fundamentada. En esta investigación, esa perspectiva es ofrecida por la lingüística sistémico funcional (en adelante, LSF).

La LSF define el *género*, en términos operativos, como un proceso social orientado a una meta y dividido en etapas (Martin & Rose, 2007). El género se realiza en el sistema semiótico de la lengua a partir de configuraciones recurrentes de significado que llevan a cabo o actualizan las prácticas sociales de una cultura particular (Martin & Rose, 2008). Esta relación de realización entre contexto y lenguaje implica, por una parte, que el contexto determina las posibilidades que un hablante tiene de seleccionar ciertos patrones de significado por sobre otros (por ejemplo, un lenguaje especializado frente a uno de sentido común), y, por otra, que los patrones de significado que construyen los textos constituyen/representan el contexto, en una relación entendida como de mutua determinación probabilística (Moyano, 2014).

El lenguaje—entendido como un sistema semiótico—es modelado por la LSF en tres estratos de diferente grado de abstracción (véase Martin & Rose, 2007). Para efectos de este estudio, utilizaremos diferentes sistemas de opciones de significado en el estrato semántico-discursivo como herramientas de análisis. Primero, se considerará el sistema de IDEACIÓN, particularmente el sub-sistema de *relaciones taxonómicas*, esto es, las relaciones léxicas que se establecen entre ítems a lo largo del texto para construir taxonomías de personas, cosas, eventos y cualidades (cf. Martin, 1992; Martin & Rose, 2007), contribuyendo a la construcción de la experiencia en el lenguaje. Estas relaciones léxicas permiten construir taxonomías de clasificación (*tipos de*) y taxonomías de composición (*partes de*), además de contribuir a la cohesión léxica de los textos. El análisis de relaciones taxonómicas permite, por una parte, determinar qué entidades aparecen progresivamente en los textos y qué tipo de taxonomías se construyen; y, por otra, identificar cambios en el despliegue del texto respecto de qué cosas se habla en cada punto, lo que resulta importante para determinar la estructura esquemática del género y el propósito de este (por ejemplo, si se orienta a clasificar una entidad o si solamente la describe).

El segundo sistema relevante para esta investigación es el de VALORACIÓN, que organiza los recursos interpersonales que permiten a los hablantes negociar posiciones en los textos, a partir de actitudes hacia las cosas del mundo, la fuerza de estas evaluaciones y la integración de otras voces en ellos (Martin & Rose, 2007). El sistema de VALORACIÓN se compone de tres subsistemas: ACTITUD, GRADACIÓN y COMPROMISO. El primero organiza los recursos interpersonales que permiten negociar los *afectos* del hablante, emitir *juicios* sobre el comportamiento humano y realizar *apreciaciones* estéticas y de valor sobre los objetos. Los recursos interpersonales de actitud permiten realizar evaluaciones positivas (+) o negativas (-) de las entidades a las que evalúan. El subsistema de GRADACIÓN corresponde a los recursos que permiten regular la intensidad de la ACTITUD en un texto, mientras que el subsistema de COMPROMISO dice relación con la manera en que se reconocen o no otras voces en el texto (para más detalles, ver Martin & Rose, 2007; Martin & White, 2005; y Hood, 2010). Los recursos de VALORACIÓN desplegados de manera recurrente en un número de instancias de textos permiten determinar la naturaleza de la relación que se establece entre los participantes de la actividad social, lo que contribuye a distinguir tipológica y topológicamente entre diferentes géneros.

Finalmente, se considera en el análisis el sistema de PERIODICIDAD, que organiza los recursos que funcionan para establecer el flujo de la información en los textos. La PERIODICIDAD se relaciona con la identificación de una prominencia temática, que predice información para un bloque informativo en el texto, y una prominencia informativa, que consolida la información relevante que se ha desplegado. Estas prominencias pueden realizarse en los textos en diferentes niveles, conformando una jerarquía de periodicidad. El nivel más alto corresponde al macroTema (predicción—títulos y subtítulos organizando secciones) y al macroNuevo (consolidación—secciones finales en los textos). El segundo nivel es el hiperTema y el hiperNuevo, que se observan en el nivel del párrafo. Los recursos de PERIODICIDAD permiten, en interacción con las relaciones taxonómicas, determinar de manera inicial bloques recurrentes en los textos, que, mediante el análisis de los otros patrones de opciones de significado, contribuyen a identificar la estructura esquemática de un género.

En conjunto, los sistemas de opciones de significado descritos aquí brevemente resultan clave para el análisis de textos orientado a la descripción de géneros. Además, estos recursos permiten caracterizar, en el marco de la investigación aquí presentada, la naturaleza de la escritura académica que los estudiantes de Arte construyen a lo largo del currículum y las diferencias topológicas a lo largo de su desarrollo en este periodo.

Metodología

La investigación realizada corresponde a un estudio descriptivo de corte cualitativo que surgió en el marco de un programa de apoyo a la escritura a través del currículum implementado en el nivel universitario (ver Montes & Vidal Lizama, 2017). El estudio reporta parte de la información recogida durante el curso de un año de implementación del programa en la Escuela de Arte de una universidad tradicional chilena. Durante ese año, se llevaron a cabo asesorías a docentes, talleres y reuniones de discusión en torno a las prácticas escritas. La recolección y análisis de datos se organizó en tres fases distintivas pero complementarias, las que se describen a continuación.

En la primera fase, con el fin de explorar el rol que los académicos atribuyen a la escritura en diferentes etapas de la carrera de Arte, se realizó un grupo focal con 11 docentes de diferentes asignaturas y talleres con 15 profesores. Los grupos focales fueron grabados y transcritos para su posterior análisis, el que fue realizado a partir de una codificación emergente, siguiendo ciertos lineamientos procedimentales de la Teoría Empíricamente Fundamentada, particularmente el denominado método de comparación constante (Charmaz, 2006). Para el análisis se utilizó el programa de análisis cualitativo MAXQDA y se estableció una revisión interinvestigadores para refinar las categorías a partir de la negociación de pares. Se llegó a una codificación abierta y luego axial a partir de categorías más amplias que permitieran explorar el rol de la escritura en la carrera de Arte como sistema de actividad humano orientado a la meta de la formación.

En una segunda fase, se analizó un corpus de textos escritos por los estudiantes de Arte en diferentes puntos de su formación académica. Los criterios de selección de los textos se determinaron en varios pasos. En primer lugar, se distinguieron en la malla curricular tres etapas de formación diferentes: ciclo Bachiller (primer a cuarto semestre), que corresponde a la etapa 1; ciclo Licenciatura (quinto a séptimo semestre), correspondiente a la etapa 2; y ciclo de finalización de licenciatura (octavo semestre), que constituye la etapa 3. Luego, a partir de la información recogida en los grupos focales y en discusiones con un comité académico más reducido, se seleccionó un curso de la primera etapa curricular, dos cursos de la segunda y uno de la tercera etapa. En cada uno de estos cursos se seleccionó una muestra de textos de un mismo tipo (que respondían a una misma consigna de evaluación en ese curso) y que obtuvieron altas calificaciones. El corpus de textos para el análisis lingüístico se compuso de un total de 35 textos: 10 en la etapa 1, 18 en la etapa 2 y 4 en la etapa 3. El análisis del corpus se llevó a cabo de manera manual, utilizando las herramientas analíticas señaladas arriba.

En una tercera fase, se llevaron a cabo talleres con docentes de la disciplina, cuyo propósito fue presentar los resultados del análisis lingüístico y discutirlos con ellos como expertos disciplinares. Asimismo, se les solicitó que señalaran lo que esperaban de la escritura de sus estudiantes en esos diferentes niveles curriculares. Las respuestas de los docentes fueron escritas en papelógrafos y luego transcritas. A partir de la interacción y acuerdos establecidos en los talleres, fue posible levantar una descripción consensuada de la escritura a lo largo de la carrera de Arte, que fue contrastada con los resultados de los grupos focales y del análisis de textos. Este proceso produjo una propuesta final que fue revisada por un comité docente más reducido. Con las revisiones del comité fue posible llegar a una versión revisada que describe la escritura a lo largo de la carrera.

Resultados

A continuación, se discuten algunos de los resultados de los grupos focales, para luego detallar la descripción lingüística de los géneros escritos por los estudiantes de Arte a lo largo de su formación disciplinar. Finalmente, se reporta la descripción de los objetivos de aprendizaje en relación con la escritura a lo largo de la carrera de Arte, desarrollada a partir de talleres con docentes. Los resultados presentados se basan de manera complementaria en las observaciones y conversaciones sostenidas a lo largo de dos años con la escuela de arte que aquí se describe. Esta experiencia de inmersión en la comunidad disciplinar facilitó también la interpretación y el establecimiento de relaciones entre resultados de naturaleza diversa.

El Recorrido de la Formación en la Carrera de Arte: "Encontrar una Escritura para Hablar de sí Mismos"

La comunidad disciplinar en la que se realizó este estudio se caracteriza por incorporar un componente práctico o de actividad material (y no solo cognitiva); por ejemplo, en la elaboración de piezas plásticas, instalaciones u otras expresiones artísticas. Así, en el contexto de esta escuela de arte, es posible encontrar aulas de tipo cátedra—en las que el docente presenta conceptos y teorías y solicita a sus estudiantes escribir sobre ello—y otras de tipo taller, en que cada estudiante trabaja ya sea en una prensa de grabado, sobre una tela u otros soportes. En este último caso, la escritura puede aparecer en forma de notas para registrar ideas y reflexiones propias o comentarios de los docentes, entre otros. La práctica de escribir está aquí imbricada en un conjunto de actividades orientadas a la formación artística en general. El objeto al que se orientan estas actividades es, sin embargo, dinámico y en permanente reorientación. A continuación, se presentan algunas ideas respecto de los movimientos de cambio y continuidad en el contexto de la formación artística.

El Objeto de la Escritura en la Formación Artística

A partir del análisis de los grupos focales se pudo observar, en primer lugar, que el objeto al que se dirige la actividad de la formación en la carrera de Arte evoluciona a lo largo del currículum. De acuerdo con la perspectiva de los docentes, el quehacer formativo en los primeros años se orienta a la comprensión, análisis y observación del trabajo artístico de otros, mientras que en etapas más avanzadas de la carrera el objeto principal es el desarrollo artístico propio. Los géneros que se observan a lo largo del currículum reflejan muy bien esta paulatina reorientación del objeto de la actividad: desde la observación del campo artístico hacia el propio artista como sujeto de producción. Así, en etapas iniciales, los géneros como las fichas, informes de visita a museos o reseñas son los más frecuentes. En esta línea, un docente señala:

> También en los cursos de pintura como parte de las entregas hacen una pequeña reseña de una obra, entonces es un texto muy cortito de 200 palabras en los cuales analizan un aspecto muy específico de una obra. (Participante 1, docente carrera de Artes)

Al avanzar más en la carrera, el objeto al que se dirige la formación tiende a ser la propia producción artística. En este sentido, pronto los estudiantes deben contar con herramientas léxicas y discursivas para referirse a su propia obra justificando decisiones y construyendo argumentos que permitan ampliar o enriquecer el sentido de su propuesta artística. Las memorias o los denominados en esta comunidad disciplinar como *statement de artista* son parte de esta clase de géneros más avanzados en la carrera, los que representan una aproximación a los géneros discursivos con los que se encontrarán los estudiantes en el sistema de actividad profesional del artista. Uno de los participantes señala a propósito de este tránsito:

> ...yo siento cuando veo porque uno se enfrenta a la tesis de repente tanto que te invitan o las que están en biblioteca, entonces tú dices claro ese chico que siempre ha estado hablando de otros apoyado en otros, tratando de construir un discurso como en tercera persona permanentemente, tiene que pasar a hablar de sí mismo y también encontrar una escritura para hablar de sí mismo. (Participante 2, docente carrera de Artes)

El Sujeto de la Escritura en la Carrera de Arte

Los sujetos que participan de un sistema de actividad, sus roles e identidades también son socialmente definidos. En el contexto de la carrera de Arte, el sujeto que utiliza y produce los géneros que circulan a lo largo de la carrera es descrito dualmente por los docentes. Por un lado, se trata de un sujeto "creativo" y con "visión propia" y, por otro, de uno capaz de registrar rigurosa y objetivamente el conocimiento acumulado en la disciplina. Desde la teoría de códigos de legitimación, en particular desde la dimensión de especialización (Maton, 2014), el conocimiento puede ser considerado legítimo dependiendo de la fuerza de las relaciones epistémicas (entre sujeto y el objeto que se busca conocer) y sociales (entre sujetos). En el caso de la carrera de Arte, las relaciones epistémicas y, en particular, la posesión del conocimiento especializado parece ser fundamental para la validación; pero también lo son las relaciones sociales y los atributos de los actores. Estas dos tendencias representan lo que Maton denomina código del conocimiento (legitimación basada en el conocimiento especializado) y código del conocedor (legitimación basada en los atributos de los sujetos): ambos parecen convivir en la escuela de Arte observada. En relación con este punto, un docente destaca la representación del artista con "visión propia", cualidad de los sujetos (código del conocedor) que legitima su participación en esta comunidad disciplinar:

> Los textos de artistas pueden ser mucho más libres y donde lo que uno quiere es ver dónde está la visión del artista, dónde está el pensamiento propio de ese artista desde su postura como artista, que puede ser una postura personal respecto de una exposición que vieron, me parece que es muy importante. (Participante 3, docente carrera de Artes)

El establecimiento de una posición propia puede realizarse en términos discursivos a través de recursos de VALORACIÓN, como los señalados arriba. Por ejemplo, a través de la apreciación de objetos o el establecimiento de juicios respecto de personas o instituciones. Todos estos recursos son altamente complejos y suelen no ser objeto de enseñanza explícita. Ahora bien, el desafío es todavía mayor cuando se espera que, junto con la toma de posición, se incorporen los saberes acumulados en el campo artístico, es decir, el conocimiento que ha sido producido por otros. Zavala (2011) da cuenta de cómo muchos estudiantes ven la reproducción de conocimiento y la opinión como prácticas separadas. Sin embargo, como ocurre en otras áreas de formación académica, en el campo del arte se valora la integración de voces diversas para construir un argumento propio. En esta línea, otro docente señala:

> Un artista hoy en día no puede estar situado en la nada, sino que tiene que estar en un contexto y tiene que ser consciente de ese contexto, no existe el artista ingenuo, tiene que estar consciente de dónde se sitúa su trabajo en relación a un contexto y eso implica conocer ese contexto, el campo de discusiones, los diálogos, las obras. (Participante 4, docente carrera de Artes)

Así, el sujeto-estudiante que se dirige a este objeto en evolución (el trabajo artístico de otros y su propia obra) está enfrentado a una comunidad de académicos que esperan no solo el desarrollo de un punto de vista, sino también la capacidad de dialogar con los saberes disciplinares previos. El estudiante en la carrera de Arte como sistema de actividad debe manejar los conocimientos acumulados en el campo a la vez que desarrolla una personalidad y visión auténticas. Es de esperar que en el nivel discursivo se observe la manera en que se reorienta la formación durante la trayectoria curricular; por ejemplo, el uso de la primera persona o de ciertos recursos de valoración que podrían presentarse de manera diferenciada en las diversas etapas de la carrera.

Herramientas Mediadoras: Géneros Académicos a lo Largo de la Carrera

Además de las características del objeto de la escritura y el sujeto-escritor en el sistema de actividad de la carrera de Arte, fue posible observar que, según los docentes, los estudiantes deben utilizar una diversidad de "escrituras" o géneros discursivos a lo largo de la carrera. Los docentes identifican como parte de las escrituras recurrentes en la carrera los *statement de artista*, críticas de obra, ensayos, reseñas, proyectos de arte, memorias, entre otros. Gran parte de estos géneros median actividades materiales concretas de producción de obras o de interacción con el medio cultural y artístico. Así, una reseña es el producto que sintetiza la experiencia de realizar una visita a una exposición y, por tanto, es solo un elemento de una actividad compleja que se desarrolla en diferentes momentos y espacios, y que probablemente supone la intermediación de otros textos como las notas en una libreta. El *statement de artista*, por su parte, puede acompañar el folleto de una exposición o bien presentarse en el inicio de un sitio web que presenta el trabajo del artista o solicitarse en el marco de un curso cuando se presenta la obra realizada en un taller.

Más allá de las especificidades de cada uno de estos géneros y las maneras particulares en que dan forma a prácticas sociales concretas, los docentes explicitan ciertas expectativas respecto de su escritura. Primero, destacan la importancia del lenguaje especializado. Los profesores concuerdan en que los estudiantes de la carrera de Arte no debieran referirse a las obras de arte de una forma puramente impresionista, sino que se espera que utilicen léxico técnico para hacer un análisis que escape al sentido común. En esta línea, un participante indica:

> Yo les hago es que hagan una descripción de una obra, no conocen las palabras a través de las cuales puedan expresar esa descripción, ese es el primer desafío que les pongo, un desafío que en general nadie logra. (Participante 9, docente carrera de Arte)

El manejo de un léxico especializado para referirse a las obras de arte es parte del sistema de reglas de la escritura en el sistema de actividad de la carrera de Arte, pero no es el único elemento. También fue destacada la importancia de la claridad en la escritura. Los docentes señalan que en ocasiones los estudiantes tienen dificultades para considerar al lector o que con frecuencia "escriben como hablan." Un docente indica: "es muy difícil entenderles porque se dan muchas vueltas, como que, como que, esto es como que, yo ahí detecto un problema al escribir" (Participante, 11, docente carrera de Arte). Otro de los participantes señala en esta misma línea que:

> de repente hay párrafos que no tienen ni una coma, una cosa que me ha pasado a mí ahora último es que es importante observar el hecho de que un estudiante de Arte no necesariamente escribe, no puede escribir como un estudiante del área de las ciencias humanas, es muy distinto, en general les cuesta el formato del ensayo. (Participante 7, docente carrera de Artes)

Estas quejas son comunes entre los docentes universitarios. Sin embargo, como se ha destacado en algunas investigaciones (Lillis, 2001; Zavala, 2011), es evidente que los estudiantes en formación están en proceso de negociar y explorar las convenciones y prácticas propias del ámbito académico, cuestión que se desarrolla de manera dinámica y gradual a lo largo de la carrera. Por otro lado, en el fragmento se hace referencia a "el formato del ensayo", que es una manera común de denominar la escritura en el ámbito universitario y que, según el docente, resulta difícil de elaborar para los estudiantes de Arte. Diversos autores han descrito la escritura ensayística como un modo lineal, explícito y centralmente organizado de construir conocimiento académico (Farr, 1993; Gee, 1990; Trimbur, 1990), el que muchas veces está en conflicto con los deseos de los estudiantes de construir significados de maneras alternativas (Lillis, 2001). Así, el ensayo podría significar una dificultad, pero también un "formato" que los estudiantes negocian y en ocasiones resisten. Por otra parte, existen descripciones muy variadas y no siempre concordantes de este género (Olaizola, 2011; Rodriguez, 2007; Vidal Lizama, 2020; Zunino & Muraca, 2012), por lo que el "formato ensayo" al que se refiere el docente podría ser percibido o representado de manera desigual por estudiantes y profesores.

El manejo de los recursos intertextuales también resulta relevante en la formación de los estudiantes de la carrera de Arte. Los docentes indican que hay una tendencia a integrar citas de manera decorativa y que en ocasiones es difícil para los estudiantes escribir desde un lugar propio:

> A propósito de las citas, las citas las usan mal en general, en una forma muy escolar, como una decoración, como un texto decorativo, no un texto que le va a ayudar o que le va a posibilitar concluir, entonces eso uno siente un poco la falta y creo que esta cosa de escribir desde un lugar personal. (Participante 10, docente carrera de Artes)

El manejo intertextual es un aspecto altamente desafiante de la escritura académica, particularmente por la tensión existente entre la reproducción y la generación de conocimiento desde una voz autoral propia (Montes & Álvarez, 2021). Esta tensión puede observarse también en el sistema de actividad de la carrera de Arte como otra forma en que se manifiesta el giro en el objeto de la formación desde el campo artístico hacia la obra propia.

En la Figura 7.1 es posible observar parte de los hallazgos aquí comentados, particularmente, las formas de concebir el objeto y el sujeto de la escritura en la formación artística de acuerdo con los docentes de esta disciplina. Asimismo, algunas expectativas y géneros descritos por los participantes son presentados de manera sintética.

Finalmente, en términos generales, se espera que en el dominio de los géneros que circulan a lo largo del Sistema de Actividad de la carrera de Arte, los estudiantes sean capaces de desarrollar puntos de vista propios a la vez que integran el léxico y los conocimientos acumulados en el campo disciplinar. Además, los docentes destacan una progresión a lo largo de la carrera que avanza desde el trabajo artístico de otros como objeto de la escritura hacia el trabajo artístico propio, aspecto que también parece resultar un desafío para los estudiantes que se enfrentan a géneros como la memoria. Ahora bien, es posible observar que la importancia de utilizar el conocimiento especializado en el campo del arte (el lenguaje técnico y los saberes acumulados en ese ámbito de actividad académica y artística) se mantiene a lo largo de la carrera. Es decir, si bien el objeto de la formación puede reorientarse desde el arte como objeto externo hacia la propia producción artística, se espera que el estudiante llegue a referirse a su propio trabajo con las herramientas que ya le ha dado el recorrido por los saberes, convenciones y lenguaje propio de su disciplina.

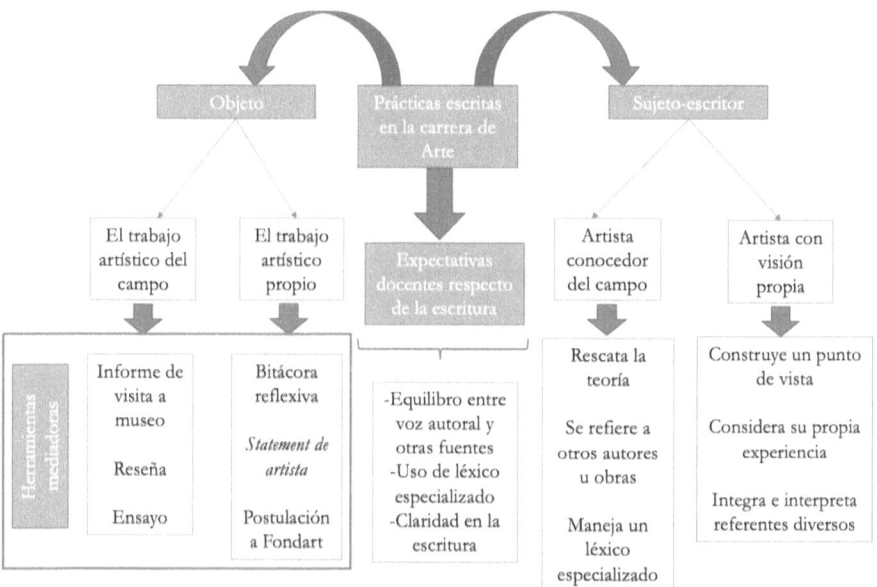

Figura 7.1. La escritura en la formación de estudiantes de Arte

Géneros y Macrogéneros a lo Largo de la Carrera de Arte: De la Descripción y Evaluación a la Interpretación

El análisis de los textos escritos por estudiantes de Arte en diferentes etapas de su formación curricular permitió distinguir dos grandes familias de géneros que se manifiestan a lo largo de su formación. Por una parte, géneros con un propósito social general de informar (*informing genres*), particularmente descripciones (Hood, 2010), y, por otra, géneros con el propósito social general de evaluar (*evaluating genres*) (Rose & Martin, 2012.). La familia de géneros evaluativos corresponde a géneros en los que se escribe sobre otros textos (Rothery, 1994) o, en este caso, objetos semióticos, para ofrecer una evaluación sobre ellos. Los géneros de estas familias aparecen a lo largo del currículum constituyendo macrogéneros (Martin 1984; Martin & Rose, 2008), es decir, instancias de textos extensas que se constituyen a partir de la incorporación de varios géneros elementales. Para hacer evidente los patrones más relevantes de los géneros fundamentales que se observan en el corpus, se presenta un análisis detallado de género de instancias en las etapas 1 y 2, mientras que para la etapa 3 los resultados se orientan a relevar diferencias respecto del grado de especialización de la escritura.

En la primera etapa de formación de los estudiantes, las descripciones son más salientes en los macrogéneros—es decir, se reiteran con mayor frecuencia que los géneros evaluativos y constituyen la mayor parte de los textos—mientras que en la etapa final los géneros evaluativos cobran mayor relevancia en los macrogéneros. En términos generales, el género descripción tiene como propósito en este ámbito disciplinar caracterizar objetos en el campo del arte, como una obra particular, una muestra o museo donde se exponen diferentes obras, o describir conceptos propios del campo disciplinar. Por su parte, los géneros evaluativos se orientan a desarrollar su capacidad de hablar de la obra de arte, tanto ajena como propia, de una forma crítica, pero a la vez fundamentada en la teoría, aspecto que resulta crucial para su formación como artistas y que es señalado por los docentes en los grupos focales.

En la etapa 1, una de las tareas que los estudiantes deben realizar es un "informe de visita", que tiene como propósitos describir un museo o espacio para muestras de arte, evaluar alguna de las obras o muestras expuestas ahí y proponer de manera general una intervención en ese espacio. Desde la concepción de género aquí utilizada, estos textos se identifican como instancias de un macrogénero en el que aparece de manera recurrente el género descripción (cf. Hood, 2010), pero que debieran integrar al menos una instancia de un género evaluativo, en particular cuando el texto se focaliza en las obras presentadas en el museo. La Tabla 7.1 muestra una secuencia de diferentes géneros en una instancia de texto escrito en el marco del curso señalado, que corresponde a un macrogénero en el que se integran un relato, descripciones (géneros de información) y una reseña (géneros evaluativos). Para efectos de la ejemplificación de este macrogénero, se presenta solo una instancia de género descripción, pero el original supone una secuencia de al menos tres descripciones diferentes, que se centran cada una en describir diferentes entidades.

En el ejemplo de la Tabla 7.1 y en todos los siguientes ejemplos, se utiliza la siguiente clave para representar los patrones discursivo-semánticos más fundamentales:

- Los recursos textuales son subrayados (Desde 1998; En el periodo de mediados del siglo XIX).
- Los recursos ideacionales, como entidades propias del campo y relaciones entre ellas (paisaje, representación; transfiguran la galería), se presentan en mayúscula.
- Los recursos de naturaleza interpersonal se presentan en **negrita**, cuando corresponden a evaluaciones inscritas o explícitas, y en **negrita** e *itálica* cuando son evaluaciones invocadas.
- Por su parte, el objeto (*target*) de la evaluación se presenta en **negrita** y subrayado, y se etiqueta entre paréntesis cuadrados el tipo más general de evaluación y su polaridad positiva [+] o negativa [-] (**un espacio neutro [apreciación +]**, *acorde a los requerimientos de las artes visuales contemporáneas* **[apreciación +]**).

En algunos casos, los recursos textuales, ideacionales e interpersonales pueden solaparse en un mismo fragmento del discurso. El macrogénero presentado integra, como se señaló, tres géneros diferentes. El texto se inicia con un relato (género de la familia de las historias), organizado alrededor de etapas temporales secuenciadas en el tiempo (en el texto, subrayado). Este relato introduce la entidad que será caracterizada a lo largo de las sucesivas instancias del género descripción, de las que se presenta solo un ejemplo. El género descripción se caracteriza, desde un punto de vista ideacional, por desplegar relaciones de elaboración entre distintas entidades, realizadas a través de procesos relacionales mediante las que se presentan características del espacio físico (partes de su composición, como *puertas*, *salas*, *plano*). Se observa además un uso limitado de recursos de VALORACIÓN, los que se realizan principalmente de manera evocada—es decir, de forma no explícita (véase Hood, 2010; Martin & White, 2005)—. La descripción se realiza bimodalmente, integrando algunas imágenes. Este es un recurso importante en los textos escritos por los estudiantes de Arte, aunque no será explorado aquí de manera detallada.

Respecto de la escritura académica en específico, dos aspectos son relevantes en relación con los dos primeros géneros del macrogénero: primero, la ausencia de lenguaje técnico propio del campo del Arte y el uso relativamente acotado de recursos de VALORACIÓN, particularmente de apreciación, que se limitan a puntos específicos del texto y no logran construir una prosodia valorativa clara. Estos son dos aspectos en los que se observará un cambio importante en los textos que los estudiantes producen a lo largo de su progresión curricular.

El tercer género que aparecen en el ejemplo corresponde a una reseña. El propósito social de este género es evaluar el atractivo y valor de un texto u objeto semiótico de tal modo que el lector se alinee con la perspectiva que ofrece el autor sobre el objeto (Martin & Rose, 2008; Rothery, 1994). Esta reseña representa de manera adecuada el tipo de escritura que se espera que los estudiantes de Arte vayan desarrollando a lo largo de su proceso de formación. Esta instancia se construye, por una parte, a partir de entidades que pueden ser consideradas como "semi-especializadas" o al menos fuera del sentido común, como *puntales*, *función estructural*, *neoclásico*. Igualmente, se observa un uso de abstracciones que podrían considerarse propias del campo de las Artes, como *problemáticas de tiempo, decadencia y restos*. La estudiante se está esforzando por ofrecer una descripción que supere la observación sensorial, aun cuando no cuente necesariamente con los términos técnicos para hacer una caracterización especializada del espacio. Además, en este ejemplo se observa cómo se va construyendo una prosodia valorativa clara a lo largo de esta instancia de género, que parte con la apreciación positiva del proyecto y de la artista para terminar, en la etapa Juicio de la reseña, con una saturación clara de recursos de apreciación, tanto inscritos (*original, atractiva visual, espacialmente y conceptualmente*) como evocados (*una obra de paradojas*).

7.1. Macrogénero en Curso de Etapa Curricular 1

Género	Etapas/Fases	Extracto de texto
relato		Galería BECH
		En el año 1956 nace el Instituto Cultural del Banco del Estado con el propósito de aportar cultura y entretención a los funcionarios. Durante los años 80 el Instituto no tenía una línea curatorial definida, más bien, se exhibían trabajos de aficionados y pinturas ligadas a conceptos tradicionales. Fue Francisco Sanfuentes, recién egresado de arte en la Universidad Arcis, quien sugiere un cambio en las exposiciones con propuestas contemporáneas y de artistas jóvenes. Más tarde, Patricia Díaz Inostroza, directora del Instituto, plantea establecer una línea curatorial siguiendo la idea del interés por el arte contemporáneo, con propuestas experimentales y no comerciales. A partir de ahí, nace la Galería BECH, la cual genera **un espacio neutro** [apreciación +], *acorde a los requerimientos de las artes visuales contemporáneas* [apreciación +]. Desde 1998 la coordinación de la Galería la tiene Paz Carvajal, artista visual egresada de la Universidad Católica, quien mantiene **la línea curatorial experimental** *acorde a las tendencias de arte contemporáneo* [apreciación +] y, al mismo tiempo, se amplía la exhibición no sólo a los funcionarios sino también a toda la comunidad en general.
descripción	Clasificación	Caminando [por la Alameda], [a dos cuadras de Plaza Italia] SE ENCUENTRA LA GALERÍA BECH;
	Descripción Fase: espacio del museo	unas puertas de vidrio en un marco de madera con un **humilde** [apreciación -] cartel a su derecha indicando el nombre de la galería. Al ingresar a esta angosta y alargada sala uno se sumerge en el mundo de la exposición del momento, LAS CUALES HAN TRANSFORMADO momentáneamente LA GALERÍA de formas drásticas [apreciación +]. *Nunca se sabe con lo que uno se encontrará* [apreciación +] al atravesar estas puertas, ya que las distintas EXPOSICIONES VARÍAN **radicalmente** [apreciación +] y TRANSFIGURAN LA GALERÍA. Esto es principalmente gracias a **la peculiar forma** [apreciación +] que POSEE LA GALERÍA, la cual entrega **UN ESPACIO** acotado [apreciación -] pero con *el que puede "jugarse" muy fácilmente* [apreciación +], ya que no es el plano de una figura regular, y al ser angosto y alargado *permite al receptor sumergirse dentro de la obra* [apreciación +]. [...]
		El espacio de la galería puede apreciarse en las siguientes imágenes:

Escritura Académica en la Formación de Estudiantes de Arte

Género	Etapas/Fases	Extracto de texto
reseña	Contexto	Un **proyecto** notable [apreciación +], que hizo **buen** [apreciación +] **uso del espacio** y representa bien [apreciación +] **el perfil de la galería**, fue "Ruina" de María Gabler, **una obra** *pensada específicamente* [apreciación +] para este lugar. La obra no solo fue realizada por una **persona** joven y recién egresada [juicio +], sino que tiene ese "**giro**" tan importante [apreciación +] para Paz Carvajal y la galería. "Ruina" partió del interés de María por la condición de "pasillo" que tiene la galería (siendo el espacio intermedio hacia las escaleras y las oficinas), y su ARQUITECTURA **con aire NEOCLÁSICO**.
	Descripción	Elaboró **PUNTALES**, como los usados en edificios a punto de colapsar, que imitan el estilo de los PILARES ya presentes en la galería (llegando a confundirse con estos), pero no están cumpliendo ninguna FUNCIÓN ESTRUCTURAL. No ejercen presión, no sujetan nada realmente, son **solo decorativos** [apreciación -] y además *impiden el libre paso* [apreciación -]. a través de la galería. **Saturan** [apreciación -] el espacio y son *maquillaje* [apreciación -].
	Juicio	Un **SOPORTE** *que nada sostiene* [apreciación -], un **objeto normalmente accesorio** [apreciación +] vuelto **el centro de atención** [apreciación +]. Remiten a la ruina pero son puramente blancas; es *una obra de paradojas* [apreciación +]. Nos coloca en una ARQUITECTURA que *impide el paso* [apreciación -]en vez de *facilitarlo* [apreciación +], y que *no cumple una función clara* [apreciación +]. Al mismo tiempo *esta distorsión* [apreciación +]articula PROBLEMÁTICAS DE TIEMPO, DECADENCIA Y RESTOS, **de una manera original, atractiva visual, espacialmente y conceptualmente.** [apreciación +]

El ejemplo señala la importancia que se otorga, en el currículum de Arte, al género descripción y al género reseña en la etapa de formación inicial de los estudiantes. Estos géneros involucran, en esta etapa, patrones de lenguaje que dicen relación con la caracterización de objetos basada en la percepción sensorial, por una parte, y, por otra, con la capacidad del escritor estudiante de evaluar los objetos que describe a partir de criterios relativos a su significancia, su composición, su equilibrio, etc. Se observa además que, en términos ideacionales, el lenguaje en esta etapa no alcanza gran especialización, lo que resulta compresible considerando que los estudiantes están recién familiarizándose con el campo del Arte y por lo tanto están comenzando a adquirir los términos especializados para hablar de los objetos de su disciplina. En este punto del currículum, además, se observa gran variación entre los textos respecto cómo se aborda la tarea, cuestión que puede relacionarse con su falta de experiencia y conocimiento del campo y con las expectativas que se tienen sobre la tarea, sobre el género y sobre la escritura disciplinar en su ámbito de especialización.

En la etapa 2 identificada en el currículum (ciclo de licenciatura), la descripción sigue siendo un género importante en los macrogéneros escritos por los estudiantes de Arte, al igual que los géneros evaluativos. Sin embargo, respecto de estos últimos se observa una transición desde la escritura de reseñas a la escritura del género *interpretación,* cuyo propósito es ofrecer una "lectura" del mensaje de un texto o un objeto semiótico y para de esta manera reconocer y responder a los valores culturales del objeto interpretado (Martin & Rose, 2008). Este género se proyecta hacia la etapa 3 y por lo tanto varía a lo largo de la progresión curricular, particularmente a partir de qué objeto está siendo interpretado y para qué objetivo específico.

Las primeras instancias del género interpretación que escriben los estudiantes se orientan a interpretar una obra en relación con el género o escuela a la que pertenece o a interpretar un motivo pictórico en relación con diferentes obras en una época determinada. En el caso de uno de los cursos de la etapa 2, este género constituye parte de un macrogénero que la comunidad de arte llama "ensayo" y que los estudiantes escriben como parte de la evaluación del curso. En Tabla 7.2, se ofrece un ejemplo de una instancia del género interpretación en uno de los textos analizados.

El género interpretación, tal como se presenta en la Tabla 7.2, se constituye de tres etapas: Evaluación del texto, que hemos llamado aquí "Evaluación del objeto semiótico", para integrar el tipo de entidad que está siendo evaluada en los géneros de arte; Sinopsis y Reafirmación. En la primera etapa se presenta el mensaje general del texto u objeto semiótico, mientras que en la etapa Sinopsis se escogen algunos aspectos sobre los cuales se profundiza en la interpretación; finalmente, en la última etapa, se vuelve a retomar el mensaje presentado en la primera etapa y se reelabora a la luz de los aspectos analizados. En el ejemplo de la Tabla 7.2, la primera etapa (Evaluación del objeto semiótico) presenta el mensaje del "texto" interpretado, que en este caso corresponde a un tema pictórico— *el paisaje*—y su tratamiento en un contexto particular—*la pintura chilena del siglo XIX*—. En términos ideacionales, el mensaje pictórico interpretado se presenta de manera generalizada, a partir de la referencia a entidades que componen el campo del paisaje—*la naturaleza chilena, su cordillera, sus puertos, playas, praderas y cerros*—así como a entidades que componen el grupo de artistas que trabajan este tema pictórico. En esta etapa se observa además la presencia de entidades más especializadas que en la reseña de la etapa 1, como *soporte* o *representación.* La construcción de un campo más especializado es una característica del género interpretación en este momento curricular, tal como lo señalan otras entidades en las siguientes etapas del género (*contraste, línea, color,* etc.). Estas corresponden a conceptos o elementos propios del oficio pictórico, que el estudiante comienza a integrar como parte de los criterios para la evaluación del mensaje de la obra.

Tabla 7.2. Instancia de Género Interpretación en Etapa Curricular 2

Etapa	Extracto de texto
Evaluación del objeto semiótico	LOS ARTISTAS CHILENOS interesados en el PAISAJE, principalmente PINTORES, tuvieron su nacimiento y **apogeo** [apreciación +] en el siglo XIX, fue en ese periodo de tiempo cuando despertó el interés de REPRESENTAR la NATURALEZA CHILENA, su CORDILLERA, sus PUERTOS, PLAYAS, PRADERAS y CERROS.
	Algunos de los **PINTORES DE PAISAJE** más reconocidos [apreciación +] fueron, PEDRO LIRA, ALFREDO VALENZUELA PUELMA, JUAN FRANCISCO GONZÁLEZ, ALBERTO ORREGO LUCO, ONOFRE JARPA y ALBERTO VALENZUELA LLANOS.
	En el periodo de mediados del siglo XIX y a principios del siglo XX **el tema** central [apreciación +] de estos artistas es la REPRESENTACIÓN de la NATURALEZA-PAISAJE como problema en el SOPORTE. Tomar el paisaje como excusa para resolver el PROBLEMA de REPRESENTACIÓN DE LA REALIDAD.
	"Un artista de nuestros días compone sus cuadros de otro modo. La clave de ello es algo que entra ante todo por la vista –Pedro Lira." (Echenique, Cuadros de la Naturaleza en Chile, 2014) [compromiso: proyección]
Sinopsis	En las pinturas de Pedro Lira *Paisaje con cordillera y vacunos* (figura 1) y *Paisaje de primavera* (figura 2), se ve **claramente [gradación]** el interés del ARTISTA por REPRESENTAR la LUZ, por medio de CONTRASTES, darle *importancia* [apreciación +] al **COLOR**, por sobre la línea, y de REPRESENTAR de manera **muy sensible** [apreciación +] la ATMÓSFERA creada por el CIELO nublado, la VEGETACIÓN, NEBLINA, en síntesis, su CONTEXTO.
	Esta es la época en donde el ARTISTA sale a terreno a pintar sus obras, **totalmente involucrado [gradación; juicio +]** con el LENGUAJE DE LA NATURALEZA "PEINTURE DE PLEIN AIR" (pintura al aire libre) muy utilizada por los PINTORES INGLESES WILLIAM TURNER Y JOHN CONSTABLE.
Reafirmación	**Claramente [compromiso: proclamación]** Pedro Lira estaba influenciado por las CORRIENTES ROMÁNTICAS del periodo, donde el **PAISAJE** era un **importante motivo** [apreciación +] de ese momento artístico, además de las características de REPRESENTAR la LUZ, la importancia del COLOR, la NATURALEZA por sobre el hombre, y la SENSIBILIDAD de REPRESENTAR la ATMÓSFERA.

Desde un punto de vista interpersonal, se observa en el ejemplo el despliegue de recursos variados de VALORACIÓN, como apreciación inscrita (o explícita) y evocada para evaluar diferentes entidades (*artistas, tema pictórico, representación*), el uso de GRADACIÓN para amplificar la evaluación propuesta y, de manera muy saliente, la inserción de otra voz para sostener una afirmación. Tal como se observa en el ejemplo, la presencia de recursos de COMPROMISO señala la complejización progresiva de patrones interpersonales a lo largo del progreso curricular.

Finalmente, en la etapa 3 del curriculum (finalización de licenciatura), el macrogénero fundamental es la memoria de grado. Este macrogénero corresponde al texto final que los estudiantes de Arte deben producir para licenciarse. El propósito general del macrogénero memoria es describir y analizar la obra personal producida a lo largo de los cursos Taller de Producción de Obra y Taller de Seminario. El conjunto de obras debe ser analizada e interpretada a partir de referentes conceptuales que el artista en formación presenta como relevantes, así como también a partir de las elecciones materiales y de conformación de la obra que se han tomado para producirla. En este macrogénero se integran, tal como se señaló al comienzo, géneros que informan y géneros que evalúan, pero con mayor variedad respecto del tipo de géneros involucrados y también con mayor complejidad respecto de los patrones de lenguaje desplegados.

Una característica clave de la escritura en esta etapa en términos ideacionales es su alto nivel de especialización. Esto se manifiesta tanto en la integración de conceptos técnicos de diferentes disciplinas—en el caso del ejemplo, de la macroeconomía—como en construcción de entidades abstractas, mediante la nominalización. En términos interpersonales, los recursos evaluativos se complejizan y cobran relevancia los recursos de AFECTO para dar sentido a la obra. Esto puede observarse superficialmente en el siguiente fragmento de una memoria centrada en la reflexión sobre la obra pictórica y su relación con el vacío y la melancolía.

> Otra perspectiva sobre este dilema social es la **incongruencia [apreciación -]** del **DISCURSO POSTMODERNO**, que es el supuestamente estamos viviendo, con lo que realmente vivimos. .
>
> Uno de los DISCURSOS que tienen la POSTMODERNIDAD es aquel de rechazar los grandes METARRELATOS, las grandes CONSTRUCCIONES FILOSÓFICAS que se habían creado en la MODERNIDAD; por tanto, más que tener un solo discurso, los hay varios: está la importancia de lo fragmentario y transitorio por sobre lo universal, de lo subjetivo por sobre lo objetivo. . . .
>
> Habitar el **vacío** [**afecto -**], *buscar un refugio* [**afecto +**]. El rincón y esos detalles que van apareciendo de escenas interiores, como *el lugar al que se corre para esconderse y encogerse a*

modo de asilo [afecto +], que se ven en la OBRA a través del SOPORTE en donde se pinta: el PAPEL MURAL, que nos habla de lugar, remite a la pared, al *lugar cerrado, a la casa, al interior* [afecto +] sin tener que plasmarlo como tal en la pintura. Habitar estas pinturas, estos **espacios** solitarios [afecto -]**e irrelevantes** [apreciación -] que aparecen repetitivamente en la OBRA. "Todo rincón de una casa, todo rincón de un cuarto, todo espacio reducido donde nos gusta agazaparnos sobre nosotros mismos, es para la imaginación una soledad" (Bachelard, 1986: 127) **[compromiso: proyección]**.

Desde un punto de vista ideacional, en este fragmento se ejemplifica el uso de términos especializados de diferentes campos (mayúscula). El uso de términos especializados se explica por la exigencia de la memoria de relacionar la producción de obra con referentes conceptuales definidos. Estos referentes pueden provenir de diferentes ámbitos disciplinares, no solo del campo del Arte, por lo que es posible encontrar una variedad de términos especializados, construidos de diversa forma (tecnicalidades o abstracciones). En términos de los recursos interpersonales, en este fragmento se observa el despliegue de recursos de AFECTO evocados para contribuir a la interpretación de la obra propuesta, los que en este ejemplo son incluso más predominantes que los recursos de apreciación que se observan en las etapas anteriores. Esto se debe a que, en esta etapa de la formación, se espera que los estudiantes hayan construido "su propia voz" como artistas, lo que en términos de la escritura se refleja en la mayor diversidad de recursos de que disponen y utilizan para construir sentido alrededor de su obra.

El análisis detallado de los textos escritos por los estudiantes de Arte a lo largo de su curriculum permite identificar, de manera especializada, cuáles son los géneros que constituyen la formación disciplinar de estos estudiantes y de qué manera va progresando en ellos la escritura. Los géneros y patrones más relevantes identificados a partir de este análisis son consistentes con las representaciones sobre la escritura en Arte que los docentes elaboraron en los grupos focales. Así, la presencia de descripciones y reseñas en uno de los cursos de la etapa inicial de la carrera da cuenta de la tendencia predominantemente referencial de la formación en los primeros años. Por otra parte, ya en la segunda etapa curricular se observa un género cuya función principal es plantear una interpretación respecto de una obra, es decir, que supone de manera más predominante el desarrollo de una toma de posición o punto de vista. Los recursos de VALORACIÓN se utilizan de manera constante en los dos ejemplos presentados, independientemente del momento curricular, lo que da cuenta de una intención por parte de los estudiantes de construir un posicionamiento, en el caso de los ejemplos, respecto del trabajo artístico de otros.

Objetivos de Escritura a lo Largo de la Carrera de Arte

El análisis de las representaciones de los docentes de Arte respecto de la escritura y el análisis lingüístico de los textos escritos por los estudiantes a lo largo de su formación fueron dos pasos fundamentales para la exploración de la escritura en la disciplina. Con estos antecedentes, se generó en trabajo conjunto con docentes y con un comité académico de la facultad, una descripción sintética de los objetivos de aprendizaje en relación con la escritura que son propios de cada etapa curricular. Esta se presenta en Tabla 7.3.

Tal como se observa en la tabla, se identificaron dos etapas o momentos distintivos en relación con los objetivos de escritura, relacionadas con los dos ciclos formativos que involucra el currículum de Arte (Bachiller y Licenciatura). En el primer ciclo, la escritura tiene como propósito principal describir y evaluar el trabajo artístico de otros, mientras que en el segundo ciclo el foco está en la obra artística propia y en la interpretación de esta como una forma de "darle significado." Esta distinción dice relación con la reorientación del objeto de la formación a lo largo de la carrera que se identificó en los grupos focales y también en el análisis de ejemplares de texto.

Así, en el primer ciclo de la formación, la descripción y evaluación que se realiza de la obra de arte progresa desde un fundamento personal—es decir, basado simplemente en la percepción del autor—hacia una descripción y evaluación basada en fundamentos teóricos—es decir, en el conocimiento especializado sobre el campo del Arte que los estudiantes van adquiriendo mientras avanza su formación. De esta forma, se observa en el primer ciclo la importancia de la formación especializada de los estudiantes como una manera de desarrollar su "mirada de artista" basada en el conocimiento disciplinar del área.

En cambio, en el segundo ciclo, el foco está puesto en la evaluación de la propia obra, de modo de construir una identidad en los estudiantes, que les permita plantear su línea de creación de manera original. Esta identidad de artista está, de todas maneras, fundamentada en el conocimiento disciplinar que los estudiantes han adquirido, pero se constituye también a partir de la capacidad de los estudiantes de "significar" su trabajo, a partir de la integración de conceptos e ideas de otros campos disciplinares o de su propia experiencia personal. Esta progresión de la función que cumple la escritura en ambos momentos identificados se observa tanto en los géneros predominantes en cada momento, así como en los objetivos de estos géneros, los patrones de escritura observados y en las representaciones de los docentes sobre la escritura en la disciplina.

Tabla 7.3. Descripción de Objetivos de Aprendizaje en Relación con la Escritura Académica en Diferentes Ciclos Formativos de la Carrera de Arte

Ciclo Bachiller (I a IV Semestre)	Ciclo Licenciatura (V a VIII)
El estudiante utiliza la escritura para referirse de manera clara a las producciones o experiencias artísticas de otros, con una mirada sensible y un manejo de conceptos iniciales y técnicos del campo del Arte. Además, reconoce en la escritura una herramienta para reflexionar sobre sí mismo y su desarrollo artístico como búsqueda inicial. Se espera que el estudiante sea capaz de: • Relacionar las producciones artísticas de otros con períodos de la Historia del Arte y con conceptos teóricos (símbolo, signo, sublime, etc.) del campo del Arte a través de textos escritos. • Describir la producción artística de otros utilizando conceptos técnicos (ritmo, composición, contraste, etc.) del campo del Arte. • Explicar conceptos propios del campo del arte a través de textos escritos. • Reflexionar sobre su propia producción artística a través de textos escritos. • Integrar de forma pertinente fuentes de información del campo del arte en sus textos escritos, que tengan un sentido en un texto particular. • Comunicar de manera escrita aspectos generales de la disciplina utilizando un lenguaje claro que se adecúa a las normas de puntuación, ortografía y al registro propio del contexto académico.	El estudiante en esta etapa utiliza la escritura para referirse de manera clara a las producciones artísticas propias y de otros, con una mirada sensible y propia y un manejo de redes de conceptos ligados a campos del conocimiento específicos (estética, filosofía, psicología, etc.). Además, reconoce en la escritura una herramienta para reflexionar sobre sí mismo y su producción artística. Se espera que el estudiante sea capaz de: • Interpretar las producciones artísticas de otros a través de textos escritos que reflejan una visión personal e integran teorías del campo del Arte, la estética, la filosofía u otras disciplinas humanistas. • Fundamentar la producción artística propia a través de textos escritos que reflejan una visión personal e integran teorías del campo del Arte, la estética, la filosofía u otras disciplinas humanistas. • Reflexionar sobre su propia producción artística a través de textos escritos. • Integrar de forma fluida y pertinente fuentes de información del campo del arte en sus textos escritos, de manera que las citas no sean simplemente decorativas sino que tengan un sentido en un texto particular. • Comunicar de manera escrita aspectos generales de la disciplina utilizando un lenguaje claro que se adecúa a las normas de puntuación, ortografía y al registro propio del contexto académico.
Géneros característicos: • Ficha bibliográfica • Reseña de obra • Entrevistas a artistas • Pruebas de desarrollo • Bitácora • Autobiografía • Ensayos breves • *Statement* inicial	Géneros característicos: • Ensayos • Informes de investigación • Tesina • Memoria • *Statement*

Conclusión

El presente trabajo propone una aproximación teórica y metodológica que integra enfoques de tradiciones diversas pero complementarias, las que en conjunto permiten enriquecer la mirada respecto de la noción de género en contextos académicos. Comprender la especificidad y diversidad de los géneros, así como su rol en la formación académica exige aproximaciones desde diversas perspectivas y fuentes de información. Por ello, en esta investigación aplicada se integra, por una parte, una indagación cualitativa sobre el rol de la escritura a lo largo de la carrera a partir del marco conceptual de la teoría de sistemas de actividad. Esto permitió comprender el contexto en el que los géneros circulan y los propósitos sociales específicos que les dan sentido, según la perspectiva de miembros claves de esa comunidad: los docentes. Por otra parte, este trabajo incorpora también el análisis lingüístico de los géneros a través de una teoría funcional del lenguaje (LSF). Esto permite comprender cómo se relaciona el nivel de contexto con realizaciones específicas en el nivel discursivo y léxico-gramatical, provistos por el análisis desde la LSF. Además, esto resulta de un valor pedagógico fundamental por cuanto posibilita la identificación de los patrones a partir de los cuales los géneros se organizan para luego promover su enseñanza a lo largo de la carrera y/o generar material didáctico para estudiantes que explicite algunos de los recursos semióticos relevantes en la disciplina. Ahora bien, debe considerarse que este trabajo no incorporó la perspectiva de los estudiantes, aspecto que futuras investigaciones podrían integrar a fin de comprender de manera más integral el sistema de la formación en una carrera de Arte.

Este trabajo contribuye una rica descripción de un caso de escritura en el ámbito del Arte, disciplina que no ha sido considerada de manera sistemática en la literatura en el campo de la alfabetización académica y del discurso especializado en español. En este sentido, se pretende ofrecer una exploración inicial sobre la escritura en las Arte y, particularmente, sobre la manera en que esta escritura se relaciona con el proceso de aprendizaje de los nuevos miembros de este campo disciplinar, en contextos de educación institucionalizada. Desde el punto de vista del discurso especializado, este trabajo contribuye a comprender al menos de forma inicial la naturaleza de la escritura en el campo del Arte, a partir de la descripción lingüística detallada de los textos a lo largo del curriculum, así como de las percepciones de los docentes. Desde el punto de vista de la alfabetización académica, el trabajo permite orientar decisiones pedagógicas para la enseñanza de la escritura en esta disciplina, comprendiendo su rol como artefacto mediador para el aprendizaje disciplinar, la manera en que progresa curricularmente y los objetivos que cumple en cada etapa. Asimismo, el trabajo tiene como propósito ofrecer una alternativa teórica y metodológica para la investigación en el campo de la enseñanza de la escritura académica, asumiendo que el posicionamiento teórico, incluso cuando integra perspectivas aparentemente disímiles, resulta fundamental para abordar las preguntas que este campo nos impone para la tarea docente y, en términos más amplios, para el diseño de estrategias de alfabetización basada en evidencia y conocimiento especializado.

Referencias

Ávila Reyes, N., González, P. & C. Peñaloza. (2013). Creación de un programa de escritura en una universidad chilena: Estrategias para promover un cambio institucional. *Revista Mexicana de Investigación Educativa, 18*(57), 537–560.

Barton, D. (2007). *Literacy: An introduction to the ecology of written language.* Oxford.

Barton, D. & Hamilton, M. (2004). La literacidad entendida como práctica social. En V. Zavala, M. Niño-Murcia & P. Ames (Eds.), *Escritura y sociedad: nuevas perspectivas teóricas y etnográficas* (pp. 109–140). Red para el Desarrollo de las Ciencias Sociales en el Perú.

Barton, D. & Tusting, K. (2005). *Beyond communities of practice language, power and social context.* Cambridge University Press. https://doi.org/10.1017/CBO9780511610554.

Bazerman, C. (1994). Systems of genres and the enactment of social intentions. En A. Freedman & P. Medway (Eds.), *Genre and the new rhetoric* (pp. 79–101). Taylor & Francis. https://doi.org/10.4324/9780203393277.

Bazerman, C. (2012). Genre as social action. En J. Gee & M. Handford (Eds.), *The Routledge Handbook of Discourse Analysis* (pp. 226–238). Routledge. https://doi.org/10.4324/9780203809068.

Bazerman, C. (2013). Knowing where you are: Genre. En C. Bazerman (Ed.), *A rhetoric of literate action: Literate action volume 1* (pp. 21–42). The WAC Clearinghouse; Parlor Press. https://doi.org/10.37514/PER-B.2013.0513.

Charmaz, K. (2006). *Constructing Grounded Theory. A practical guide through qualitative analysis.* SAGE.

Cole, M. & Engeström, Y. (1993). A cultural-historical approach to distributed cognition. En G. Salomon (Ed.), *Distributed cognitions: Psychological and educational considerations* (pp. 1–46). Cambridge University Press.

Farr, M. (1993). Essayist literacy and other verbal performances. *Written Communication, 10*(1), 4–38. https://doi.org/10.1177%2F0741088393010001001.

Gee, P. (1989). What is literacy? *Journal of Education, 171*(1), 18–25. https://doi.org/10.1177/002205748917100102.

Gee, P. (1990). *Social linguistics and literacies: Ideology in discourses.* Farmer Press.

Giudice, J. (2013). La narración del periodo 1976–1983 en los manuales de Ciencias Sociales argentinos: tipo de lenguaje y elección genérica. En E. I. Moyano

(Coord.), *Aprender Ciencias y Humanidades: Una cuestión de lectura y escritura. Aportes para la construcción de un programa de inclusión social a través de la educación lingüística* (pp. 297–332). Universidad Nacional de General Sarmiento.

Hood, S. (2010). *Appraising research: Evaluation in academic writing*. Palgrave Macmillan. https://doi.org/10.1057/9780230274662.

Jara Solar, I. (2013). Descripción funcional de introducciones de tesis doctorales en las disciplinas de química y lingüística. *Onomazein, 28*, 72–87. https://doi.org/10.7764/onomazein.28.05.

Lillis, T. (2001). *Student writing: Access, regulation, desire*. Routledge. https://doi.org/10.4324/9780203186268.

Marinkovich, J. & Salazar, J. (2011). Representaciones sociales acerca del proceso de Escritura Académica: el caso de la tesis en una Licenciatura en Historia. *Estudios pedagógicos (Valdivia), 37*(1), 85–104. http://doi.org/10.4067/S0718-07052011000100005.

Martin, J. R. (1992). *English text: System and structure*. John Benjamins

Martin, J.R. (1993). Life as a noun: Arresting the universe in science and humanities. En Halliday, M.A.K y Martin, J.R. (Eds.), *Writing science: Literacy and discursive power*. The Falmer Press.

Martin, J. R. & Rose, D. (2007). *Working with discourse. Meaning beyond the clause*. Continuum.

Martin, J. R. & Rose, D. (2008). *Genre relations. Mapping culture*. Equinox.

Martin, J. R. & White, P. R. R. (2005). *The language of evaluation. Appraisal in English*. Palgrave Macmillan. https://doi.org/10.1057/9780230511910.

Maton, K. (2014). *Knowledge and knowers: Towards a realist sociology of education*. Routledge. https://doi.org/10.4324/9780203885734.

Miller, C. (1984). Genre as social action. *Quarterly Journal of Speech, 70*(2), 151–167. http://doi.org/10.1080/00335638409383686.

Montes, S. & Vidal Lizama, M. (2017). Diseño de un programa de escritura a través del currículum: opciones teóricas y acciones estratégicas. *Lenguas Modernas, 50*, 73–90.

Montes, S. & Álvarez, M. (2021). ¿Cómo dialogar críticamente con las fuentes? Herramientas de enseñanza y aprendizaje de la intertextualidad académica. En F. Navarro (Ed.), *Escritura e inclusión en la universidad: herramientas para docentes* (pp. 151–202). Editorial Universitaria.

Moyano, E. I. (2010). Aportes del análisis de género y discurso a los procesos de enseñanza y aprendizaje escolar: las ciencias biológicas y la historia. *Discurso & Sociedad, 4*(2), 294–331.

Moyano, E. I. (2012). Argumentación en Economía: Negociación de una interpretación. *RILL Nueva época, Prácticas discursivas a través de las disciplinas, 17*(1/2), 1–12

Moyano, E. I. (2013). Géneros y discurso en los manuales de Biología: construcción del conocimiento y la actividad científica. En E. I. Moyano (Coord.), *Aprender ciencias y humanidades: Una cuestión de lectura y escritura. Aportes para la construcción de un programa de inclusión social a través de la educación lingüística* (pp. 229–296). Universidad Nacional de General Sarmiento.

Moyano, E. I. (2014). La Discusión en artículos de microbiología: género, compromiso y construcción del conocimiento. *Onomazein I*(NE), 161–185. http://doi.org/10.7764/onomazein.alsfal.4.

Navarro, F. (2013). Trayectorias de formación en lectura y escritura disciplinar en carreras universitarias de humanidades. Diagnóstico y propuesta institucional. *Revista Mexicana de Investigación Educativa 18*(58), 709–734.

Navarro, F. (2014). Géneros discursivos e ingreso a las culturas disciplinares. Aportes para una didáctica de la lectura y la escritura en educación superior. En F. Navarro (Coord.), *Manual de escritura para carreras de humanidades* (pp. 29–52). Editorial de la Facultad de Filosofía y Letras Universidad de Buenos Aires.

Navarro, F. & Montes, S. (2022). Los desafíos de la escritura académica: concepciones y experiencias de estudiantes graduados en seis áreas de conocimiento. *Onomazein, 54*, 179–202. https://doi.org/10.7764/onomazein.54.05.

Navarro, F., Uribe Gajardo, F., Montes, S., Lovera Falcón, P., Mora-Aguirre, B., Álvarez Cruz, M., Castro, C. & Vargas Pérez, S. (2021). Transformados por la escritura: Concepciones de estudiantes universitarios a través del currículum y de las etapas formativas. En N. Ávila Reyes (Ed.), *Multilingual contributions to writing research. Toward an equal academic exchange* (pp. 261–285). The WAC Clearinghouse; University Press of Colorado. https://doi.org/10.37514/INT-B.2021.1404.2.11.

Olaizola, A. (2011). El ensayo como herramienta en la enseñanza y el aprendizaje de la escritura académica. *Reflexión Académica, 16*, 61–66.

Oteíza, T. (2013). Recontextualización del pasado nacional reciente en los manuales escolares de historia. En E. I. Moyano (Coord.), *Aprender ciencias y humanidades: una cuestión de lectura y escritura. La mediación del lenguaje escrito y otros sistemas semióticos en la enseñanza y el aprendizaje de las ciencias en la escuela.* (pp. 367–398). Universidad Nacional de General Sarmiento.

Oteíza, T. & Achugar, M. (2018). History textbooks and the construction of dictatorship. En E. Fuchs & A. Boch (Eds.), *Palgrave Handbook of Textbooks Studies* (pp. 305–318). Palgrave. https://doi.org/10.1057/978-1-137-53142-1.

Parodi, G. Julio & C. Vazquez-Rocca, L. (2016). Los géneros del Corpus PUCV-UCSC–2013 del discurso académico de la economía: el caso del Informe de Política Monetaria. *Revista Latinoamericana de Estudios del Discurso, 15*(2), 179–200.

Parodi, G., Boudon, E. & Julio, C. (2014). La organización retórica del género Manual de Economía: un discurso en tránsito disciplinar. *RLA. Revista de lingüística teórica y aplicada, 52*(2), 133–163.

Quiroz, B. (2014). *Conectores/conjunciones estructurales en español*. Proyecto VRI.

Rodríguez Ávila, Y. (2007). El ensayo académico: algunos apuntes para su estudio. *Sapiens. Revista Universitaria de Investigación, 8*(1), 147–159.

Rose, D. & Martin, J. R. (2012). *Learning to write, Reading to learn*. Equinox.

Rothery, J. (1994). *Exploring literacy in schools in English. Write it Right resources for literacy and learning*. Metropolitan East Disadvantaged School Programs.

Russell, D. & Yañez, A. (2002). Teoría de la actividad histórico-cultural vygotskiana y la teoría del sistema de géneros: Una síntesis sobre la escritura en la educación formal y la escritura en otras prácticas sociales. *Entre Lenguas, 8*(1), 67–82.

Russell, D. R. 2010. Writing in multiple contexts. Vygotskian CHAT meets the phenomenology of genre. En C. Bazerman, R. Krut, K. Lunsford, S. McLeod, S. Null, P. Rogers & A. Stansell (Eds.), *Traditions of writing research* (pp. 353–364). Routledge. https://doi.org/10.4324/9780203892329.

Street, B. (2004). Los Nuevos Estudios de Literacidad. En V. Zavala, M. Niño-Murcia & P. Ames (Eds.), *Escritura y sociedad: nuevas perspectivas teóricas y etnográficas* (pp. 81–108). Red para el Desarrollo de las Ciencias Sociales en el Perú.

Trimbur, J. (1990). Essayist literacy and the rhetoric of deproduction. *Rhetoric Review, 9*(1), 72–86.

Venegas, R., Meza Guzmán, P. & Martínez-Hincapié, J. D. (2013). Procedimientos discursivos en la atribución del conocimiento en tesis de lingüística y filosofía en dos niveles académicos. *RLA. Revista de lingüística teórica y aplicada, 51*(1), 153–179. https://doi.org/10.4067/s0718-48832013000100008.

Vidal Lizama, M. (2020). Aproximación al ensayo académico como género de formación en Ciencias Sociales: el caso de Sociología. *DELTA, 36*(4), 1–26. https://doi.org/10.1590/1678-460x2020360405.

Vygotsky, L. S. (1987). Thinking and speech. En R.W. Rieber & A.S. Carton (Eds.), *The collected works of L.S. Vygotsky, Volume 1: Problems of general psychology* (pp. 39–285). Plenum Press.

Zavala, V. (2011). La escritura académica y la agencia de los sujetos. *Cuadernos Comillas, 1*, 52- 66.

Zunino, C. & Muraca, M. (2012). El ensayo académico. En L. Natale (Ed.), *En carrera: escritura y lectura de textos académicos y profesionales.* (pp. 61–78). Universidad Nacional de General Sarmiento.

8 Integración de Fuentes Digitales en Textos Académicos: Estrategias de Acompañamiento de Tutores de Escritura

Karen S. López-Gil
UNIVERSIDAD DEL VALLE, COLOMBIA

Resumen

Este capítulo tiene como objetivo caracterizar las estrategias que usan los tutores de un centro de escritura para orientar a estudiantes universitarios en la incorporación de fuentes de información digital en sus textos académicos. Se planteó un estudio descriptivo, de corte cualitativo, en el que se emplearon como instrumentos de recolección de información un formato de registro de tutorías que se diligencia en cada sesión en el centro y una entrevista semiestructurada dirigida a los tutores. Se usó la técnica de análisis de contenido semiinductivo para el procesamiento de los datos. Entre los hallazgos se encontró que la mayoría de los estudiantes incorpora fuentes digitales en sus textos y su principal criterio de selección es la relación directa con el tema. El parafraseo es el mecanismo más empleado para la integración de las fuentes. Al respecto, los tutores identifican necesidades de los tutorados en relación con la confiabilidad de la información que retoman de internet, la pertinencia de las citas en el desarrollo de los textos y los formatos de citación. Para atender estos problemas, los tutores ponen en marcha estrategias diferenciadas, como las preguntas abiertas y explicaciones para ayudar a identificar los criterios de evaluación de las fuentes y propósitos de las citas, o el análisis de ejemplos, el modelado y la remisión a recursos educativos en el caso de problemas con los formatos de citación. Estos resultados motivan a continuar fortaleciendo los procesos de formación de tutores en relación con la alfabetización informacional, la intertextualidad y la citación, aspectos centrales en la escritura académica actual.

DOI: https://doi.org/10.37514/INT-B.2023.1749.2.08

Abstract

This chapter aims to characterize the strategies used by the tutors of a writing center to guide university students in the integration of digital information sources in their academic writing. A qualitative descriptive study was carried out with two information collection instruments: a tutorial record that is filled out in each session at the center and a semi-structured interview with tutors. The semi-inductive content analysis technique was used for data processing. It was found that most of the students include digital sources in their texts and the direct relationship with the topic is their main criteria for selecting information. Paraphrasing is the most used method for integrating sources. In this regard, tutors identify students' needs in relation to the reliability of the information they obtain on the internet, the relevance of their citations in the development of their writing, and citation formats. To address these problems, tutors implement differentiated strategies. These include open-ended questions and explanations to help identify the criteria for evaluating sources and the purpose of citations. Other strategies include an analysis of examples, modeling, and referral to educational resources where there are problems with citation formats. These results motivate us to continue strengthening the tutor training processes in relation to information literacy, intertextuality and citation, main aspects of current academic writing.

El uso adecuado de la información es uno de los principales retos que enfrenta la denominada *sociedad del conocimiento*. El desarrollo tecnológico ha facilitado el acceso a una cantidad casi ilimitada de fuentes en la red, con grados de confiabilidad muy variables (Comas & Sureda, 2007; Egaña, 2012). Particularmente, en el contexto universitario se espera que los estudiantes sean competentes en la búsqueda, selección y evaluación de fuentes fiables de información, así como en su integración en los textos académicos (Castelló, 2009; Ochoa & Cueva Lobelle, 2014).

El trabajo con fuentes digitales ha sido estudiado desde distintos campos y disciplinas, particularmente desde la comunicación, las ciencias de la información y las ciencias del lenguaje (Buschman, 2009). En perspectivas como los nuevos estudios de literacidad, se ha puesto la atención en las transformaciones que el desarrollo tecnológico ha generado en las prácticas de lectura y de escritura. Este giro ha dado lugar a una serie de estudios sobre literacidades digitales que, desde una mirada sociocultural, analizan estos cambios a la luz de la interacción entre los sujetos, los textos, los contextos, los medios y las mediaciones (Lankshear & Knobel, 2011; Mills, 2010).

La visión desde una perspectiva sociocultural es de gran importancia en la formación de profesionales y ciudadanos competentes en el manejo de la información, debido a que, más allá de entrenar a las personas en habilidades básicas para desenvolverse en medios digitales, se busca favorecer la construcción de prácticas letradas críticas y reflexivas en distintos contextos (Cassany, 2013). En estas prácticas confluyen múltiples factores, entre los que se encuentran las representaciones generales sobre la lectura y la escritura, las creencias sobre las características de las generaciones actuales (por ejemplo, su concepción como nativos digitales), las demandas y orientaciones de los docentes, las normativas institucionales en el caso del ámbito académico, etc. Prácticas como el *remix*, es decir, el ensamblaje creativo de objetos culturales (Johnson-Eilola & Selber, 2007) o la no determinación de la autoría son frecuentes en contextos digitales vernáculos, mientras que en los entornos escolares hay normativas estrictas respecto a los derechos de autor, y los sujetos deben poder identificar estas diferencias en cada ámbito y asumir posturas y acciones frente a ellas.

En la actualidad, las prácticas de escritura se han ampliado e involucran mucho más que los procesos tradicionalmente descritos por la psicología cognitiva (planeación, textualización y revisión), que han sido el fundamento de la acción pedagógica en un gran número de cursos introductorios de lengua y en el acompañamiento de varios centros de escritura (Kleinfeld, 2016). Los centros han ido extendiendo sus acompañamientos para favorecer, entre otros aspectos, la comprensión de las situaciones comunicativas que enmarcan los géneros discursivos, los recursos textuales que aportan a su construcción, así como los mecanismos específicos para establecer relaciones de intertextualidad. Estos mecanismos son esenciales en la escritura académica, pues el texto se entreteje a partir del diálogo que se establece entre los planteamientos del autor (voz propia) y las ideas de otros referentes de la cultura (voces ajenas), lo que se expresa mediante estrategias formales de citación (Aguilar y Fregoso, 2013). En ese sentido, los escritores deben explicitar las relaciones que establecen con otros textos, no solo por el respeto a los derechos de autor y a los principios de integridad académica, sino principalmente por el potencial que tiene la intertextualidad para transformar el conocimiento y favorecer la gestión de una voz propia (Bazerman, 2004; Carlino, 2003; Fahler *et al.*, 2019). Para ello, es condición indispensable que los autores seleccionen fuentes de información confiables y pertinentes. Pero, por supuesto, distinguir qué es confiable y qué es pertinente en el contexto académico (y en cada disciplina) es, con frecuencia, una tarea compleja que ni los estudiantes novatos están preparados para enfrentar, ni suele recibir apoyos u orientaciones claras por parte de los docentes.

Es común que los estudiantes acudan a fuentes digitales de información para llevar a cabo sus trabajos de escritura. Esto puede representar algunos desafíos, pues Internet contiene gran cantidad de información que no necesariamente se adecúa a los estándares académicos (Howard *et al*, 2010). De igual manera, los estudiantes pueden privilegiar en sus búsquedas la relación directa con el tema más que la confiabilidad de la información (Burton & Chadwick, 2000; Perelman *et al.*, 2009). Distintos estudios han evidenciado también que la disponibilidad de los textos en línea facilita prácticas como el ciberplagio (Comas & Sureda, 2007; Egaña, 2012), pues a solo un clic una persona puede retomar información de otra fuente y llevarla directamente a su propio texto, sin atribuir los créditos de autoría. Por otra parte, investigaciones conducidas por un grupo de investigación estadounidense conocido como *The Citation Project* han mostrado que el internet no es necesariamente responsable de la falta de orientación de los estudiantes en esta materia. En efecto, estos suelen tener tantas dificultades para distinguir fuentes apropiadas en textos digitales como en textos impresos (Jamieson, 2017).

En ese sentido, los centros de escritura tienen un importante rol en el acompañamiento de los estudiantes en la selección, evaluación e integración de fuentes. No acompañar la literacidad informacional supondría desconocer las necesidades reales de los usuarios (DeVoss, 2000). Al respecto, Kleinfeld (2016) plantea que alrededor del 40% de las consultas en el centro de escritura de la *Metropolitan State University of Denver* son sobre este tema.

La presente investigación se desarrolló en un centro de escritura ubicado en una universidad privada regional de la ciudad de Cali, con alrededor de 8000 estudiantes de pregrado. El centro está constituido por una directora, una coordinadora académica y en promedio 15 tutores. Los tutores son estudiantes de distintas carreras de pregrado que se destacan por sus competencias de escritura y de interacción. Son recomendados por profesores de distintas áreas y luego son formados específicamente para asumir el rol de acompañamiento tutorial a través de un curso ofrecido por el centro, con un semestre de duración. Su formación continúa a lo largo de su carrera como tutores con espacios de capacitaciones mensuales, asesorías por parte de la directora y coordinadora, procesos de autogestión del conocimiento (creación de recursos, escritura de ponencias y artículos), entre otros.

A pesar de que el centro cuenta con varios servicios, el que tiene mayor demanda es el de tutoría individual o grupal. La tutoría consiste en una conversación colaborativa entre un tutor y un tutorado alrededor de un texto, en cualquier fase del proceso de escritura, y tiene como propósito mejorar las competencias del escritor (Molina, 2016). Cerca de la mitad de sus usuarios son estudiantes de primeros semestres que están iniciando su integración a las prácticas propias del contexto académico.

Reconociendo el papel de las fuentes digitales en la escritura académica y las demandas de los usuarios frente a los mecanismos de citación, esta investigación buscó caracterizar los modos en que los tutores orientan a los estudiantes en la incorporación de estas fuentes digitales en los textos académicos. Para ello se plantearon tres preguntas que guiaron el estudio: ¿Cómo integran los estudiantes las fuentes de información digital en los textos?, ¿cuáles son sus principales necesidades al usar información digital en los textos académicos? y ¿qué estrategias usan los tutores para ayudarlos a atender estas necesidades?

Esta investigación pretende generar resultados que, además de fortalecer las acciones y servicios de los centros de escritura, logren documentar y sistematizar sus prácticas cotidianas para contribuir a la caracterización y teorización sobre el trabajo en los centros de escritura de América Latina, considerando que gran parte de la bibliografía sobre estrategias de tutoría está publicada en el contexto norteamericano. De acuerdo con Hall (2017), plantear investigaciones que permitan analizar lo que sucede cotidianamente en los centros, sus prácticas y discursos es indispensable para lograr la mejora de los servicios y avanzar en la construcción del conocimiento en este campo. De igual manera, la producción sobre centros de escritura debe trascender la narrativa de la experiencia y plantear diseños de investigación rigurosos basados en la evidencia, que sirvan como referente para centros que quieran desarrollar propuestas similares (Driscoll & Perdue, 2012; Thompson *et al.*, 2009).

Metodología

Se planteó un estudio descriptivo, de corte cualitativo, que buscó identificar las estrategias usadas por los tutores para orientar a los estudiantes universitarios en el uso de información en sus textos. La investigación se llevó a cabo durante el año 2017 (dos semestres o periodos académicos en Colombia). Aunque en el estudio predominaron técnicas de análisis cualitativo, también se retomaron datos cuantitativos provenientes de los registros estadísticos del centro.

Para responder a las preguntas de investigación, se plantearon tres objetivos específicos:

- Identificar los criterios de búsqueda y selección de información y los modos de integración de fuentes digitales de los estudiantes que asisten al centro de escritura.
- Describir las necesidades de los tutorados al integrar información digital en sus textos académicos.
- Identificar las estrategias que usan los tutores del centro de escritura para ayudar a los tutorados a atender sus necesidades de integración de fuentes digitales.

Se plantearon dos instrumentos de recolección de información: el formato de registro de tutorías que se diligencia en cada sesión en el centro y una entrevista semiestructurada dirigida a los tutores.

El formato de registro es un texto cotidiano que circula en el centro, en el que se incluyen preguntas sobre el tutorado, su proceso de escritura y su texto. Particularmente, en la investigación se retomaron las preguntas relacionadas con la información básica de los usuarios (carrera, ubicación semestral), la consigna de escritura o requerimiento de texto, las características del proceso de escritura llevado a cabo y las características del texto que se acompañó durante la tutoría. Entre estas últimas se situaban preguntas relacionadas específicamente con el uso de fuentes digitales: si se había hecho uso de estas, de dónde se habían obtenido y qué criterios se habían considerado para su selección. De igual manera, se tuvieron en cuenta los comentarios cualitativos que los tutores registraron al final de cada sesión para identificar si se mencionaban aspectos relacionados con el uso e integración de información digital en los textos. Se revisaron 1154 registros, correspondientes a la cantidad de tutorías desarrolladas en el año 2017.

El segundo instrumento fue una entrevista semiestructurada aplicada a los tutores, que incluyó alrededor de 10 preguntas sobre las necesidades de uso de información de los estudiantes y las estrategias que usan los tutores para ayudar a resolverlas. La entrevista se diseñó y aplicó después de hacer los análisis del formato de registro, pues estos resultados se usaron como insumo para establecer el diálogo con los tutores. Se desarrollaron entrevistas individuales con los 15 tutores que hacían parte del equipo del centro en el año que se llevó a cabo la investigación, con una duración promedio de 35 minutos cada una.

Tanto los comentarios del registro como las respuestas de las entrevistas se procesaron a través de la técnica de análisis de contenido cualitativo, con apoyo del software Atlas.Ti 8.0. El análisis de contenido usa indicadores para interpretar los mensajes producidos en determinados contextos sociales (Ballesteros & Mata, 2014; Bardin, 1996). En ese sentido, se llevó a cabo un análisis semiinductivo en el que, primero, se determinó el objeto a partir de las categorías derivadas de los objetivos específicos de investigación: integración de fuentes, necesidades en el uso de información por parte de los estudiantes y acompañamiento de los tutores. Posteriormente, se hizo la codificación de los comentarios del registro y de transcripciones parciales de las entrevistas, identificando las categorías planteadas y estableciendo subcategorías que emergieron en el proceso de análisis. Una vez establecidas las reglas de codificación y el sistema de categorías y subcategorías, se comprobó su fiabilidad a partir de la comparación de análisis independientes establecidos por dos investigadoras. Finalmente, se hicieron inferencias sobre los hallazgos a la luz del marco teórico de referencia y de los antecedentes investigativos consultados. En los resultados se retoman algunas citas representativas de cada categoría para ejemplificar las respuestas de los tutores, identificados con la letra T y un número entre 1 y 15 (ejemplo: T6 = Tutor 6).

Resultados

Como se indicó, los resultados se organizaron en tres categorías, orientadas a responder a los objetivos específicos de la investigación. La primera categoría retoma la información recolectada a través del formato de registro de tutorías y se centra en prácticas de integración de fuentes digitales, con tres subcategorías que se apoyan en los estándares de la Federación Internacional de Asociaciones de Bibliotecarios y Bibliotecas -IFLA (Lau, 2008)

La segunda y la tercera categoría incluyen información de las entrevistas a los tutores, con subcategorías que emergieron del análisis de contenido. La Figura 8.1 muestra la organización de las categorías y subcategorías.

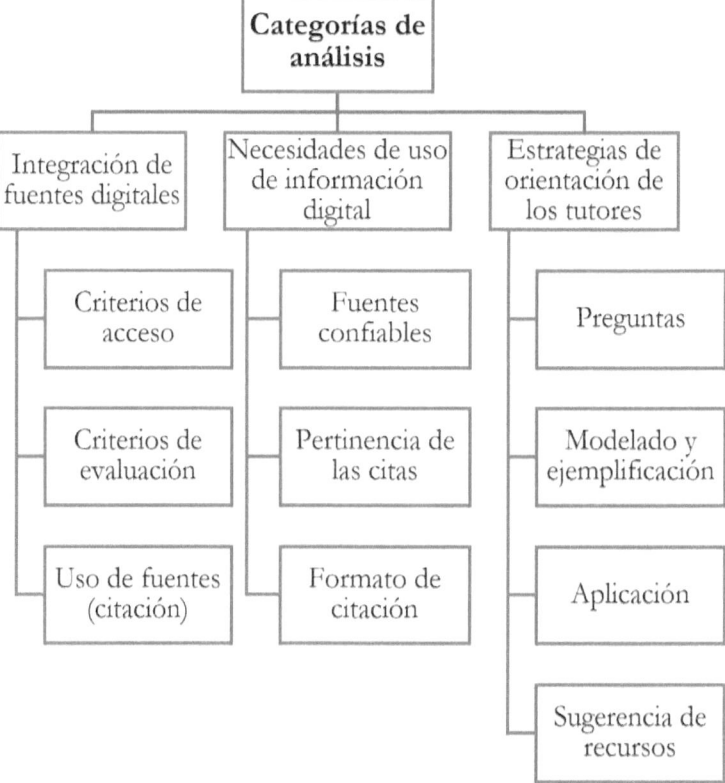

Figura 8.1. Categorías de análisis. Elaboración propia.

Integración de Fuentes Digitales en los Textos Académicos

Esta primera categoría retoma información del formulario de registro que se aplicó en las 1154 sesiones de tutoría del centro en el 2017. A partir de las respuestas se cuantificaron elementos relacionados con los criterios de acceso y evaluación de fuentes, así como los tipos de citas más frecuentes en los textos de los tutorados.

Respecto a los criterios de acceso, alrededor del 95% de los estudiantes que asisten al centro usa por lo menos una fuente digital de apoyo y, en promedio, se usan 4.5 fuentes en la construcción de textos académicos.

En el formato de registro, se evidencia que más de la mitad de las fuentes que usan los estudiantes han sido buscadas autónomamente en la web y, en menor medida, sugeridas por el profesor. También se evidencia que un número menor de textos no se apoya en ninguna fuente (Figura 8.2).

Al preguntar a los tutorados dónde buscaron las fuentes digitales, 98% indica que hizo la búsqueda en Google; 32%, buscó además, en Google Académico; 13% en bases de datos especializadas; y 6% no recuerdan en dónde buscaron.

El criterio que predomina en la evaluación de las fuentes es el de la relación con el tema (78%), seguido del reconocimiento del autor o autores (23%), el respaldo institucional (15%) o características del formato como la terminación de la URL, la ausencia de publicidad en la página web o el tipo de archivo (13%). Wikipedia es una fuente que se usa con frecuencia, debido a que los estudiantes encuentran allí respuestas específicas a sus necesidades, así como información clara y comprensible para ellos. Estos resultados coinciden con Perelman *et al.* (2008) y Ruiz Bejarano (2016), quienes encuentran que la pertinencia es el principal criterio para la selección de la fuente, por encima de la confiabilidad.

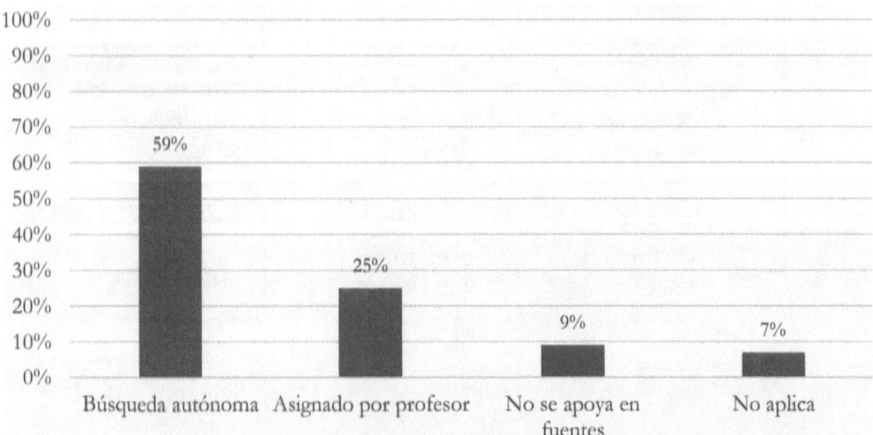

Figura 8.2. Obtención de fuentes de información digital por parte de los tutorados. Elaboración propia.

Integración de Fuentes Digitales en Textos Académicos

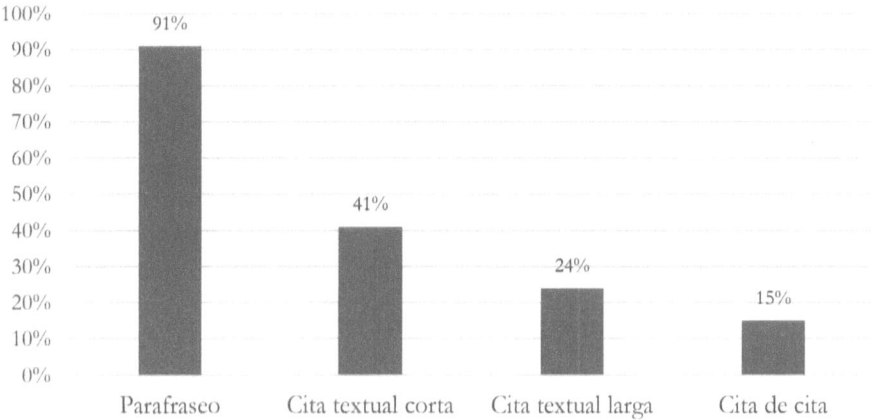

Figura 8.3. Tipos de citas identificadas en los textos. Elaboración propia.

En cuanto a los mecanismos para integrar la información, en los registros se reporta como más frecuente el parafraseo, observado en el 91% de los textos orientados en el centro (Figura 8.3). En el formato de registro se podía marcar más de una opción, debido a que en los textos pueden aparecer distintos tipos de citas. En las entrevistas, los tutores indicaron que posiblemente la cifra de parafraseos identificados es superior a lo que realmente debería ser, pues en muchos casos se presentan errores en la aplicación del formato de citación (por ejemplo, los estudiantes pueden omitir las comillas en las citas textuales cortas) y esto dificulta que se puedan clasificar las citas adecuadamente.

Necesidades de Integración de las Fuentes Digitales en los Textos Académicos

Esta categoría se refiere a las necesidades o problemas que los tutores identifican en la integración de fuentes digitales de los tutorados en sus textos académicos. Los datos de esta categoría se obtuvieron mediante las entrevistas a los tutores del centro.

De acuerdo con las respuestas de los tutores, las principales necesidades que los estudiantes presentan respecto al uso de la información son tres: el uso de fuentes de información confiables (8 respuestas), la inclusión de citas pertinentes (10 respuestas) y la rigurosidad en la aplicación de un estilo de citas y referencias (14 respuestas).

En relación con el uso de fuentes de información, los tutores indican que estas fuentes suelen ser poco especializadas, que los estudiantes no aplican criterios de evaluación enfocados en la confiabilidad de la información, ni hacen uso de bases de datos electrónicas:

T6: "En la mayoría de los textos el error más frecuente es que los estudiantes no incluyen fuentes confiables. Se basan en Wikipedia, blogs y otras páginas que no son de autores expertos."

T12: "Uno de los principales problemas es el uso de fuentes no válidas, como *Blogspot* o portales que no cumplen con los requisitos de una fuente fiable. Los chicos se centran en sus necesidades de información, pero no les importa la calidad de lo que consultan."

T15: "Muchos estudiantes no conocen criterios de valoración de las fuentes que encuentran en la web abierta, tampoco conocen la web oculta, entre la que están las bases de datos con las que cuenta la universidad."

El segundo problema, destacado por los tutores como el más inquietante, es que pocos estudiantes identifican la pertinencia de las citas o se preocupan por establecer diálogos entre los distintos autores o con sus propias ideas. De esta manera, las citas no articulan con el resto del texto o aparecen citas muy extensas. Por otra parte, algunos estudiantes no citan información que es puntual y requiere apoyarse en fuentes:

T4: "No citan la información porque lo justifican con que es de 'sentido común' y que, a pesar de que lo hayan leído en varios textos, ellos ya lo sabían. O creen que porque lo encontraron en Internet no tiene que citarse y que es público. Pero esto afecta mucho la validez de sus textos, porque todo parece juicio de valor. Además, cuando sí usan las citas parece que usaran un 'pegote de citas' y no que construyeran párrafos reales."

T7: ". . . hay poco diálogo entre los diferentes autores citados . . . los estudiantes se limitan a repetir lo que otros dicen y a organizarlo medianamente, pero no hay articulación real. Esto se facilita porque copian y pegan los fragmentos de Internet sin elaboración."

T11: ". . . también observo exceso de citas en el texto, tanto parafraseadas como textuales, tanto que la producción de ellos ni se observa."

Los tutores afirman que esta situación se presenta principalmente en los escritos de estudiantes de primeros semestres. En el ingreso a la universidad es frecuente que haya inquietudes respecto a las formas de intertextualidad, pues este es un proceso que requiere formación e implica la familiarización con prácticas discursivas específicas de las disciplinas, la comprensión de los referentes y la construcción de una voz propia (Bazerman, 2004), aspectos que rara vez se logran en los primeros intentos de escritura académica.

Para los tutores, la falta de articulación entre las voces retomadas de las fuentes digitales, incluso de las impresas, es el principal problema identificado, no solo por sus implicancias en la construcción del texto o por la imposibilidad de lograr la función epistémica, sino también porque es el más difícil de reconocer por parte de los estudiantes, ya que ellos no suelen percibirlo como una necesidad y se deben desplegar una serie de estrategias para lograr su identificación, reflexiones coincidentes con los planteamientos de Kleinfeld (2016).

Finalmente, los tutores identifican necesidades relacionadas con los formatos de citas y referencias:

> T1: "Muchos estudiantes no conocen las normas para citas y referencias, ni conocen recursos *online* que les faciliten esta labor."

> T4: "... no seguir las normas para citas y referencias, se da sobre todo en el parafraseo. Muchos no marcan los parafraseos porque consideran que al cambiar un poco la redacción ya el texto es propio y no es necesario indicar de dónde se tomó la idea. A veces incluyen citas textuales largas que parecen parafraseos. Es difícil para nosotros como tutores saber si la citación es correcta, porque no conocemos los textos originales. Nos guiamos por aspectos como el estilo de redacción, pero esto no es tan preciso."

> T10: "El principal problema es no seguir las normas para citas y referencias adecuadamente. Incluso los estudiantes de semestres superiores y de carreras de humanidades y ciencias sociales suelen citar y referenciar mal, aunque en estas carreras se hace mucho énfasis en el uso de las normas APA."

> T14: "No conocen las normas de su disciplina, mezclan estilos de citación, omiten datos importantes, se les pasan las comillas, no usan programas antiplagio, etc.."

Desde la percepción de los tutores, los problemas de formato son los que requieren menos atención, pues es una destreza más mecánica en la que los estudiantes pueden avanzar con algunas orientaciones y recursos. Sin embargo, este es el principal motivo de consulta en el centro, es decir, es la necesidad más sentida por los usuarios.

En esta categoría, se identificaron también algunas hipótesis sobre las posibles causas de los problemas que enfrentan los tutorados. De acuerdo con los tutores, en muchos casos la universidad exige a los estudiantes el uso de fuentes, pero no se ofrecen suficientes orientaciones al respecto. En los primeros semestres, los estudiantes no están tan familiarizados con las características de los textos académicos y científicos, pues no es una demanda frecuente en educación secundaria. Asimismo, los tutores identifican que pocos estudiantes llevan a cabo procesos rigurosos de planeación y de revisión y, en general, perciben la citación como un proceso ajeno a la escritura:

> T1: "Esto puede deberse principalmente a la poca capacitación que los docentes hacen sobre estos temas de búsqueda de información durante las clases, ya dan por sentado que el estudiante tiene que hacerlo. Muchas veces tampoco hacen explícita la necesidad de que los textos académicos se apoyen en fuentes para respaldar las ideas y mucho menos les dan pautas para encontrar fuentes confiables."

> T2: ". . . la falta de articulación en muchas ocasiones se debe a que el profesor pide que usen determinado número de fuentes, pero los estudiantes no las consideran realmente necesarias en sus textos."

> T3: "Los estudiantes no ven la importancia que tienen los textos científicos o los textos académicos, no los leen y por eso no reconocen sus características, ni su estructura, no saben dónde encontrarlos . . . por ello también les queda más fácil citar un video de YouTube o una entrada de un blog."

> T5: "Se está acostumbrado a tomar ideas de otros sin citarlas, así se evitan los problemas con el formato. La norma de citación y referenciación no se ve como un proceso propio de la escritura y de la organización del pensamiento, sino como algo ajeno y, además, doloroso y aburrido."

> T6: "Puede que estos problemas se deban a una incorrecta planeación para escribir un texto. También a la falta de conocimiento de fuentes de peso, o a que ignoran la información acerca de la construcción de citas y referencias."

T9: "En los parafraseos, creo que se deben a una costumbre propia de la estancia en el bachillerato; traducir o reinterpretar ideas sin considerar o sin contar con la importancia de dar el crédito al material intelectual. También, el uso de fuentes no válidas a un hábito adquirido durante el colegio, donde se enviaban tareas de investigación muy superficiales, que no se especificaba el papel del estudiante en la elaboración de la información."

Estrategias de los Tutores para Orientar la Integración de Fuentes Digitales en los Textos Académicos

Esta categoría retoma información derivada de la entrevista a los tutores. Las estrategias se refieren a las acciones de acompañamiento que ponen en marcha los tutores durante las sesiones de tutoría para ayudar a los usuarios a fortalecer sus competencias de escritura. Como se verá a continuación, las estrategias dependen del tipo de problema identificado (detallados en el apartado anterior).

La Tabla 8.1 evidencia las acciones que se llevan a cabo cuando los tutores identifican que un estudiante ha usado fuentes de información poco confiables.

Según las respuestas de los tutores, es indispensable que el estudiante entienda, más que el procedimiento, el sentido que tiene evaluar las fuentes y seleccionarlas adecuadamente, pues esta comprensión será la que aporte al fortalecimiento de sus competencias como escritor:

T5: "Les presento las bases de datos con las que contamos y, en varias ocasiones, busco con ellos información confiable en estas bases y les enseño cómo incluir las ideas en su texto. De manera que lo que siempre hago es explicar el para qué, muestro el cómo y luego intento que lo apliquemos en el texto. Pero ellos deben tener claro para qué lo estamos haciendo, porque esto les permitirá transformar sus procesos de escritura."

T7: "Indago por sus criterios, normalmente ellos no pueden explicarlos o allí se dan cuenta de que algo se puede mejorar. Entonces, cuando le encuentran el sentido, les explico los criterios o les ayudo a hacer las búsquedas, y es allí donde se da el aprendizaje."

Cuando los tutores identifican que los estudiantes no articulan adecuadamente las fuentes en sus textos, las estrategias más frecuentes son (Tabla 8.2):

Tabla 8.1. Estrategias para Orientar la Búsqueda de Fuentes Confiables

Estrategias	Frecuencia
Preguntar por los criterios de selección de fuentes y generar reflexiones sobre cómo se llevó a cabo la búsqueda.	11
Explicar de forma directa criterios de evaluación de fuentes confiables. En general, se centran en aspectos como el grado de autoridad del autor o autores, el respaldo institucional, el medio en el que se publica (revista, casa editorial), características del texto (ordenado, claro, con citas y referencias), la terminación de la URL (.edu, .org), la fecha de publicación o actualización.	9
Modelar el proceso de búsqueda paso a paso en bases de datos. Se establecen las palabras claves y se lleva a cabo la búsqueda y evaluación de fuentes en bases de datos abiertas (Redalyc, Dialnet, Scielo, BioMed, DOAJ...) y en bases de datos de acceso restringido (EBSCO, ProQuest, Jstor, Science Direct, Scopus...)	7
Aplicación supervisada y aclaración de inquietudes. Una vez se ha mostrado al estudiante el proceso de búsqueda, se le pide que lleve a cabo los mismos pasos, con el acompañamiento del tutor.	7

Tabla 8.2. Estrategias para Orientar la Articulación y Pertinencia de las Citas

Estrategias	Frecuencia
Preguntar por el propósito de la cita, con requerimientos de aclaración como "¿Cuál es el papel de esta cita?, ¿qué idea tuya querías apoyar con este parafraseo?..."	13
Explicar los usos de las citas y algunas recomendaciones para lograr una articulación adecuada entre las ideas (planeación rigurosa, uso de conectores y marcadores discursivos, ubicación de la cita dentro del párrafo, comentar la cita...).	12
Mostrar ejemplos de citas en textos académicos o científicos para identificar mecanismos de articulación.	5
Contrastar las citas con la planeación del texto (si esta existe) y verificar si cumplen su propósito.	4

Las dos primeras estrategias, usadas por casi todos los tutores, se centran de nuevo en la comprensión del sentido y posteriormente en aspectos más específicos del procedimiento. En este caso, se observa también que los tutores le dan gran importancia a identificar si las citas ayudan a cumplir el propósito retórico del texto:

> T2: "Identificar la idea central del párrafo y analizar si la cita que usaron apoya esa idea, de no ser así, la cita no es necesaria o se puede ubicar en otra parte del texto."

Tabla 8.3. Estrategias para Orientar sobre el Uso
Correcto de los Formatos de Citación.

Estrategias	Frecuencia
Explicar las normas de citación, las características de formato en cada tipo de cita y las referencias de las principales fuentes (libro, capítulo de libro, artículo, página web).	11
Dar a conocer manuales sobre estilos de citación (APA, IEEE, Vancouver).	11
Ajustar uno o dos elementos de citación y pedir a los tutorados que continúen con los ajustes en las otras partes del texto.	8
Preguntar a los tutorados por sus conocimientos sobre las normas o si identifican algún error en ciertas partes del texto.	8
Mostrar ejemplos en textos académicos para que puedan identificar los formatos correctos de acuerdo con la norma utilizada.	7
Explicar el uso de herramientas (gestores como Mendeley o recursos como Cite this for me) y la generación de referencias en bases de datos electrónicas.	4

T3: "... Indicar la importancia de los elementos de una cita, la razón de ser de citar y preguntar por qué se puso esa cita y si apoya o no a la tesis o idea central planteada, es decir, que el tutorado reconozca la función de la cita dentro del texto y su incidencia en los posibles lectores."

T11: "... explicarles que lo que verdaderamente importa es que ellos hagan el ejercicio de escribir, que las citas son el apoyo a eso que tienen que decir, que quieren comunicar a los lectores. A la vez, que observen la relación entre las citas de los autores, para poderlas sintetizar."

Por otra parte, la Tabla 8.3 muestra las estrategias utilizadas por los tutores cuando el problema identificado es el ajuste a los formatos de citación.

Para ayudar a resolver este problema, los tutores se centran en estrategias procedimentales basadas en la demostración y la aplicación:

T4: "... Hacemos diferentes ejercicios que permitan identificar los elementos claves de la norma como identificar fuentes confiables, la diferencia entre citas y referencias y la diferencia entre citas parafraseadas y literales.... La organización de las referencias se puede hacer un poco más de forma mecánica y para eso recomiendo los recursos en línea disponibles en nuestra página."

T7: "...mostrar los recursos que tenemos en la página web sobre normas de referencia y a partir de este les enseño cómo citar y referenciar."

T9: "Personalmente, suelo utilizar el recurso del centro de escritura sobre normas APA para explicarles las reglas generales de las normas de escritura y darles ejemplos concretos de la manera en que deben citar y referenciar. Además, les recomiendo que siempre que están escribiendo tengan este formato a la mano, para que el proceso de citación sea apropiado desde el comienzo."

En relación con las estrategias descritas, se evidencia que, para atender las necesidades de uso de fuentes confiables y articulación de las citas, los tutores inician con acciones de intervención indirecta como preguntas y solicitudes de aclaración a los tutorados para que ellos mismos identifiquen las posibles acciones; luego se centran en estrategias directas como explicaciones, modelados y ejemplos. Este abordaje es similar al propuesto por Gillispie y Lerner (2003) en el manejo de errores en los textos. Por otra parte, las estrategias para trabajar con problemas en los formatos de citación son directas desde el inicio, pues este aspecto es percibido por los tutores como "mecánico" y de fácil resolución.

Una acción mencionada por los tutores más experimentados como elemento transversal es la negociación de la agenda en los primeros minutos de tutoría. Esto se debe a que, en general, los tutorados expresan sus necesidades de trabajar en los formatos de citación, pero no identifican otros aspectos en los que se requiere ajustes; por ejemplo, la calidad de las fuentes digitales usadas o la articulación de las voces. Indicar a los tutorados que posiblemente aparezcan otros aspectos facilita una mayor apertura en el momento de identificar los problemas del texto (Kleinfeld, 2016). En relación con este aspecto, T6 menciona: "El reto es lograr el equilibrio entre lo que el estudiante quiere, que es cumplir con las normas APA, y lo que el tutor ve que le falta al texto, que normalmente es la articulación de las ideas y la expresión del propio pensamiento con apoyo de otros textos fiables."

En esta categoría también se indagó por los recursos con los que cuentan los tutores para enfrentar en la tutoría situaciones relacionadas con la integración de fuentes digitales en los textos (Tabla 8.4). Los tutores destacan como principal estrategia la consulta de recursos educativos digitales; en este caso, los propuestos por el centro de escritura y en muchas ocasiones elaborados por ellos mismos o por otros tutores. Algunos de estos recursos están publicados abiertamente en la web, por lo que pueden ser recomendados como material de apoyo a los usuarios, y otros son de uso interno, como los manuales de consulta, diapositivas y ejercicios para talleres y tutorías.

Tabla 8.4. Herramientas y Recursos en los que se Apoyan los Tutores

Herramientas y recursos	Frecuencia
Consulta de recursos digitales del centro de escritura.	9
Procesos de formación propios del centro: curso de formación de tutores, capacitaciones mensuales y resolución de inquietudes en reuniones semanales.	8
Apoyo de compañeros experimentados y grupo de WhatsApp.	7
Uso de los propios conocimientos construidos, sus habilidades y experiencias como escritores y tutores.	5

También se menciona la formación recibida durante el curso de formación de tutores, pero sobre todo el proceso de capacitación continua que es requerido para el desarrollo del tutor a lo largo de su carrera en el centro.

T5: "... la formación recibida durante el curso del Centro de Escritura, necesario para ser tutor. Además, durante el proceso cuando ya se es tutor, las capacitaciones, el apoyo de compañeros que tienen más experticia en el tema, las diapositivas de normas, los manuales de las normas, los recursos que se tienen en las páginas."

T8: "Nosotros contamos con recursos en la página web, precisamente elaborados por tutores, de diferentes temáticas de escritura que son un gran insumo. Del mismo modo, tenemos mucha información en el Drive que es de gran utilidad en las tutorías como libros en PDF, presentaciones de talleres, entre otros. También, recibimos capacitaciones periódicas que nos ayudan en nuestra formación y que dan respuesta a nuestras necesidades. Finalmente, siempre están nuestros compañeros de hora, tutores, a los que les podemos hacer preguntas puntuales que no sepamos, y a la directora y coordinadora para situaciones complejas. El grupo de WhatsApp es un gran apoyo porque se resuelven problemas concretos en muy poco tiempo."

T14: "Los recursos creo que son de vital importancia para resolver estas inquietudes, no solo porque la información es confiable y sintética, sino que estos están a disposición de los estudiantes y así tienen la posibilidad de retomar ese material al momento de trabajar individualmente; así pueden recordar más fácilmente las recomendaciones hechas durante la tutoría. También, en mi caso, la experiencia que he ganado en el trabajo con fuentes al elaborar mi propia tesis."

Los tutores también comparten sus inquietudes con otros miembros del centro. Entre ellos se establecen dinámicas de colaboración que pueden llegar a constituir verdaderas comunidades de aprendizaje (Wenger, 2000), pues parten de sus propias necesidades e intereses, son espacios autogestionados y, en general, no requieren de la mediación de las coordinadoras. Para esto, los tutores antiguos o con mayor experiencia asesoran o apoyan a los tutores novatos. Las inquietudes se pueden compartir personalmente o con todo el equipo a través de un grupo de WhatsApp o del correo electrónico.

Por otra parte, cabe destacar que los tutores suelen tener experiencias importantes como escritores, pues este es uno de los requisitos para que puedan hacer el curso de formación en el centro. De esta manera, varios se apoyan en sus propias experiencias sobre búsqueda de fuentes confiables, integración de voces en los textos y conocimiento de estilos de citación para ayudar a los tutorados en el proceso de involucrar fuentes digitales en sus textos académicos. Al respecto, van Horne (2009) resalta que este trabajo implica una doble ganancia, puesto que, además de apoyar a los usuarios en la atención de sus necesidades, también aporta al tutor en la consolidación de sus propias competencias informacionales y escriturales.

Finalmente, los tutores hacen recomendaciones sobre cómo fortalecer estos procesos en los servicios del centro:

> T1: "Creo que un recurso interesante para la enseñanza de la citación sería diseñar juegos en línea que permitan a los estudiantes aprenderse las normas y estilos de citación de manera dinámica y divertida, pues las personas tienden a ver este tema como tedioso y difícil de aprender, y los recursos que hay son muy textuales y expositivos. Así podrían consultar en cualquier momento y se puede aprovechar la tutoría para trabajar en temas más profundos."

> T5: "Se puede hacer énfasis en herramientas para ayudar al estudiante a identificar la pertinencia de las citas mediante una rejilla o preguntas clave que el tutor pueda tener a la mano durante la sesión, preguntas que lleven a generar procesos de reconocimiento y de reflexión."

> T7: "Se podría enseñarnos cómo hacer caer en cuenta a los tutorados de que un texto académico tiene ciertos parámetros que lo hacen y lo conforman como tal; que existen unas reglas que logran que los textos sean publicados y veraces. También, sería de gran utilidad enseñar estrategias al tutor para que no se

sienta dando una clase, porque en estas tutorías sobre citación o búsqueda de información en internet a veces siento que somos muy directivos y nuestro principio debe ser la horizontalidad."

Los tutores sugieren el desarrollo de recursos que sean más dinámicos y permitan la gestión autónoma del aprendizaje tanto para tutores como para tutorados en cuanto a los formatos de citación, ya que la mayoría de los recursos digitales de los centros de escritura tienen un nivel de interacción muy bajo (López-Gil, 2016). En general, los tutores indican que requieren más estrategias para que su acompañamiento en la integración de fuentes digitales sea menos directivo y más parecido a las estrategias que usan en las tutorías que se centran en otros aspectos de la escritura y que se basan en principios de colaboración con los estudiantes.

Conclusiones

Este capítulo busca caracterizar las maneras como los tutores de un centro de escritura orientan a los estudiantes en la integración de fuentes digitales en los textos académicos. Se evidencia que las estrategias que usan los tutores varían de acuerdo con el tipo de problema que identifican. Como problemas más frecuentes, los tutores indicaron que los estudiantes usan fuentes de información poco confiables, incluyen citas que no se articulan de forma adecuada en el desarrollo del texto y son poco rigurosos en la aplicación de los formatos de citación. Esto puede deberse, en gran parte, a que las instituciones exigen el uso correcto de información, pero no suelen enfatizar en el sentido que tiene la inclusión de citas y referencias en los textos académicos (Jaramillo & Rincón, 2014). De forma complementaria, algunas investigaciones reportan resistencias activas de los estudiantes a citar fuentes académicas por la posible amenaza a sus voces e identidades (Ávila Reyes *et al.*, 2020; Zavala & Córdoba, 2010). Además, de acuerdo con los tutores, en muchos casos los estudiantes no están familiarizados con las características de los textos académicos y científicos, no suelen llevar a cabo procesos rigurosos de planeación ni de revisión y, en general, perciben la citación como ajena al proceso de escritura.

La principal estrategia de los tutores es ayudar a los tutorados a identificar el propósito de las citas, generalmente a través de preguntas abiertas y explicaciones, el análisis de ejemplos de citas bien articuladas y la revisión de la planeación. Si se usan fuentes poco confiables, los tutores se centran en la identificación de criterios de selección de fuentes en la web y acompañan a los estudiantes en la exploración de las bases de datos con las que cuenta la institución. Para resolver las inquietudes sobre formato de citación suele usarse la ejemplificación (mostrar una cita adecuada y pedir a los tutorados que ajusten el resto del documento), con apoyo de recursos digitales y materiales de consulta propios del centro.

Como puede evidenciarse, el centro de escritura puede aportar de manera efectiva a la atención de necesidades relacionadas con el uso de fuentes digitales y su integración en los textos académicos. Esto hace parte integral del proceso de escritura, pues, si no se usan fuentes confiables y no se establecen diálogos adecuados con ellas, el autor no podrá construir y transformar su conocimiento sobre el tema, lo que dificulta que la escritura cumpla su función epistémica. Un desafío importante es la negociación que se establece con los estudiantes, debido a que estos se suelen centrar en aspectos del estilo de citación y no en los rasgos de intertextualidad ni en la evaluación de la información, por lo que puede haber algo de resistencia a modificar el objetivo de la tutoría. En ese sentido, los tutores deben poner en juego estrategias discursivas que permitan persuadir a los tutorados y avanzar en el trabajo (Molina, 2017). En estos casos, se evidencia como ventaja la relación de confianza que suele generarse entre los participantes, pues tanto tutores como tutorados son estudiantes de pregrado y esto aporta a la constitución de un diálogo más simétrico y abierto, con más posibilidades de comprensión y flexibilización tanto de los propósitos como de los medios y recursos involucrados en la tutoría.

Desde hace más de dos décadas, se iniciaron reflexiones sobre el papel del centro de escritura en el trabajo con fuentes digitales, que era una tarea asignada normalmente al personal de la biblioteca. Al respecto, Clark (1995) plantea que los centros de escritura deben ser flexibles y adaptables y que, si el proceso de escritura se va transformando, también se transforman las necesidades de los usuarios y, por tanto, el acompañamiento que ofrecen los tutores del centro de escritura.

No obstante, para poder ofrecer estos acompañamientos es necesario que los tutores cuenten con una formación adecuada, para que el proceso sea más efectivo, basado en la evidencia y no solo en la intuición. Los principales manuales de formación para tutores en el contexto norteamericano incluyen breves menciones al proceso de tutoría en la era de la información (Fitzgerald, L. & Ianetta, 2016; Gillispie & Lerner, 2003; Ryan & Zimmelery, 2016), pero en español no se encuentran publicados manuales con estas características. De igual forma, más allá de la información que presentan los textos de apoyo, los tutores requieren de entrenamientos que les permitan reconocer las características de los procesos de intertextualidad y el uso de fuentes confiables, así como el despliegue de estrategias que les permitan ajustarse a cada situación comunicativa y género discursivo.

Los tutores, sobre todos los de mayor experiencia, insisten también en la necesidad de generar estrategias para que este proceso de acompañamiento sea más horizontal y atienda a los principios de colaboración que fundamentan la acción del centro. Para ello, se pueden elaborar recursos de apoyo como rejillas o guías de preguntas que puedan usarse durante la tutoría. Del mismo modo, los tutores pueden hacer ejercicios de identificación en sus propios textos y hacer simulaciones para practicar posibles alternativas que después puedan implementar con los tutorados (Kleinfeld, 2016). La generación de comunidades de aprendizaje al interior del centro o entre tutores de distintos centros puede ser otro aspecto que potencie la formación para mejorar las características de los acompañamientos.

Se debe considerar, además, que el trabajo con fuentes digitales requiere de procesos interdisciplinarios en las instituciones (Elmborg & Hook, 2005), que involucren a diversos actores. Por una parte, el trabajo con la biblioteca puede fortalecer los conocimientos de los tutores en aspectos como los criterios para buscar, seleccionar y evaluar fuentes de información, usar palabras clave y marcadores booleanos, navegar efectivamente en las bases de datos electrónicas, etc. La colaboración entre centros de escritura y bibliotecas ha sido ampliamente abordada en la literatura en el contexto norteamericano (Elmborg & Cook, 2005; Ferer, 2012; Sheidt *et al.*, 2016; Shields, 2014), señalando la efectividad que esta colaboración tiene para el aprendizaje de los estudiantes y la integración de esfuerzos en el marco institucional. Por otro lado, el trabajo con profesores de los cursos introductorios puede ayudar a establecer criterios compartidos sobre los tipos de fuentes que se espera que los estudiantes consulten y el grado de apropiación e integración que se espera tengan en los textos. Un trabajo similar puede llevarse a cabo con algunos profesores de cursos disciplinares y directores de trabajos de grado.

La articulación del trabajo de los centros de escritura con otras iniciativas institucionales como los programas de escritura es fundamental. Esta articulación puede iniciar con aspectos de fácil implementación como una comunicación adecuada entre las unidades, en la que se reconozcan los servicios que ofrece cada una. Posteriormente, se pueden establecer acuerdos sobre la visión del proceso de escritura apoyado en fuentes digitales y la construcción conjunta de criterios e instrumentos para que los estudiantes reciban orientaciones consistentes (Gamtso *et al.*, 2013).

Finalmente, es preciso que se lleven a cabo procesos de investigación en las prácticas cotidianas del centro y de programas piloto en los que se articulen las acciones de este con otras instancias de la universidad para el trabajo con fuentes digitales de información. A partir de esta documentación se pueden generar oportunidades de mejora en los servicios, formación pedagógica y actualización teórica en los centros de escritura.

Referencias

Aguilar, L. & Fregoso, G. (2013). La lectura de la polifonía e intertextualidad en el texto científico. *Revista Mexicana de Investigación Educativa, 18*(57), 413–435.

Ávila Reyes, N., Navarro, F. & Tapia Ladino, M. (2020). Identidad, voz y agencia: claves para una enseñanza inclusiva de la escritura en la universidad. *Education policy analysis archives, 28*(98), 1–26. https://doi.org/10.14507/epaa.28.4722.

Ballesteros, B. & Mata, P. (2014). *Investigación cualitativa en educación*. Editorial de la Universidad Nacional de Educación a Distancia.

Bardin, L. (1996). *Análisis de contenido.* (2da ed.). Ediciones Akal.

Bazerman, C. (2004). Intertextuality: How texts rely on other texts. In C. Bazerman & P. Prior (Eds.), *What writing does and how it does it: An introduction to analyzing texts and textual practices* (pp. 83–96). Lawrence Erlbaum Associates. https://doi.org/10.4324/9781410609526.

Burton, V. & Chadwick, S. (2000). Investigating the practices of student researchers: Patterns of use and criteria for use of internet and library sources. *Computers and Composition, 17*, 309–328. https://doi.org/10.1016/S8755-4615(00)00037-2.

Buschman, J. (2009). Information Literacy, "New" Literacies, and Literacy. *The Library Quarterly: Information, Community, Policy, 79*(1), 95–118. https://doi.org/10.1086/593375.

Carlino, P. (2003). Alfabetización académica: Un cambio necesario, algunas alternativas posibles. *Revista Educere, 6*(20), 409–420.

Cassany, D. (2013). *En línea: Leer y escribir en la red.* Anagrama.

Castelló, M. (2009). Aprender a escribir textos académicos: ¿Copistas, escribas, compiladores o escritores? En J. I. Pozo y M. P. Pérez Echeverría (Eds.), *La psicología del aprendizaje universitario: De la adquisición de conocimientos a la formación en competencias* (pp. 120–133). Morata.

Clark, I. (1995). Information literacy and the writing center. *Computers and Composition, 12*, 203–209. https://doi.org/10.1016/8755-4615(95)90008-X.

Comas, R. & Sureda, J. (2007). Ciber-Plagio Académico: Una aproximación al estado de los conocimientos. *Revista TEXTOS de la CiberSociedad, 10*.

DeVoss, D. (2002). Computer literacies and the roles of the writing center. In P. Gillespie, A. Gillam, L. Falls Brown & B. Stay (Eds.), *Writing center research: Extending the conversation* (pp. 167–186). Lawrence Erlbaum. https://doi.org/10.4324/9781410604026.

Driscoll, D. & Perdue, W. S. (2012). Theory, lore, and more: An analysis of RAD research in *The Writing Center Journal*, 1980– 2009. *The Writing Center Journal, 32*(1), 11–39.

Egaña, T. (2012). Uso de bibliografía y plagio académico entre los estudiantes universitarios. *Rusc. Universities and Knowledge Society Journal, 9*(2), 18–30. https://doi.org/10.7238/rusc.v9i2.1209.

Elmborg, J. & Hook, S. (Eds) (2005). *Centers for learning: Writing centers and libraries in collaboration*. Association of College and Research Libraries.

Fahler, V., Colombo, V. & Navarro, F. (2019). En búsqueda de una voz disciplinar: Intertextualidad en escritura académica de formación en carreras de humanidades. *Calidoscópio, 17*(3), 554–574. https://doi.org/10.4013/cld.2019.173.08.

Ferer, R. (2012). Working together: Library and writing center collaboration. *Reference Services Review, 40*(4), 543–557. https://doi.org/10.1108/00907321211277350.

Fitzgerald, L. & Ianetta, M. (2016). *The Oxford guide for writing tutors*. Oxford University Press.

Gamtso, C., Vogt, R., Chartier, N., Fensom, G., Glisson, N., Jefferson, J. & Sherman, D. (2013), Research mentoring: Expanding the role of writing tutors. *The Writing Lab Newsletter, 38*(1–2), 10–13.

Gillespie, P. & Lerner, N (2003). *The Allyn and Bacon guide to peer tutoring*. (2nd edition). Pearson Longman.

Hall, M. (2017). *Around the texts of writing center work. An inquiry-based approach to tutor education*. Utah University Press.

Howard, R., Rodrigue, T. & Serviss, T. (2010). Writing from sources, writing from sentences. *Writing and Pedagogy, 2*(2), 177–192. https://doi.org/10.1558/wap.v2i2.177.

Jaramillo, S. & Rincón, N. (2014). Los estudiantes universitarios y la sociedad de la información: Una combinación que ha facilitado el plagio académico en las aulas colombianas. *Información, cultura y sociedad, 30*, 127–137.

Jamieson, S. (2017). What the Citation Project tells us about information literacy in college composition. In B. D'Angelo, S. Jamieson, B. Maid & J. R. Walker (Eds.), *Information literacy: Research and collaboration across disciplines* (pp. 119–143). The WAC Clearinghouse; University Press of Colorado. https://doi.org/10.37514/PER-B.2016.0834.2.06.

Johnson-Eilola, J. & Selber, S. A. (2007). Plagiarism, originality, assemblage. *Computers and Composition, 24*(4), 375–403. https://doi.org/10.1016/j.compcom.2007.08.003.

Kleinfeld, E. (2016). Using citation analysis in writing center tutorials to encourage "excessive research". *Praxis, 13*(2).

Lankshear, C. & Knobel, M. (2011). *Nuevos alfabetismos: Su práctica cotidiana y el aprendizaje en el aula*. (3ra edición). Ediciones Morata.

Lau, J. (2008). *Information literacy. International perspectives*. IFLA Publications. https://doi.org/10.1515/9783598440946.

López-Gil, K. (2016). Lo que decimos sobre la escritura: Caracterización de los recursos educativos digitales compartidas por centros y programas de escritura de Latinoamérica. *Revista Grafía, 13*(1), 78–99.

Mills, K.A. (2010). A review of the "Digital Turn" in the New Literacy Studies. *Review of Educational Research, 80*(2), 246–271. https://doi.org/10.3102/0034654310364401.

Molina, V. (2016). Los centros de escritura en Latinoamérica: Consideraciones para su diseño e implementación. En G. Bañales, M. Castelló y A. Vega (Eds.), *Enseñar a leer y escribir en la educación superior. Propuestas educativas basadas en la investigación* (pp. 339–362). Fundación sm.

Molina, V. (2017). Resolución de conflictos en las tutorías de escritura según la teoría pragmadialéctica. *Folios, 45*(17), 17–28.

Ochoa, L. & Cueva Lobelle, A. (2014). El plagio y su relación con los procesos de escritura académica. *Forma y Función, 27*(2), 95–113.

Perelman, F., Bivort, M., Estévez, V., Limansky, D., Mancinelli, F., Ornique, M. & Paganini, S. (2008). La tensión entre tener éxito y comprender en la búsqueda de información en Internet. *Anuario de Investigaciones, XV,* 135–144.

Ruiz Bejarano, A. (2016). Fuentes digitales y fuentes impresas: Prácticas letradas y plagio en el contexto universitario. *Revista Chilena de Literatura, 94,* 215–230. https://doi.org/10.4067/S0718-22952016000300011.

Ryan, L. & Zimerelli, I. (2016). *The Bedford guide for writing tutors.* (6th ed.). Bedford/St. Martin's Press.

Sheidt, D., Carpenter, W., Fitzgerald, R., Kozma, C., Middleton, H. & Shields, K. (2016). Writing information literacy in first-year composition: A collaboration among faculty and librarians. In B. D'Angelo, S. Jamieson, B. Maid & J. Walker. (Eds.) *Information literacy: Research and collaboration across disciplines.* (pp.211–233). The WAC Clearinghouse; University Press of Colorado. https://doi.org/10.37514/PER-B.2016.0834.2.10.

Shields, K. (2014) Research partners, teaching partners: A collaboration between FYC faculty and librarians to study students' research and writing habits. *Internet Reference Services Quarterly, 19*(3–4), 207–218, https://doi.org/10.1080/10875301.2014.983286.

Thompson, I., Whyte, A., Shannon, D., Muse, A., Miller, K., Chappell, M. & Whigham, A. (2009). Examining our lore: A survey of students' and tutors' satisfaction with writing center conferences. *The Writing Center Journal, 29*(1), 78–105.

van Horne, S. (2009). Teaching information literacy in the writing center. *The Writing Lab Newsletter, 33*(8), 1–5

Wenger, E. (2000). Communities of practice and social learning systems. *Organization 7*(2), 225–246. 246. https://doi.org/10.1177/135050840072002.

Zavala, V. & Córdova, G. (2010). *Decir y callar: Lenguaje, equidad y poder en la Universidad peruana.* PUCP.

§ Bio-Data Autores

Martín Miguel Acebal es Doctor en Lingüística por la Universidad de Buenos Aires. Investiga y enseña lectura y escritura académica en la Universidad de Flores y en la Universidad Nacional Guillermo Brown. También es profesor de Teoría de la Argumentación y Semiótica. Sus áreas de interés son el Análisis del Discurso y la retórica verbal y visual. Editó Entre retóricas: diacronías, lenguajes y disciplinas.

María Soledad Aguilera es PHD en Educación. Investiga la motivación para aprender en contextos naturales de clase. Es docente de Psicología del Aprendizaje en la UNRC- Argentina.

Yanina Boatto es PHD en Educación. Es profesora en la UNRC-Argentina, de psicología educacional y se dedica a investigar diferentes aspectos de la lectura en estudiantes universitarios, en contextos naturales de clase.

Adriana Bono es PHD en Psicología e investigadora de amplia trayectoria. Trabaja en la Universidad Nacional de Río Cuarto-Argentina y es Directora de proyectos y programas de investigación en lectura, escritura y motivación en contextos de aprendizaje de nivel universitario.

Karen López-Gil es Doctora en Educación de la UNED (España). Profesora Asociada del Departamento de Lingüística y Filología de la Universidad del Valle. Entre sus intereses investigativos se encuentran la pedagogía y didáctica de la lengua materna y el estudio de las prácticas de literacidad de niños y jóvenes, en particular en los entornos digitales. Es directora del grupo de investigación *Literacidad y Educación*.

Pablo Lovera Falcón es asesor educativo en la Vicerrectoría de Asuntos Académicos de la Universidad de Chile, y profesor adjunto en la Universidad de Santiago de Chile. Es magíster en filosofía de las ciencias, licenciado en letras y, actualmente, cursa un doctorado en filosofía en la Universidad de Chile. Sus intereses de investigación se centran en los estudios de la escritura y la epistemología de la educación.

Mariana Fenoglio es Especialista en constructivismo. Es profesora en la UNRC-Argentina, de Estrategias para el trabajo intelectual y se dedica a estudiar aspectos de la enseñanza superior que mejoran los aprendizajes universitarios.

Violeta Molina Natera es Doctora en Educación, Magíster en Lingüística y Español, y Fonoaudióloga. Directora y fundadora del Centro de Escritura Javeriano de la Pontificia Universidad Javeriana Cali (Colombia). Profesora asociada del Departamento de Comunicación y Lenguaje. Fundadora y expresidente de la Red Latinoamericana de Centros y Programas de Escritura RLCPE.

Soledad Montes es investigadora doctoral en el Linguistics and English Language Department en Lancaster University, Reino Unido. Sus intereses de investigación incluyen la literacidad académica desde una aproximación sociocultural, la escritura en las transiciones vitales y el vínculo entre escritura e inclusión en la educación superior. Editó Hablar, persuadir, aprender: manual para la comunicación oral en contextos académicos.

Estela Ines Moyano, Doctora en Lingüística, es Profesora Titular en la Universidad Nacional Guillermo Brown e investigadora en la Universidad Nacional de General Sarmiento y la Universidad de Flores. Diseñó tres programas de enseñanza de lectura y escritura a lo largo de las carreras universitarias y a través del curriculum y coordina actualmente dos. Sus intereses son el análisis del discurso académico y profesional y la enseñanza de lectura y escritura académicas en diferentes niveles educativos.

Eurídice Minerva Ochoa-Villanueva es Doctora en Ciencias de la Educación por la Universidad Santander. Se desempeña como académica de tiempo completo en el ITESO, Universidad Jesuita de Guadalajara, donde realiza labores de docencia y coordinación en la asignatura de Comunicación Oral y Escrita. Sus áreas de especialización son la enseñanza y aprendizaje de la comunicación académica. Actualmente es Presidenta de la Red Latinoamericana de Centros y Programas de Escritura e integrante fundadora de la Red Mexicana de Centros de Escritura.

Alejandra Sánchez-Aguilar es Doctora en Humanidades por la Universidad Autónoma Metropolitana. Actualmente es académica de tiempo completo en el Departamento de Lenguas del ITESO, Universidad Jesuita de Guadalajara donde coordina la Unidad Académica Básica de Comunicación Oral y Escrita en el Medio Universitario. Su investigación se centra en las tutorías entre pares, la literacidad académica y la formación de docentes universitarios.

Fernanda Uribe Gajardo es Licenciada en Filosofía, Magíster en Estudios Culturales Latinoamericanos de la Universidad de Chile y actualmente cursa el Magíster en Psicología Educacional de la Pontificia Universidad Católica de Chile. Ha diseñado e implementado programas de tutoría entre pares en instituciones de educación superior. Sus intereses se centran en la enseñanza de la escritura académica desde un enfoque inclusivo, las dinámicas de producción de conocimiento en la academia y las representaciones sociales sobre la escritura y la lectura.

Karen Urrejola Corrales es Doctora en Lingüística y es docente de la Facultad de Letras de la Pontificia Universidad Católica de Chile. Sus intereses de investigación incluyen la enseñanza de la alfabetización académica desde una mirada psicolingüística y el estudio de la metacognición en la producción escrita.

Margarita Vidal Lizama es Profesora Asistente en la Facultad de Letras de la Pontificia Universidad Católica de Chile, donde asumió el rol de Jefa del Programa de Discurso Académico entre 2016 y 2018. Su trabajo se fundamenta en la Lingüística sistémico funcional y explora la relación entre el lenguaje y el conocimiento, la descripción de géneros en contextos académicos en español y la aplicación de la pedagogía de géneros de la 'Escuela de Sydney' en diferentes contextos.

www.ingramcontent.com/pod-product-compliance
Lightning Source LLC
Chambersburg PA
CBHW020520080526
44583CB00013B/675